DAXUE WEIYAN

大学微言

CHENGFENG FUYAOZHISHANG
——乘风 扶摇直上

王明钦 赵雪 编著

河南大学出版社
HENAN UNIVERSITY PRESS

·郑州·

图书在版编目（CIP）数据

大学微言：乘风扶摇直上 / 王明钦，赵雪编著. ——郑州：河南大学出版社，2022.9
ISBN 978-7-5649-5321-8

Ⅰ. ①大… Ⅱ. ①王… ②赵… Ⅲ. ①散文集－中国－当代②新闻－作品集－中国－当代 Ⅳ. ① I217.1

中国版本图书馆 CIP 数据核字（2022）第 170189 号

责任编辑　韩　璐
责任校对　林方丽
装帧设计　高枫叶

出版发行	河南大学出版社
	地址：郑州市郑东新区商务外环中华大厦 2401 号　邮　编：450046
	电话：0371-86163953（数字出版部）
	0371-86059701（营销部）
	网址：hupress.henu.edu.cn
印　刷	郑州印之星印务有限公司
版　次	2022 年 9 月第 1 版　　印　次　2022 年 9 月第 1 次印刷
开　本	710 mm×1000 mm　1/16　　印　张　25.75
字　数	345 千字　　　　　　　　　定　价　110.00 元

（本书如有印装质量问题，请与河南大学出版社联系调换。）

序

再造名校，情之所钟；黾勉同心，共谱华章。

2022年9月25日，河南大学即将迎来建校110周年庆典。步入新时代，河南大学建设发展不断取得新成就，实现新突破，先后两轮入选国家"双一流"建设高校，为党和国家培育了一大批卓越人才。自强不息百余载，艰苦创业又十年。百十年的积淀，赋予了我们从容起步、继往开来的强大底气。站在新的起点上，重整行装再出发，河南大学将以110周年校庆为序章，自扬楫再启航，愈奋发而图强。

近年来，随着媒体融合发展的深入推进，河南大学顺势而为，搭建融媒体矩阵，扎实抓好融媒体建设，有效增强了学校思政教育的吸引力与感染力，大幅度提升了学校的知名度与美誉度。2020年，学校获批"河南省教育融媒体建设试点单位"；2021年5月，官方微信入选全国"首批高校思政类公众号重点建设名单"，为河南省内唯一入选建设高校官微；2021年，学校获批"河南省高校'融媒体+育人'工作试点单位"；2022年，学校召开网络文明暨"融媒体+育人"工作会议，制定《2022年河南大学网络文明暨"融媒体+育人"工作方案》，开展"五美河大·百十正青春"110周年校庆微视频征集等活动……"融媒体+育人"建设已然成为学校宣传思想工作的一张闪亮名片。

2020年，学校在官方微信公众号刊发内容的基础上整理出版了首本《大学微言：启航　大河东流》，受到广大师生和社会各界的广泛关注。继《大学微言：启航　大河东流》之后，河南大学辑录了融媒体作品集《大学微言：乘风　扶摇直上》。

此书通过图文并茂、涵盖广泛的融媒作品，观照精彩，展示亮点，呈现学校百十年求索办学的历史风貌和近年来建设发展的辉煌成就，以一幅壮丽恢宏的振兴画卷献礼学校110周年校庆——

"百十记忆：岁月书香蕴古今""百十芳华：砥砺奋进正当时""百十求索：横渠四为践初心""百十薪火：培根铸魂育英才""百十学人：彩云长在有新天""百载弦歌：赓续荣光担使命""百十正青春：踔厉奋发谱新篇"七个篇章，集结了学校各融媒体平台近年来的近六十篇作品，主要涵盖党的领导、人才培养、科学研究、社会服务、师资队伍建设、文化传承与创新、国际交流与合作等，将"融媒体＋育人"这一主线贯穿其中，突出辑录作品的思政价值，成为河大扎实推进"融媒体＋育人"的又一成果。

考虑到融媒体作品在移动端呈现时的快节奏、碎片化等特征，本书在收录原始作品时，对部分内容做出了适当调整，如增配或删减部分文字、图片等。此外，限于纸质书籍呈现的局限性，在辑录时将原作品以二维码形式附于文末，以期为读者带来更多元的阅读体验。本书亦精选了原作品的部分留言，以期读者在阅读中收获丰富的互动体验。

铁塔行云，春秋代序。在110周年校庆即将到来之际，冀以此书，广泛凝聚共识，不断开拓进取，共谋未来发展，努力开创一流大学建设新局面，以实际行动为现代化河南建设贡献河大力量，以崭新面貌迎接党的二十大胜利召开。

在此，谨向长期关心、支持河南大学建设与发展的各级领导、海内外校友和各界人士致谢。

猗欤吾校，永无疆。

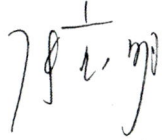

目录

001 / 百十记忆：岁月书香蕴古今

003 / 古往今来话河大

009 / 当我拿起"武器"……

025 / 周总理接见的河大学子是谁？

035 / 河大有"教科院现象"？！真相来了……

043 / 留学斯坦福大学＋哥伦比亚大学！他是100多年前的河大"海归"！！

049 / 建筑瑰宝大礼堂

054 / 古韵新颜，大美开封

061 / 嘘！请听题：河大"美"在哪儿？

074 / 读　你

081 / 百十芳华：砥砺奋进正当时

083 / 燃！河大这五年！

088 / 全国首家以黄河国家文化公园为主要研究对象的研究机构落地河大

092 / 河大又添新成员啦！！

097 / 河南大学三亚研究院揭牌成立啦!

103 / 新突破!河大在国际顶尖期刊 PNAS 发表重要研究成果

106 / 河大 2021 年科技创新有哪十大亮点?

120 / "逆境"造就"一流学科"

127/ 百十求索:横渠四为践初心

129 / 天下之中　大美河南

140 / 幸福是什么?

145 / 张晓晖:以爱为笔,以行筑梦

150 / 我庆幸,选择了_____

162 /《汉藏两地书》:记录 160 名藏族校友成长故事

166 / 河大哪些科技力量冲在了救灾第一线?

172 / 豫 B 对豫 A 的深情!!

177 / 直击灵魂,细数 2020 年河大微视频最扎心的瞬间!

181 / 中国—河南—河大,牛牛牛!

185/ 百十薪火:培根铸魂育英才

187 / 把中华优秀传统文化播洒世界

197 / "新文科"之思:"一则以喜,一则以惧"

209 / "立人""立群""立邦":做时代领潮儿

212 / 起承转合

219 / "扛蒜男孩"柴世龙!

223 / 河大被人民日报"点名",后续来了

226 / 看哭!一封信的背后……

231 / 百十学人：彩云长在有新天

233 / 为大不易　厚道有加

247 / 亦师亦友亦长者

256 / 中原学人风格的典范

263 / 数学大师河大情

268 / 燃尽烛心照后学

274 / 中国教育电视台报道河大"黄大年式"团队！

277 / 太可爱！萌翻了！真性情！程民生到底是啥样的？

285 / "智绘"山河鉴初心

291 / 传播文化承至善

297 / 百载弦歌：赓续荣光担使命

299 / 梦想青春终将嘹亮

304 / 宋纯鹏受邀参加建党百年庆祝活动！他说……

311 / 好看！好听！炫酷！大型排舞展演来啦！！

317 / 我的青春在延安

329 / 汲取党史学习养分　着力培养时代新人

333 / "这项荣誉将激励我终生"

337 / 知行合一，书写新时代青春华章

343 / 有一种精神值得追寻

349 / 百十正青春：踔厉奋发谱新篇

351 / 省委书记楼阳生来河南大学调研！

356 / 这次会议信息量很大……

359 / 河南大学郑州校区启用仪式隆重举行

365 / 切实抓好粮食安全这个"国之大者"

368 / 赓续创新血脉　奋进只争朝夕

377 / 九大 BGM！ 200 000 000+ 次点击！有你

397 / N 个理由！来河南大学吧！

百十记忆：岁月书香蕴古今

古往今来话河大

河南大学是一部厚重而恢宏的"书",一幅记录着沧桑历史、厚重文化并交融着现代文明的厚重长卷。

文脉

河南大学创立于1912年,始名河南留学欧美预备学校,始建于河南贡院旧址。

一千多年前,即后周显德二年(955年),后周在此建立了全国教育最高领导机关——国子监。

北宋端拱二年(989年),太学与国子监合而为一。宋徽宗崇宁年间,礼部正式兴建贡院。据《宋史》记载,"开宝寺为礼部贡院",鼎盛时期包括铁塔公园和河南大学明伦校区(如今铁塔公园已并入河南大学)。可见,自古至今,河南大学就被视为开封的文运之塔。

公元977年,宋太宗在开宝寺举行"闻喜宴",宴请新录取的500名进士。

金代接续前朝,仍设国子监于此。世祖至元十六年(1279年),改此为河南贡院。明、清两代,河南贡院曾在开封城内几度迁徙,至清雍正九年(1731年),河南总督田文镜重新选择此处改建河南贡院;道光二十一年(1841年),河南贡院被黄河洪水冲毁,次年被重修,号舍有万余间,成为全国著名的四大贡院之一。

1902—1904年，河南贡院又连续举办了两届顺天乡试和两届全国会试。一时学子云集，人才荟萃，热闹非凡。1906年，慈禧太后下诏："著即自丙午科为始，所有乡、会试一律停止。"这样，1904年的甲辰科会试成为清朝最后一次全国会试，而河南贡院也成了延续千余年的封建科举制度的终结地。

1912年4月29日，《大中民报》刊登了《筹备留学欧美预备学校公启》。在报纸的正中间，林维镐、林伯襄、刘铭晟、王敬芳、龚肃健、房赞先、王印川、万鸿图、刘名勋等几位大先生大声疾呼："夫国之强，强于学，一省亦然。"

1912年9月25日，预校招收第一届英文科两班，共计140人，因校址比邻铁塔，预校学生被称为"铁塔牌"。

弹指一挥间。河南大学明伦校区，与明清城墙相邻，多了几分沧桑；与千年铁塔为伴，多了几分气象。百余年来，从河大校园走出的60余万名各类人才，笃定爱国之情，投身强国实践，成为名副其实的"铁塔牌"。

传承

之后，河南大学虽数易其名，屡经变迁，但"以教育致国家于富强，以科学开发民智"初心不改，"明德新民，止于至善"的校训薪火相传，河大师生爱国荣校的情感愈加强烈。

从1937年开始，河南大学成为中国唯一在敌前坚持办学的高等学府，信阳鸡公山、南阳镇平、洛阳潭头、南阳荆紫关、陕西汉中和宝鸡……河南大学在中国版图上走过万水千山。

8年5次迁徙，3000个日夜坚守，2000里风雨执着，河大师生手无寸铁，却不畏生死，将课堂作为战场，把读书当成战斗，以血肉之躯守护着千年积淀的文化命脉。

一所大学与一个国家的命运如此息息相关，难以割离，是世所罕见的。

1945年12月底，河南大学从宝鸡迁回开封。经历了八年抗战办学生活的师生，当走进虽经浩劫却依然矗立的大门，仰望门额上"国立河南大学"的校名、"明德新民，止于至善"的柳体金字校训时，难抑内心的激动，历经磨难的河南大学又像铁塔一样雄峙在中原大地上。

新中国成立后，学校折枝为林，为河南、为中南乃至为全国的高等教育布局做出了巨大的、无可替代的贡献。

百余年来，河南留学欧美预备学校、中州大学、河南中山大学、河南大学、国立河南大学、河南师范学院、开封师范学院、河南师范大学等，河南大学曾九易校名。

1984年5月20日，大礼堂内，当校长李润田宣布恢复河南大学校名时，掌声如雷，持续不断。恢复河南大学校名，对于饱经沧桑的河南大学而言，无疑是一次涅槃。

2000年7月10日，是一个在河南大学校史上值得大书特书的日子，河南省委、省政府隆重举行新河南大学成立大会。2个月后,省委决定在开封市西郊征地2000亩,用于河南大学金明校区建设,省政府将此工程列入规划重点项目。

金明校区,这片热土,将承载新的育人使命,复刻百年文脉肌理,为下一个时代孕育出万千桃李。

复兴

光阴荏苒,难掩百年河大之绝代风华;岁月流转,愈显百年河大之盛世辉煌。

2008年10月,河南大学正式进入省部共建高校行列;2016年9月,学校入选国家"111计划"……自建校以来,数不清的发展成果和辉煌成就,如同点点繁星,璀璨了河大历史和现实的天空。

终于,2017年9月21日,教育部、财政部、国家发展改革委印发《关于公布世界一流大学和一流学科建设高校及建设学科名单的通知》,河南大学进入一流学科建设高校名单,重返"国家队",重新进入中国高校的第一方阵。

从新的起点再出发——2019年4月23日，河南大学郑州校区南大门落成典礼隆重举行。目前，郑州校区已正式投入使用，谱写了一曲抢抓机遇、加快发展的壮丽诗篇。

河大师生的脚步正从文化名城开封逐步走向全国。主动融入创新驱动、科教兴省、人才强省战略，构建"湖河湾实验室体系"、"6中心"人文社会科学振兴体系，实施"5重5工3基地"建设计划，探索形成"重塑学科体系、谋划国家重大平台、构筑发展物理空间、实施人才强校工程、围绕关键领域布局重点项目"的发展路径和关键举措，"中国特色、世界一流、中原风格"的发展道路更加清晰坚定。

河南省委书记楼阳生、省长王凯高度赞扬大学精神，为学校新发展阶段点题定向，以非凡的智慧和气魄提出"量身定做"，系统制定"双一流"建设方案，高标准高水平推进河南大学内涵式高质量发展，确立河南高等教育"双航母"发展战略。省委印发《实施河南大学百年名校振兴建设世界一流大学建设方案（2021—2025）》，开封市委印发实施《关于支持河南大学"双一流"建设的实施意见》……

前所未有的支持和厚爱，温暖和激励着河大师生，省委省政府"双航母"的战略定位，让"百年名校振兴"的梦想火焰再一次热烈燃烧，也让河大人更加坚信，梦想可及的地方，脚步也终会到达。

随着校庆倒计时牌上的日期向2022年9月25日迫近，河南大学站在了110周年华诞的新起点上。河大人满怀强烈而热切的期盼——

猗欤吾校，若铁塔之巍然挺拔；猗欤吾校，若黄河之澎湃汪洋。我们坚信，河南大学必将努力开创"双一流"建设新局面，为现代化河南建设、中华民族伟大复兴贡献智慧和力量。

008

大学微言——乘风 扶摇直上

文字 / 王明钦

（2022年4月12日，发表于河南日报客户端）

文章链接

当我拿起"武器"……

在纪念中国人民抗日战争暨世界反法西斯战争胜利75周年之际,我们钩沉一段抗日战争中不为人知的历史,讲述一座大学的烽火壮歌。从1937年开始,河南大学成为中国唯一在敌前坚持办学的高等学府,在中国版图上走过万水千山。

3000个日夜坚守,2000里风雨执着,无论是投笔从戎,还是怀抱学术救国理想,中国青年都把个人命运与国家命运联系在一起,迸发出不坠青云之志的豪气和决心!抗战办学绝不是逃亡,而是另一个战场的斗争!

青年一代有理想、有本领、有担当,国家就有前途,民族就有希望。把个人命运与国家命运紧密联系起来,青春才能在各个战场闪光。我们谨以长片《读书就是战斗》纪念那段血与火的历史,缅怀那些读书人用孱弱的肩膀扛起了救亡图存的伟业,告诉未来和正在求学的孩子,经过历史淬炼的精神是我们今天接续奋斗的力量,无论是个人成长,还是国家发展、民族振兴,都要面对坎坷磨难,迎接风险挑战!

烽火壮歌

有一种记忆,如同人类文明的火种,永远不能湮灭。
2020年9月3日是中国人民抗日战争暨世界反法西斯战争胜利75周年

纪念日。在历史翻页的巨大回响中，有一段沉郁雄浑的壮歌，属于河南大学，属于河南大学青年。

抗日战争的烽火硝烟里，河大师生手无寸铁，却不畏生死，八年五次迁徙，将课堂作为战场，把读书当成战斗，以血肉之躯守护着千年积淀的文化命脉。

80多年后，在今年年初抗疫最吃紧的时期，河南省疫情防控第九场新闻发布会上，省教育厅厅长郑邦山做完常规答问后，意外地多答了一道"附加题"，精彩震撼，直击人心，迅速走红网络，在广大青年学子中引起强烈共鸣——河南大学八年抗战的办学历史，表现出百折不挠、自强不息的奋斗精神，这也是我们河南教育的精神。面对疫情，我们要把灾难变成教材，培养学生们坚韧不拔、从容不迫、爱国爱民的奋斗精神和家国情怀，与祖国一起成长，用成长的足迹踩踏灾难，让不幸成为通往幸福的桥梁。

穿过厚重的历史烟云，两代人相似的历史遭际，两代人相同的家国情怀，在这个特殊的时期交汇共振。历史深处的河大流亡办学，抖落了一身尘埃，在当代学子们心中重新燃起青春的火焰。

纪念日，开学季，第一课。沿着当年的足迹重走河大流亡办学路，我们强烈地感受到，那一代人在血与火的洗礼、生与死的考验中绽放的青春之光，依然在一代又一代青年学子心中燃烧、传递，如同一棵树摇动另一棵树，一朵云推动另一朵云，一个灵魂唤醒另一个灵魂，绵绵不绝、生生不息，唤起未来更多的青年学子们与祖国同行，如云蒸腾成云海，如树连绵成森林。

8月6日，信阳鸡公山，流亡办学第一站。我们来时，正值盛夏，这个避暑胜地迎来了一年中最炎热的时节。

站在报晓峰俯瞰，红娘寨上那座著名的姊妹楼，便是1937年底搬迁至此的河大校部。现在的游客，可在树荫下欣赏这座西式建筑的美轮美奂，然而当年在此读书的河大师生，却时常看到呼啸而至的日本轰炸机，听到日军繁密的枪炮声。

与姊妹楼遥遥相望的志气楼，南墙上至今还残留着日机扫射的上百处醒目的弹痕。

> **四郊多垒　国仇难忘**
>
> 一路寻访，我们常常在想，当莘莘学子，已无一席静地安放书桌，须辗转迁徙躲避战乱；巍巍中华，山河破碎亟待儿女们力挽狂澜，那在山道上青衣长衫、蹒跚而行的羸弱书生们，是什么在支撑着他们坚定前行？在那些勇气、希望和坚韧里，又有着怎样的精神密码和文化基因，让今天的学子们从中汲取无穷的力量？
>
> ——记者手记

随着河大校史馆馆长王学春的讲述，那段既艰苦卓绝又荡气回肠、既惊心动魄又可歌可泣的岁月，在我们眼前渐次铺展。

1937年7月，日军攻陷北平、天津，11月，又占领安阳，豫北各县相继沦陷。七朝古都开封，血雨腥风的前夜，时任河南大学校长的刘季洪意识到，学校已经到了生死存亡的关键时刻。

据日后的资料统计，当时全国108所高校，受日军破坏或轰炸者达91所，25所高校为此被迫停办。战争时期丧心病狂地轰炸大学这种非军事目标，其用心极为险恶："欲亡其国，必先亡其史；欲灭其族，必先灭其文化。"炸掉高校，就是毁灭中国的未来。

校运与国运，从未如此紧密相连。

自强首在储才，储才必先兴学。为保存中国文化教育命脉，沦陷区的许多大学不得不踏上流亡之路。河大撤离开封势在必行。经校务会讨论决定，学校分两路，一路向南，进入信阳鸡公山，一路奔西南，进入南阳镇平。

从1937年11月开始，河大就做好了搬迁的准备。200多位老师，1000多名学生，陆续向鸡公山和镇平县进发。1938年初，刘季洪校长走出南校门，成为最后一批离开学校的人。彼时的他并未意识到，等待他们的，将是一次次严峻的生死考验。

信阳鸡公山、南阳镇平、洛阳潭头、南阳荆紫关、陕西汉中和宝鸡，八年五次搬迁，少则数月，多则五年，一路硝烟不断，一路弦歌不辍。

1939年，河大搬迁至嵩县潭头镇。烽火连天的时代，这片苍莽山林张开怀抱，接纳了一众恓惶的师生。在当时文史系学生宋景昌笔下，万山盘亘、淡烟疏林、沙平岸阔的潭头，宛若"一幅宁静的山村画"。

后来成为河大化学系教授的李丙寅，当时也随着在河大教书的父亲来到了潭头。经历了两年三次搬迁之后，李丙寅眼中的河南大学，重新有了崭新的气象。

《战时全国各大学鸟瞰》所收魏凡的《抗战中的河南大学》，让我们听到了当年大山深处的琅琅书声——

即使在最平常的日子，图书馆也是坐满了人。实验室中的活动是没有停止过的。夜里，过了十二点，宿舍里还常常露出灯光，天刚黎明，你可以看到山坡上、河滩里，都有读书的同学。有时雨过天晴的清晨，你可以听到各处外国语的读音在和蛙鸣争噪。

尽管深居山林，尽管炮火迫近，五年羁留，潭头山水仍然玉成了河大八年流亡办学史上最辉煌的岁月。五年中，学校每年照常招收新生、欢送毕业生、送留学生到国外学习，培养出1000多名毕业生。

1942年3月10日，省立河南大学改为国立河南大学，实现了从"省立"到"国立"的蝶变。这一年教育部的考绩中,河南大学名列第二,上课总时数全国第一。

在颠沛流离的年代,河南大学为中国抗战时期高等教育史书写了悲壮而自豪的一页。

一直研究抗战时期中国高等教育史的北京大学教授陈平原感叹,炮火连天中,中国大学依旧弦歌不辍,这本身就意味着力量与勇气,是风雨飘摇之时稳定人心的精神力量,是生死存亡之际高贵的精神气质。书声在,便精神不死、信念犹存,说明这个国家没有屈服,还在顽强战斗,且对未来充满信心。

这种撼人心魄的青春气概,至今依然是中华民族生气勃发、高歌猛进的力量之源。

今年年初,新冠疫情肆虐。

大年初二,来自河南大学淮河医院、河南大学第一附属医院的52名医务人员赴鄂驰援,其中便有护士王月华。

在她身后,"王月华,我爱你!我爱你啊!"丈夫的一声哭喊,让无数网民泪湿眼眶。

他们是在用自己的生命抗击疫情。与疫魔的较量,看不见硝烟,但危险无处不在,就像当年的河大学子,书声里交织着连天的枪炮声。

但他们依然舍生忘死,奋战在抗疫一线。从走进隔离病房的那一刻起,他们就是战士。就像当年的青年学子,把炮声中的课堂当作战场。

抗疫一线有一组数字:在4.2万多名驰援湖北的医护人员中,有1.2万多名是"90后",其中相当一部分是"95后"甚至"00后"。

不仅是医护人员,广大党员干部、公安民警、社区工作人员、新闻工作者、志愿者以及方方面面的抗疫一线奋斗者,也有很多是"90后",他们成为这个战场上披坚执锐、一往无前的青春力量。

热血青年,从来都是民族的脊梁。

> **济济多士　风雨一堂**
>
> "连天烽火"与"遍地弦歌",本是两种截然对立的情景,在流亡办学路上,两者竟如此悲壮而动人地相互交融,奏鸣出震撼人心的乐章。在一路烽烟中感受当年泛黄的光影,我们也许永远无法触摸那个时代的艰辛,但那种精神,却让今天的我们由衷地心怀敬意。
>
> ——记者手记

1940年秋天,梁建堂考上河南大学,来到潭头。

这并不是他想象中的大学,因为课堂就在老百姓的家里,或者山中的破庙;也不是他想象中的学生宿舍,因为一个炕上挤满了人;这更不是他想象中的生活,窝头咸菜是他们的主要伙食,一人两个比拳头还小的馒头,就着一口就能吃完的青菜,喝着可以照见人影却看不见小米的粥饭。

他的校友宋景昌在《回忆在潭头的日子》中写道:"一间斗室,至少要摆放三张床;一个小窗户,无法使三人都能取光。于是我们在土墙上凿个圆洞,在里边糊上一层薄纸,使之透明,美其名曰'太阳灯'。晚上,在油烟袅绕的桐油灯下,在歪斜的破桌上,俯首阅读,直至深夜。"

贫乏的物质生活,并没有使梁建堂感到沮丧。在特殊年代能有一张安静的书桌,一直是他的梦想。直到耄耋之年回忆潭头求学的经历,他仍然觉得那是一生中最值得纪念的时光。

在学校,他最喜欢听文学院教授嵇文甫的课。他眼中的嵇文甫长衫布履,手持纸片一张、粉笔两支,从容步入课堂,话题永远不离民族、救国、气节,他讲苏武,讲岳飞,讲杜甫,讲到激动之处就放声朗读,甚至泣不成声。那种浓烈的家国情怀，常常让梁建堂激情澎湃、热血沸腾。

与他一起来到河大求学的，还有从全国各地赶来的200名青年。事实上，除了这200名青年外，还有数千名没被录取的学生也来到了潭头。

王学春说，这些青年学子不远数千里，穿越封锁线，甘冒沿途硝烟兵燹，以求精神之安慰与学问之上进，本身就是一种选择——胸怀报国志，不当亡国奴。

而此时的李丙寅就读于河大在当地创办的七七中学。学校的名字由七七事变而来，开学日期定在9月18日，意在激励后人勿忘国耻。

王学春说，在战争中上学，在炮声中听课，除了专业传授，精神气度的熏陶影响更为深远。

在采访途中，我们真切感受到了河大师生深植家国意识的润物无声。

潭头两眼昏花的老人，虽已口齿不清，却还能准确地唱完儿时学会的抗战儿歌；在荆紫关，现在还有人从长辈处听闻当年河大师生上街游行宣传抗日、声援抗战志士的过往……

1940年春节过后，已是河大校长的王广庆出行忽然频繁了起来。熟悉他的人看他的表情就能知道学校的状态。那一年，农作物严重歉收；受战争影响，学校办学经费由以前的年额40万元减为20万元，补助也被减至七成。

河南大学遇到了抗战流亡办学最艰苦的时期。寒冷的冬天里，漫漫长夜消磨着师生们的热情，悲观的情绪在部分师生中蔓延。

为凝聚信念、鼓舞斗志，王广庆决定创作一首歌曲。嵇文甫、陈梓北两位教授临危受命，担此重任。

歌曲很快谱成，成为传唱至今的河大校歌。

嵩岳苍苍　河水泱泱

中原文化悠且长

济济多士　风雨一堂

继往开来扬辉光

四郊多垒　国仇难忘

民主是式　科学允张

猗欤吾校永无疆

猗欤吾校永无疆

嘹亮的歌声响彻伏牛山麓、伊水河畔，河南大学度过了最艰难的岁月，迎来了柳暗花明的时刻：不仅由省立上升为国立，一大批学术科研成果也在此期间陆续诞生。

"太阳灯"下，宋景昌写出《全国皆兵论》，荣获1942年全国大学生论文比赛第一名；油灯如豆，张长弓教授写出《鼓子曲言》，搜集整理出珍贵的《鼓子曲存》一辑；陈梓北发明了当时全国首创的"陈氏乐尺"；樊映川撰写的《高等数学讲义》，先后出版发行近千万册；刘葆庆培育的小麦良种，使当地小麦增产15%……

战争没有阻断学术，反而激起河大学者的强大创造力。生死存亡之际，河南大学顽强抗争、艰难成长，不仅没有在战火中倒下，反而在忧患中浴火重生。

但在潭头安放了五年的平静书桌，因一场突如其来的灾难再次动荡。

1944年春，火红的杜鹃开遍潭头的山野。日军攻陷嵩县，河大师生仓促逃亡。敌寇丧心病狂屠戮滞留师生，制造了潭头"5·15惨案"，河大师生9人遇害，25人失踪。逃难途中，医学院院长张静吾夫妇被日军所俘，张静吾跳入深沟，侥幸得脱，妻子被连刺数刀身亡。

5月，逃离潭头的师生陆续到达淅川荆紫关，在豫陕鄂三省交界之地短暂滞留。1945年春再度西迁，文、理、农三院安顿于陕西宝鸡，医学院盘桓汉中。

这是最艰难的一次迁徙。西行道上，山路崎岖，学生、教授、家眷、难民、军人，人如潮涌，途为之塞。

在宝鸡办学之初的河南大学，个别学院的院长才能借附近农家的厨房、牛屋为临时住处，其他教授多居无遮天顶盖之所。但一个月后学校仍然正常开课，教室为庙前、屋后、空地和廊檐之下，学生听课时仅有小木板一方、小木凳一只。一年之间，席不暇暖，食不得饱，生活备极艰苦，但师生依然苦读不辍，吟诵不绝。

在河南大学校史馆里，我们曾仔细端详过一张河南大学师生在宝鸡时的合影。他们目光坚定，气宇轩昂，自信、刚毅与聪慧全都写在脸上，散发出一种由内而外、充溢于天地间的精神力量。

天地英雄气，千秋尚凛然。

河大师生在艰难困苦中孕育出的从容气度与精神气质，"流风余韵，宛在丹山碧水之间，以兴后人"。

如果了解了那段历史，我们就会对郑邦山在全民抗疫的特殊时期重提河大流亡办学的那段话有更深刻的理解——

抗日战争，是中华民族生死存亡的紧要关头；新冠疫情，是二战以来最严重的突发性全球危机。

炮火连天，当年的学子失去了安放书桌的净土；疫情肆虐，如今的学生暂时远离了课堂。

相似的处境，需要共同的精神、共同的担当，共克时艰；今天的学子，需要传承前辈师长经过血与火淬炼的文化基因和精神气度。两代青年以穿越时空的责任担当和热血逆行，共同谱写出一脉相传的青春之歌。

能看到多远的过去，就能看到多远的未来。

嵩岳苍苍　河水泱泱

与那段历史同行，我们发现，当你经历了生存之绝望，体会过山河之破碎，见证过人性之光辉，那些理想和信念不仅具体可感，更会融入血液和灵魂。无论是流亡办学还是全民抗疫，都是一本生动的教材，让我们读懂信仰与勇气，读懂感恩与珍惜，读懂责任与担当，读懂青春与梦想。

——记者手记

八月，我们走进潭头。

1944年，河大师生在潭头

河大潭头办学距今已过去了80多年，但我们在这里仍然看到了令人感慨万千的一幕："国立河南大学抗战办学遗址"大王庙村，家家户户整饬一新的墙上，都在醒目位置挂着当时教授的照片，王广庆、嵇文甫、郝象吾、王鸣岐、李俊甫、王直青、徐墨耕、黄以仁、张静吾、王毅斋、陈梓北……

潭头人至今仍用诚挚质朴的方式，向河大的大师群体致敬。

潭头镇万花岭上，山花烂漫，松柏常青。石坷村村民李红太站在河南大学惨案纪念碑前，深情讲述李家三代人为河大死难师生守墓的感人故事。

1944年5月18日，万花岭上多了一座新坟。坟是李红太的爷爷李永信修的，埋葬着潭头惨案中牺牲的部分河大师生。

李红太说："朱绍先被日寇重伤后，死前告诉村民他叫什么名字，以及另外几个人的姓名。安葬的时候，村民将名字刻在砖上，放在每个人脚前，方便日后他们的家人寻亲。"

从此之后，李永信一直等着有人来寻亲认坟。他去世后，又把这份责任交给了儿子李忠贵，直到2005年8月5日最后一名死难者亲属在李红太的带领下前来认坟，才了却李家人的心愿。在荆紫关，我们从一位老人和一位去世的青年身上，再次感受到了河大与当地群众的血脉相连。

8月5日，淅川县城一个浓荫匝地的小院里，吴云贵小心翼翼地拿出一把白色的茶壶。茶壶被一层层报纸包裹着，白中泛黄，壶身上面有一道明显的茶垢。

河大师生迁徙到荆紫关的时候，王毅斋教授住在当地药商吴圣明家中。荆紫关老街深处一座古老的四合院里，至今还保留着王毅斋教授住过的厢房。王毅斋夜中读书备课，常常被桐油灯的烟雾熏得咳嗽不止，脸上都是黑烟。吴圣明看在眼里，就偷偷把桐油换成了没有烟渍的芝麻油。

王毅斋住在荆紫关时，吴云贵还没有出生，他是吴圣明最小的儿子，从记事起就知道父亲和王毅斋的故事。他说："当时的芝麻油很昂贵，父亲不计成本换油，说明他对知识分子有发自肺腑的敬重。这也让王毅斋深受感动。"

河大从荆紫关迁往陕西时，清贫的王毅斋身无长物，为表感激，便将随身携带多年的陶瓷茶壶赠予吴圣明。几十年来，吴家都将之奉为珍宝。数次搬家，多少瓷器打碎遗失，唯独这个茶壶完好如初，甚至连上面的茶垢都不舍得清洗。为给河大师生一处安静的栖身之所，荆紫关居民付出的不仅是昂贵的香油，甚至有人献出了宝贵的生命。

1944年夏初，河南大学的部分学生乘船去校本部集会。由于丹江河水上涨，许多人掉落河中。在河边磨面的王宏彦急忙营救，在连续救上来六名学生后，一个浪头把王宏彦拍了下去，半个月后王宏彦因浑水入肺而亡。

王学春说，河大八年流亡办学，师生每到一处，都会受到乡亲们满腔热情地接待，他们倾尽所有守护了中国教育和文化的命脉。河大西迁之路虽屡遭困蹇，但最终能在战火中成长，很大程度上依赖于各界民众对知识和文化的尊重，对读书种子的保护，对青年学子的无限期许。

所以经历了整个河大西迁历程的李丙寅才会把爱国当成一生的信仰。1989年，在环境化学领域贡献卓著的李丙寅成为英国皇家化学学会终身会员，盛名之下的老人最感自豪的是为祖国争得了荣誉。他说："我的成绩是新中国赐予的，我的人生也与新中国一脉相连。我想把我的全部热能献给祖国，回报给党和人民。"八年流亡办学，有太多的事让他潸然泪下，有太多的人让他终生难忘。

潭头惨案中，石门村的张元，为保护师生换上学生衣服引开日寇，惨遭戕害；阎虎娃将病重的黄以仁教授及妻儿藏于家中一月之久，精心照料；叶三堂和王有成护送黄以仁和张长弓两位教授至荆紫关，返回途中，王有成却迷失在大山中再无音讯；李秉德教授夫人在重渡沟一草庵内产子后急需营养，三户百姓凑出半斤红糖、四个鸡蛋、二斤面粉，让母子平安渡过劫难。李秉德后来将孩子取名"李重庵"，取"重渡草庵"出生之意，也感念潭头百姓的深情厚谊……

河南大学党委书记卢克平说，3000个日日夜夜烽火连天里的无畏坚守，2000里风风雨雨战争硝烟中的不屈抗争，在流亡办学的八年中，河大师生愈发增强了对这片土地和人民的热爱。与祖国生死与共、与人民血肉相连的情结，深藏在骨子和血液里。

今年已百岁高龄的张效房曾荣获2015全国"最美医生"。在他的自传中，曾用了诸多篇幅描述"嵩县求学"。1939年夏天，开封学子张效房先去镇平后又追到嵩县潭头赶考，一路搭货车、骑毛驴、过河、爬山，最终以第一名的成绩被医学院录取。

接受记者采访时，这位可敬的百岁老人还在医院坐诊。他说，当时条件非常差，宿舍教室都是民房，教室一开始还是在破庙里面，宿舍冬天透风，夏天闷气，但大家学习都很用功。

"为什么学习这么认真？是心里有一种爱国思想。"张效房说，"抗日战争开始后，有的同学上前线了，但是大部分人没有走，怎么办呢？一个是宣传，发动群众，演唱革命歌曲，演出抗日话剧；另外一个就是学好医学，为人民治疗疾病，为伤病员治疗伤患，为国家尽一份力量。"

在他悬壶济世的生涯中，曾拒绝多个国外知名大学的高薪聘请。他说："我是中国人，我的经验是从一个个中国病人身上来的，我必须把所有的一切都贡献给中国人。钱再多，我也不愿离开这片生我养我的土地。"

继往开来扬辉光

　　一路西行，上下求索，我们的心灵时时受到震撼：那些苦难，那些颠沛流离，那些知识与梦想交织的岁月，写在血与火的年代里。它们并未随着时代远去，反而沉淀了更深沉的情感、更坚定的信念，留给后人。

——记者手记

1945年，20岁的李丙寅考上了河南大学化学系。这一次他求学的地点，变成了宝鸡市的石羊庙。

一天深夜，熟睡的李丙寅被一阵阵欢呼声惊醒，茫然中跑出窑洞，看见满山篝火映红了天空。

这一天，他记得很清楚：1945年8月15日，日本投降了，抗战胜利了。

看着尽情欢呼的人群、敲着脸盆游行的同学，他跟着振臂高呼，泪流满面。

那天晚上，不大的操场上举行了一场盛大的篝火晚会。晚会上，师生们含泪唱起了校歌，在歌声中为八年凄苦流亡岁月的坚守和付出流泪，在泪水中向这八年烽火硝烟中牺牲的师生致敬，在火光里为中华民族抵御外敌的胜利欢呼。

这年冬，河大全体师生从陕西宝鸡返回了阔别八年的省会开封。他们不知道，几十年后的后生晚辈们，会怀着怎样虔敬的心情，唱着那首校歌，一次次重走他们的流亡长路，反复温习这门未列入课表的课程。

1945年冬，河大师生重回开封

在河南大学校史馆里，有一块复制的牌匾，土漆上光，匾额正中书写着四个大字：维护文化。下款署名"国立河南大学全敬赠"，还密密麻麻地镌刻着47个教职员工的名字。

它的原件珍藏在陕西省商南县赵川镇黑沟村一户农民家里。这块诞生于1945年的匾额，2007年才被河大发现。两块牌匾的空间距离为518公里，却把一座百年学府与一个陕南小村紧紧联系在一起。

这是一个关于文化守护的感人故事。

1945年3月，豫西鄂北会战打响，河南大学在荆紫关难以存留，决定西迁陕西。师生们连续行走两天两夜，到达陕西境内的赵川镇。在这里，他们受到了当地乡党的热情接待，度过了一段安静的时光。

离开赵川镇奔赴宝鸡时，行囊萧瑟的师生们只能用一块匾表达感激之情。接任校长不久的张广舆亲笔书写下那四个闪光的大字。

"维护文化"，是河大师生对接纳他们的一方土地发出的真挚感谢，更是流亡中的文化人对自己的深情慰勉。

中原文化悠且长，继往开来扬辉光。

2018年10月，河南大学美术学院副院长梁刚放下写意的画笔，来到开封通许县竖岗镇前付村做驻村第一书记。从此胸中丘壑，尽付乡村振兴的丹青长卷。

初来乍到，全村贫困发生率超20%。两年后，全村所有贫困户脱贫。脱贫农民的笑脸，成为他笔墨中最传神的一笔。

进入新时代的中国，脱贫攻坚成为又一场必须打赢的战争。河南千千万万像梁刚一样的驻村干部、第一书记用青春和生命点燃一盏盏明灯，照亮了时代的天空。

不同时代的青年，再次完成了跨越时空的完美接力。

过几天，河大校园又会走进数千名风华正茂的学子。那首传唱了一代又一代的校歌，将再次在这里回荡。

这将成为他们的第一课。

文字/董林　张学文　董学彦　孙勇　史晓琪　屈晓妍

（2020年9月1日，刊发于《河南日报》）

 **精选留言**

@blingbling：校运与国运紧密相连，这一段不为人知的历史是河南大学永不湮灭的烽火壮歌，这些青年完成了跨越时空的接力奋斗。读书就是战斗，青年们，拿起"武器"，去迎接挑战！

@霞光：岁月长河，历史足迹不容磨灭；时代变迁，母校河大精神熠熠生辉。

@Helen·D：你曾带着希望远去，又满含热情而归，且以热泪、以热血继续浇灌这片土地，拿什么赞美你，我的河大！嵩岳苍苍，河水泱泱……猗欤吾校永无疆！

文章链接

（含大型纪录片《读书就是战斗》，时长24分钟）

周总理接见的河大学子是谁？

一、照片的诞生

百年河大，历尽磨难，饱经沧桑；河大百年，辛勤耕耘，桃李芬芳。在近110年的奋斗历史中，这里有太多的先贤值得我们缅怀，有太多的画面值得我们记忆。

周恩来总理在三门峡水利枢纽建设工地接见河南大学师生，就是所有河大人应该铭记的历史画面。这个画面记载了河大师生积极参加国家社会主义经济建设的历史，体现了周总理对河大师生的热情关怀和鼓励。

三门峡黄河大坝北邻山西省，西邻陕西省，是新中国成立后国家在黄河干流兴建的第一座大型水利枢纽工程，于1957年4月13日破土动工，1961年4月竣工。当时的施工条件与现在不可同日而语，施工机械很少，土石方全靠车拉肩扛，施工需要大量人力。1959年10月11日晚，河南大学（时开封师范学院）中文系56、57、58、59四个年级共1240多名学生在系党总支书记傅钢、开封师范学院院长助理兼中文系主任钱天起带领下，从开封乘坐火车出发，前往三门峡水利枢纽建设工地参加社会劳动实践。当时的火车时速很慢，且沿途站点繁多，他们于12日很晚才到达三门峡。稍事休息，第二天便去了大坝建设工地。

黄河三门峡水利枢纽作为"一五"计划时期苏联援建中国156项重点工程中唯一的水利项目，从酝酿决策直至正常运行，自始至终凝聚着周恩来总理的心血。为解决工程遇到的重大难题，1959年10月12日晚，周总理来到三门峡，一下火车，便不顾长途跋涉的疲劳，立即在三门峡交际处主持召开会议。次日早上，周恩来总理来到大坝工地，深入了解施工情况。

历史就是如此巧合。周总理乘坐的小车停在通往大坝的临时道路上，下车后，正遇上行进在这条道路上的河南大学师生。看到总理到来，"工地上一片欢腾，人们有的鼓掌，有的招手，有的欢呼，有的跳跃……周总理面带笑容，兴奋而稳健地走到我们中间。同学们个个欣喜若狂，都伸出热辣辣的双手，争着和总理握手。"（56级学生周昌维《难忘的时刻》）随着新华社记者相机"咔嚓"声响，一张河南大学历史上最有纪念意义的珍贵照片诞生了。

能够与全国人民敬仰、爱戴的周总理交谈、握手，这是莫大的荣耀。此后的河南大学中文系师生，一直沉浸在受到总理接见的幸福回忆中。与总理握过手的58级2班学生牛登云激动地写道："信手捡起几片树叶，小心地放入翻腾的河水中，祷念着：漂吧，漂吧！漂回千年铁塔，以叶传书,向可爱的母校师生报个喜吧!"(牛登云《难忘的瞬间》)与总理握手并交谈的八班学生何毅然,"激动得不能自已,好像体内注入了长效兴奋剂,格外振奋,竟致一眼不合地连续工作了四天三夜而不知困倦"(何毅然《难忘的时刻》)。刚刚毕业留校工作随队来到三门峡的青年教师宋应离、周鸿俊、王宗堂,当晚挑灯夜战,合作写出《亲切的会见,巨大的鼓舞——周恩来总理在三门峡工地接见参加劳动的开封师院师生》,三日后在《三门峡日报》刊出。然而人们似乎忘记当时有记者拍了照片,也就没有人想到去找寻这张照片。

二、照片的回归

25年后,1984年5月15日,河南大学正式恢复"河南大学"校名。遵照省委指示,1985年9月,河南大学要隆重举行建校73周年的活动。时任校党委宣传部部长的张振江在校庆准备工作中,看到了1959年10月23日《开封师范学院学报》第一版登载的《周总理在三门峡工地勉励我校师生参加生产劳动》一文,为弥补没有当时图片的遗憾,他翻遍了当年的报刊文献,终于找到了一本三门峡水库劳动的画册,其中有一张周总理接见学生模样的劳动者的照片。因为照片中被接见者都戴着劳动用的肩垫儿,无法从校徽上判断是否为河大的师生。但根据时间、地点、人物特征以及我校师生当天接受周总理接见的事实等因素,他还是将画册中的这张照片"秘密"请到了河南大学校史之中。

多少年来,这张照片激励了一代又一代河大人,在各种宣传渠道中为河南大学争得了荣誉(参见时勇《周总理"到"河大的前前后后》,2002年)。然而这张照片中与总理握手的究竟是不是河大师生,由于始终没有找到可靠的证据,张振江老师的内心一直压着沉重的包袱。2002年河南大学90周年校庆前夕,再次负责整理校史资料工作的他,经过再三考虑，本着对历史负责的精神，张振江决定将这幅未能证实的图片取下，以了却多年的心病，并将这种情况和自己所做的决定告诉了河南大学党委宣传部的时勇同志。

1997年4月26日，河大《中学语文园地》编辑部举行庆祝创刊25周年座谈会，时勇作为摄影记者出席了会议。当天中午，时勇和萍水相逢的代表们谈到了河大辉煌的历史，谈到了周总理在三门峡水库工地接见河大师生的往事。没想到同桌的一位老师竟然就是周总理当时接见过的中文系学生代表，更想不到他就是照片中和总理握手的人——漯河市高中语文教师、中文系58级9班学生李荣庚。李荣庚老师还激动地回忆了当时的情况，他说："我和宋效贵、甘玉兰等同学荣幸地作为代表来到总理身边。当时总理正和一位四川口音的女同志交谈，看到我们后，总理转向我和宋效贵（甘玉兰后到），经工地指挥部的同志介绍，总理和我们一一握手问候。当时我万分激动，深情仰望着总理，一句话也说不出来，脸却憋得通红。还是总理先开口：'你们辛苦了！'我们才说：'总理辛苦。'总理还嘱咐我们说：'回去代我向同学们问好，感谢大家支持大坝建设……'"当时勇把上述情况告诉张振江之后，张振江才卸下了心里的包袱，对这张照片的真伪不再纠结，这张照片才得以继续保留在校史之中。

三、照片的困惑

历史有了记载才能传之后世。与文字相比，新闻图片的客观性、真实性更强，但其全面性、详细性则不如文字。就《周总理在三门峡水利枢纽建设工地接见我校师生》这幅图片来说，时间、地点、人物、事件的起因、经过等，仅从照片上很难看出来。因此，我们今天审视这张图片时，免不了会有很多困惑：

困惑之一：周总理接见这些人的具体地点是哪里？

困惑之二：周总理接见这些人的详细过程是什么？

困惑之三：周总理是在什么时候接见这些人的？

困惑之四：周总理接见的这六个人究竟是谁？

其中第一个困惑已经有了明确的答案，无论是从图片的背景，还是从照片中人物装束、事后的新闻报道，都可以确定周总理接见我校师生的地点是在三门峡水库大坝的建设工地上，这是没有争议的。

周总理接见时的具体过程，根据现有的材料我们也可以大致梳理出来。

至于周总理接见师生的时间，虽然后来的文字材料记述并不一致，但经过分析后得出正确的结论也并不很难。1982、1992年两个版本的《河南大学校史》以及2002年出版的《河南大学大事记》中，都把周总理接见河大师生的时间写作"10月30日"；现在三门峡大坝宣传栏里这张图片下面的文字说明则是"1958年4月"（王学勤女儿2019年参观三门峡大坝时所见）。但宋应离等三位老师在《三门峡日报》上发表的《亲切的会见，巨大的鼓舞——周恩来总理在三门峡工地接见参加劳动的开封师院师生》、1959年10月23日《开封师范学院学报》刊登的《周总理在三门峡工地勉励我院师生参加生产劳动》、中文系教授李嘉言日记所写的中文系师生去往工地的日期、中文系被接见学生的回忆文章……太多的材料可以证实，这个令人难以忘记的日子是：1959年10月13日。

其实，对于文学院和河南大学来说，我们最关注的核心问题是：照片中周总理接见的是不是河南大学中文系师生，如果是，他们又都是谁？

按照时勇文章的记述，中文系58级9班学生李荣庚"断定照片中和总理握手的人就是他"，其他两人是同班同学宋效贵、甘玉兰，似乎这个问题已经有了答案。但我们从李荣庚其后的话语和他1999年写的回忆文章中，却又看到了对这个结论产生怀疑的理由。李荣庚在1999年所写的《难忘的会见——忆1959年周总理亲切接见河大师生》(见1999年《河南大学校友通讯》)中,详细回顾了与同学一起跟总理握手交谈的情景,却没明确说图片上与总理握手的就是自己。按照人们的心理,与总理握手是人一生中多么值得自豪的事情,如果握手的是自己,他一定会明确说出,也一定能够指出哪个是宋效贵、哪个是甘玉兰。笔者以为,中文系1200多名师生都在大坝上,总理一定是一路前行,一路与师生甚至其他人握手并交谈。在与李荣庚、宋效贵、甘玉兰握手之后,总理不会不理会路边聚集的师生,径直前去,他一定会与其他师生握手并交谈。记者选择刊登发表的这张照片,并没有李荣庚等人。但照片上的人应该是李荣庚认识的我校学生,所以李荣庚对时勇说的可能是跟总理握手的就是他们,时勇一时激动,忽略了"们"字,错以为与总理握手的就是李荣庚自己。

四、照片的人物

右四　右三　右二　右一
张怀顺 王凤英 王学勤 牛登云

2016年4月,文学院党委书记葛本成、院长李伟昉找到已经退休多年的我,说2023年文学院将举行建院百年的庆典,为迎接院庆,希望我负责筹备院史展览馆的建设。从承担这个任务一开始,我就意识到在校史馆展出的《周总理在三门峡水利枢纽建设工地接见我校师生》,对于将来的文学院院史馆来说,应该是最重要的一张图片,说她是"镇馆之宝"也不为过。历史的灵魂是"真实",这张照片能不能在将来的院史馆中展出,取决于能否确定照片中周总理接见的是我们河南大学中文系的学生。

我首先拜访曾经担任过中文系副系主任的王芸老师。她是中文系56级的学生,按时间她应该参加过三门峡的那次劳动锻炼。到王老师家说明来意后,王老师却告诉我,在1957年初,她以共产党员的身份,给毛主席写了一封汇报"大鸣大放"运动中出现问题的信,在随后的反右斗争中,她被免除了年级党支部书记的职务,受到"保留学籍,劳动察看"的处分,并没有随年级同学去三门峡建设工地,而后随58级学习,于1962年毕业留校工作。她给我提供了两条线索,一是她听说甘玉兰同学与周总理握过手,二是56级的张豫林老师应该知道一些情况。

几天后,我在校园见到张豫林老师,他说自己保存有周总理接见中文系师生的这张照片,答应回家后找出来给我。一周后,当我们又见面时,他却很遗憾地说,翻遍家中所有地方,照片没能找到。我随即翻出手机里保存的总理接见中文系师生的图片,让张老师辨认照片中的人物,张老师说他都不认识。此后我又让同是56级学生、毕业后留校任教的王中安、张永江、邹同庆三位老师辨认,结果仍然令人失望。

院史馆的建设牵动着文学院每个人的心。新任文学院院长武新军也非常关注周总理接见中文系师生这张照片。他找到了所有能够找到的有关这张照片的文章,通过认真分析,也发现了照片中与周总理握手的人很可能不是李荣庚。我们两个决定再联系甘玉兰予以证实。甘玉兰回复说照片中的人没有她。由于年代久远,照片中其他人已认不准。接着,又得到消息,漯河市教育局、人事局等单位都打听不出李荣庚的信息。

我特别不甘心。若这张照片最终因信息不确定而不能在院史馆中展示,对于文学院乃至整个河南大学来说,都会是很大的损失。我决定继续从李荣庚、甘玉兰的同学里寻找线索。我打开电脑里已经完稿的《河南大学中国语言文学学科史》，打开"62届毕业生名单"页面，一个一个看下去。突然一个熟悉的名字跃入眼帘，"牛登云"，他曾任河南大学附属中学语文教研组组长，我们很早就认识。我打通牛老师的电话，说明了我想了解的情况。牛老师的回答第一句话就让我异常惊喜，他说："你可找对人了！"然后他说，周总理在三门峡大坝上接见的就是他们同班的六位同学，他手里就有这张照片，是六人当中的王学勤同学在一个博物馆发现后，请博物馆领导给了她一张底片和一张14寸照片，王学勤又洗了几张，给五位同学每人一张，他一直精心保存着。由于牛老师不会使用微信，我请他把周总理接见他们的具体情况形成文稿。

8月17日，牛老师手拿一个塑料文件袋与我见面。多年未见，已85岁的牛老师虽满头白发，但精神矍铄。他从中拿出一张照片和三页稿纸。看到照片的那一刹那，我惊喜地差点流出热泪。就是她，就是她！就是和我手机里那张一模一样的照片！牛老师左手拿着照片，右手食指指向照片中的人物说，正与总理握手的叫张怀顺，挨着张怀顺的女同学是王学勤，王学勤旁边的另一个女同学叫王凤英，张怀顺后边只露出面部的就是他。他与总理握手后主动后退一步，张怀顺才能到总理跟前与总理握手。挨着牛老师的另一个同学是周建民，最边上的男同学叫黄世森。他们六个都是中文系58级2班同学。他接着说："周总理接见我们的具体情况，我都写好了，你可以拿回去看。"说完把他写的《难忘的瞬间》

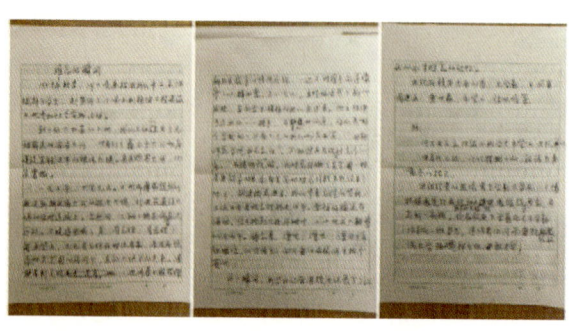

文稿递给了我。

当天晚上，我又想怎么样才能让上述结论更加具有说服力。想到牛老师给了我王学勤老师的电话号码，我即拨通了王学勤老师的电话。我请她简单介绍一下总理接见时的情况，总理跟同学们说了些什么，照片中出现的几位同学的名字和照片发现的过程。我有意没有告诉她已从牛登云老师那里了解到的细节，是想等王老师回复后对照一下两个人的回忆是否一致。8月23日，王老师用微信把她保存的照片和写的《一幅老照片的追忆》发来，我立即打开文件，看到她所写的照片中人物与牛老师说的完全一致。我再对比一下85岁的牛登云老师，其个头、面庞与照片中露出的面庞何其相似！58级毕业照上的王学勤老师，几乎与照片中的王老师没有什么变化，我如释重负，终于彻底放心了。

> 王学勤，一副老照片的追忆.doc
>
> 难忘的瞬间，永恒的怀念
> ——一副老照片的追忆
> 原开封师范学院中文系58级2班
> 王学勤
> （河南财经政法大学文博学院85岁退休教授）
>
> 1959年10月，开封师范学院中文系师生奔赴正在建设的三门峡大坝工地参加大坝的建设、劳动锻炼。
>
> 有一天上午，轮到我们小组值班，到大坝上扛木棒。我们是中文系五八级二班的，我们小组七个人，头戴安全帽，身披坡肩，在大坝上干的正欢。这时候，工地上传来了一个重要消息，周总理要来大坝视察了！我们都很兴奋，如果能见到周总理将是我们的终身荣幸。
>
> 当周总理和随同人员向我们走来的时候，我们不停地高喊总理好！总理好！总理高大的身躯站在我们的面前，亲切地和我们一一握手，并问我们，学习的什么专业呀？几年级？我们一一回答，不累！不累！上午十点左右，总理要离开工地时，陪同周总理视察的有时任河南省委书记吴芝圃同志、他发现我和王凤英同学还站在汽车旁劳动，吴书记就指看我们信总理看。总理微笑着在车里不起身和沉浸于幸福中的我们挥手告别。我们为也挥手，目送汽车远去。

> 1976年1月8日，周总理逝世，举国难忘的瞬间，永恒的怀念储哭。
>
> 1978年某月，"周总理革命事迹图片展"在南阳博物院展出。我当时在南阳师专任教并担任班主任，我率领我们班的学生前去参观。正在参观的时候，一个女学生跑到我的面前说，王老师，快去看，有一张大的照片，照片中有您，我很惊奇，怎么会有我呢？我们一起跑到另一个展厅，我看到了一幅巨大的照片，这就是周总理在三门峡大坝视察时接见我及我的同学的场景。我激动万分，热泪盈眶。感谢当时的随行记者拍下了这令人永生难忘的时刻。当即，我就找到展览馆的负责人说明此照片的情况。负责人很快与河南省博物院取得联系。不久，我收到了省博物院寄来的14寸照片和底版。我珍藏至今。照片中的同学自左至右：王凤英，王学勤，张怀顺，牛登云，周建民，黄世森。
>
> 1979年1月8日，为悼念敬爱的周总理，我专为南阳广播电台写了一篇题为《难忘的瞬间，永恒的怀念》的广播稿。当我听到播音员那充满爱意和深情的播送，看看挂在墙上的照片，按捺不住，热泪横流。
>
> 敬爱的周总理，您永远活在我们心中。

当我们小组上班回到住处时，班上的同学都争着抢看我们握手的手，因为我们的手是敬爱的周总理，握过的手。

这意味着长达几年时间的《周恩来总理在三门峡水利枢纽建设工地接见我校师生》这张照片的"证实"工作顺利完成。我们可以郑重地告诉世人：

周恩来总理在三门峡水利枢纽建设工地接见河南大学中文系师生是不争的事实！

周总理接见河南大学中文系师生的时间是1959年10月13日!
周总理对我们的关怀和鼓励,将会永载河南大学的史册!

文字 / 魏清源

(2021年9月4日,发表于河南大学官微)

 **精选留言**

@Marco:花有重开日,人无再少年。六十余年的岁月,磨去了很多记忆,但是师生们对周总理的那份敬仰却不会被磨灭,大家终究会记起那份历史,怀念当初的青春岁月。铭记历史,砥砺前行。

@阳光高厅:河南大学有关老师对一张老照片的求证历程,也是河大治学严谨的具体体现。尊重历史,小心求证。为河大点赞!

@万合利:魏清源老师把治学的严谨作风用到历史的求真辨伪上,实事求是,锲而不舍,终得真章。百年河大中文学风,跃然纸上,再次受学。

 文章链接

河大有"教科院现象"？！真相来了……

2020年是河南大学教育科学学院（1980年恢复招生，1999年在教育系的基础上建立教育科学学院，以下称教科院）喜迎恢复建院40周年华诞。作为从1982年7月入职的一名老教师，我几乎见证了她砥砺奋进、拼搏发展的历程。教科院经过40年的发展，取得了英才辈出、桃李芬芳的发展成果。学院因人才培养工作成绩突出，一直被传为佳话，中国教育学会副会长周洪宇教授称之为"河南大学教科院现象"或"教育系现象"。

河南大学教科院现象

"河南大学教科院现象"可从多方面去阐释解读，具体可表现在三个方面。一是人才现象，即人才培养成果突出；二是学科现象，即学科发展又好又快；三是学会现象，即专业学会引领发展。这三个方面展示了教科院的实力和成就的立体形象。

人才现象：人才培养成果突出。"河大教科院现象"主要是指人才培养成果突出，这是被传为佳话的主要表现。从1980年恢复教育系以来，教科院培养了大批的专家学者、领导管理干部和基础教育工作者。从规模较小的教育系或教科院（最初每年招本科生为40人）走出去的毕业生，已有一大批先后走上厅级、司局级、校级领导岗位，他们在教育部、人社部、全国政协、全国妇联、河南省人民政府、河南省教育厅等重要部门岗位任职，仅在一个国家部委（教育部）曾同时任职有4位司局长，在一所著名高校（河南大学）先后任职的有4位校领导，在一个省厅（教育厅）先后任职的有多位处级领导；许多毕业生还走向财经、政法、企事业单位的领导岗位，有一位走向联合国总部成为优秀的中层管理者，他们都成为各行各业的中坚和骨干力量。当然，多数毕业生包括后来的研究生成为高等学校的教授、副教授，成为我国基础教育战线的名师、优秀教师和骨干力量，他们或在国内学术界具有重要影响，或为我国尤其我省的教育事业发展做出了较大贡献，受到社会的广泛赞誉。

学科现象：学科发展又好又快。教科院的教育学和心理学两大学科发展迅速，在学科建设、学位点建设、教学、科研各方面均取得骄人成绩。一是教育学和心理学两个一级学科均被评为河南省重点学科，教育学科在我省高校"双一流"建设中又被确定为重点建设的优势特色学科，且在教育部第四轮学科评估中获得B+的位次。二是学位点建设从单个硕士点到一级学科硕士点，从单个博士点"教育学原理"到拥有教育学和心理学两个一级学科博士学位授予权。目前学院在教育学原理、课程与教学论、教育史、高等教育学、教育技术学、德育学、基础心理学、发展与教育心理学、应用心理学等九个专业招收博士研究生，还拥有教育学和心理学两个博士后流动站。三是在教学方面，教育学和心理学均被评为国家级综合改革试点专业，教育学专业入选首批国家级一流本科建设专业，应用心理学、教育技术学和学前教育专业入选河南省一流本科建设专业；教育学和心理学教学团队被评为省级优秀教学团队。管理心理学、德育原理、课程与教学论三门课程被认定为首批国家级精品资源共享课程；教育研究方法等五门课程被认定为第二批国家级精品资源共享课程；获得国家级教学成果奖三项。四是在科研方面，近五年，承担国家级、省部级等各类科研项目70余项（其中，国家重大科研项目2项），出版专著80多部，发表学术论文900余篇，获各类科研奖励90多项等。教育学和心理学两大学科成为河南省带头学科,在国内产生较大影响。

学会现象:专业学会引领发展。河南省教育学研究会(后来改为教育学专业委员会)和心理学会主要挂靠于河南大学教科院,这两个学会为全省高校教育学和心理学的人才队伍建设、学术引领、科学研究、大众普及等做出了重要贡献。我这里重点谈一下我所在的教育学专业委员会。河南省教育学专业委员会与恢复建系一样,也迈入了"不惑之年"。四十年发展历程中,大致经历了初创勃兴、开枝散叶、规模扩容和跨越发展四个阶段。至今已成功举办34届学术年会,引领了全省教育学科建设和教师个人的成长与发展。

教育学专委会始终致力于建立组织联盟,凝聚学术力量;鞭策学术研究,推动学科建设;搭建学术平台,促进学术交流;联通全国学会,引领发展方向;关注学术前沿,开展政策咨询;面向教育实践,服务区域发展。教育学专委会也始终能够坚持办会方向,贯通思想性与学术性;明确学会定位,兼顾基础性和前沿性;创新办会模式,协调松散性与规范性;坚持会员为本,激发积极性和聚合性;保证办会品质,追求实效性与高效性。教育学专委会对全省教育学老师的教学科研发挥了重要的引领和带动作用,有一年老会员代表裴振先老师曾在年会上感慨地发言:"每次年会我都积极参加,我的收获都很大,在教学上我思想明确,有许多新东西可讲。南阳的一次年会,因故没参加,在教学上,我就不知讲什么好了。"当然,心理学会同样也对全省的心理学教师的教学科研发挥了重要的引领和带动作用。

河南大学教科院精神

透过现象看本质,"教科院现象"的背后是一种精神,我们称之为"教科院精神",或"教育学人精神"。这种精神内涵丰富,可以从学院、教师、学生、管理四个方面体现。

(1)"团结和谐、务实进取"的院风。40年来,教科院(教育系)遵循"厚德、博学"的院训,秉持"慎思、笃行、务实、进取"的院风。历届的书记、院领导和系(教研室)主任们(这里不再一一列举名字),带领全体教职员工,真正做到了团结、民主、和谐、务实、进取、奉献,大家就像一家人一样,上下团结,和谐相处,朴实无华,相互支持,互相帮助,正是这种精神,支撑和激励着教师们乐于工作、勤于奉献、不计报酬,为学院发展甘愿付出。

(2)"甘为人梯、教书育人"的师风。教科院之所以有人才现象,就是因为有一批又一批、一代又一代的好老师,他们爱岗敬业、默默奉献,甘为人梯、教书育人,做到了"传道、授业、解惑",做到了热爱学生、因材施教,做到了"从经师到人师",对学生学习、生活高度负责,不仅是学生学习的导师,同时也是学生生活的导师,成为学生的引路人,真正履行了教师这个光荣而神圣的职责和使命。

(3)"志存高远、吃苦拼搏"的学风。40年来,教科院一直注重培养学生有理想、有担当、能吃苦、敢拼搏的优良学风。在老师们的辛勤培育下，同学们茁壮成长，从入学时的幼苗长成今天的参天大树。这里举一个80级学生王定华（教育部教师工作司原司长，现北京外国语大学党委书记）的例子。当时我住在现明伦校区十号楼三楼，早上和晚上，每当我下楼梯时，在楼梯的转弯处，总能见到一个学生在学习，尤其十分刻苦地学习英语，并且大声朗读，天天如此。当时我有一种预感，这是一位能下苦功的学生，将来不但英语能出类拔萃，而且一定能成功成才。正是"不经一番彻骨寒，哪得梅花扑鼻香"，他的成功成才与他大学时代的理想远大、刻苦学习、奋力拼搏是分不开的。

（4）"严格管理、悉心指导"的作风。人才培养离不开科学的管理，在管理上既要严格，尊重管理的规律，又要人性化，对学生悉心指导，关心他们的学习和生活。管理体现在学院领导和制度的管理，也体现在系主任、辅导员和老师们的管理，现在叫"三全育人"。我感受最深的是我担任81级辅导员时（一边上专业课一边兼职做辅导员），对学生的管理，基本上做到了"严格管理、悉心指导"。按照"成人、成功、成才"的"三成"原则，在管理上注意让每个学生做规划、树目标，形成优良的班风和学风，除了抓好课堂学习，还抓科学研究，抓考研深造等。经过四年的学习，他们结出了丰硕的成果。全班共40人，8个考取研究生（当时还没有考研的风气和氛围，因毕业是按用人计划分配工作），发表科研论文30多篇，其中郭戈同学一人就发表8篇，许多都是现在的中文核心或CSSCI刊物，并且编印出一本30多万字的书——《新技术革命与教育改革》。同学们正是在学校打下了扎实的基础，得到了良好的科研训练，才成就了他们今天成为专家学者、领导干部、优秀教师，成为"教科院现象"中浓墨重彩的一笔。

几点启示与希望

一个学院的发展，包含一个学科的发展，需要一代又一代教科院人的积淀和奋斗。为此，我作为一名老教师，对学院、对青年教师、对青年学子寄予几点希望。

学院要守正创新：站在新时代，实现新跨越，再获新成就。正如学院简介所立言：继续发扬优良传统，遵循"厚德、博学"的院训，以国家"双一流"建设为契机，以国际化为抓手，实施特色立院、人才强院的"两大战略"和立体化人才队伍建设、科研创新、教学质量保障的"三大工程"，实现人才培养质量、科学研究水平、综合管理水平和社会服务能力的"四大提升"。为此，要做好顶层设计和"十四五"规划，即学院整体事业发展规划、学科专业建设规划、师资队伍建设规划、信息化建设规划等，并继续发扬团结、和谐的优良院风，尤其在优秀人才引进和学科特色建设上下功夫，取得更多更好的成就。

教师要立德树人：面向全体学生，"成人"与"成才"并重。立德树人要"成人"与"成才"并重，我认为有三句话需要思考：一是做到传授知识是基本——教会学生学会感悟世界，学会了解世界，学会陶冶情操；二是培养能力是关键——教会学生学会学习，学会生存，学会改变；三是润泽生命是目的——教会学生学会做人，学会发展，有家国情怀。教师要树立人人成才观念，面向全体学生，促进学生成人成才；树立多样化人才观念，尊重个人选择，鼓励个性发展，不拘一格培养；树立全面发展观念，努力造就德智体美劳全面发展的高素质人才。教师要做有理想信念、有道德情操、有扎实学识、有仁爱之心的"四有"好老师，用自己的学识和人格影响和培养学生。

学生要德才兼备：做有理想、敢担当、能创新的新时代优秀人才。具体要理想远大，志存高远；要积极进取，努力拼搏；要敢于担当，尽职尽责；要锤炼自我，有家国情怀。虽然将来的人生目标会有不同，职业选择也有差异，但必须理想坚定，信念执着，不怕困难，勇于开拓，顽强拼搏，永不气馁，"读万卷书，行万里路"，把学习作为首要任务，作为一种责任、一种精神追求、一种生活方式。大学阶段要拿到"三张通行证"：第一张是学术性通行证，就是毕业证和学位证书；第二张是职业性通行证，如教师资格证及其他职业资格证书，还有英语四六级、计算机二级、驾驶证等证书；第三张则是事业心、责任感、团队精神和开拓技能的通行证，这恰恰是一张现代社会备受重视的通行证。能够拿到第三张通行证的人通常能对于变化持积极态度，视变化为正常、为机会；积极、自信、独立、从容；具有创造性思维；敢于负责任，善于交流，有团队精神。

总之，学院有新的目标，能守正创新；教师能敬业负责，教书育人；学生能志向远大，奋力拼搏，教科院这个集体才会有好的精神状态，才能向着自己的目标前进，最终取得成功。有"教科院精神"作支柱，相信一定会实现愿景，"教科院现象"也一定会被代代弘扬和传颂，教科院的明天一定会更加美好。

文字 / 王北生

（2020年9月5日，发表于河南大学官微）

精选留言

@blingbling：河南大学教育科学学院迎来恢复建系40周年。40年来，涓涓细流在一代又一代教科院人的努力下汇成一条波澜壮阔的大河，凝练出了"河南大学教科院现象"和"河南大学教科院精神"。这段历史值得我们铭记！

@LLS：作为教科院的毕业生，从此文更加了解了院史，为此感到自豪！

@满汉全席（CJD）：老牌院系，实力雄厚，学风优良，人才辈出！

文章链接

留学斯坦福大学+哥伦比亚大学！他是100多年前的河大"海归"！！

一、《教育先驱凌冰与当代中国教育》学术报告会成功举办

2021年12月5日上午，应华美协进社、纽约华美人文学会邀请，河南大学教育学部副部长、教育学院院长王振存教授做了题为《教育先驱凌冰与当代中国教育》的学术报告。报告会由纽约华美人文学会刘畅女士主持。

联合国纽约总部原中文组组长、现华美人文学会主席何勇教授作为点评嘉宾，河南大学教育学部部分师生代表现场参加报告会。河南大学美国校友会会长、联合国纽约总部翟莹女士，哥伦比亚大学史中琦博士，南开大学张伯苓研究会及凌冰先生后人等海内外校友、专家学者以线上方式参加。

王振存教授报告会现场

王振存从凌冰先生作为河南大学校长、教育家、外交家精彩起伏的一生进行回顾，特别是对其在哥伦比亚大学求学、归国创办南开大学、执教河南大学、执掌河南教育、步入政坛受挫、旅居美国的经历进行梳理，旨在还原一段真实的历史，探讨对今天学子、学人、世界一流大学建设、国际交流合作有益的经验和启示。河南大学的凌冰、查良钊、邓萃英、张仲鲁、刘季洪等五位校长均毕业于哥伦比亚大学，以冯友兰、冯景兰为代表的一大批河南大学教师也曾在哥伦比亚大学留学，形成了"河南大学哥大现象"，他们以先进的办学治校理念、前瞻开放的治学治术方略，在当时中国内陆地区打造了一个国际化教育高地。这对于激励当代、勉励后学，增强学校的教育自信、文化自信和学术自信，架起历史与现实的桥梁，连接学校与世界一流大学的纽带具有重要的历史和现实意义。

何勇在总结时表示，报告视角独特、内容翔实、证据充分，从多个维度展示了凌冰辉煌起伏的一生，客观全面地评价了他在当代教育、中美教育文化交流中所做的贡献，希望进一步加强与河南大学的交流合作，充分利用纽约和哥伦比亚大学的学术资源，进一步加强对以凌冰为代表的哥大学人研究，助力河南大学学术发展和学校世界一流大学建设。

二、凌冰生平简介

凌冰（1891—1993年），字济东，又名庆藻，河南固始郭陆滩樟柏岭人，12岁中秀才，13岁入私立南开学校，后毕业于清华留美预备学校（清华大学前身），赴美留学，先入斯坦福大学、哥伦比亚大学，后入克拉克大学，获教育心理学博士学位。

（一）少年凌冰

凌冰少年时，在家塾就读，聪颖好学，禀赋超群。11岁时，便读完了《四书》《五经》《史记》《资治通鉴》等书籍。1912年秋，经堂兄介绍，他到天津南开中学就读，接受进步思想和先进科学文化的熏陶，视野开阔，经常和同学探讨时弊，认为"欲我中华强盛，必大力发展教育"。南开中学毕业后考入清华留美预备学校，于1915年毕业并以优异成绩赴美留学。

（二）留学美国斯坦福大学的凌冰

据有关资料，凌冰先生于1913—1916年在美国斯坦福大学留过学，且为斯坦福大学中国学生会核心成员。

（三）留学哥伦比亚大学的凌冰

哥伦比亚大学教育学院档案馆凌冰先生的档案资料显示：凌冰（Ling Ping），1916—1917年在哥伦比亚大学教育学院学习，1917年6月毕业获教育学硕士学位（Master of Pedagogy）。

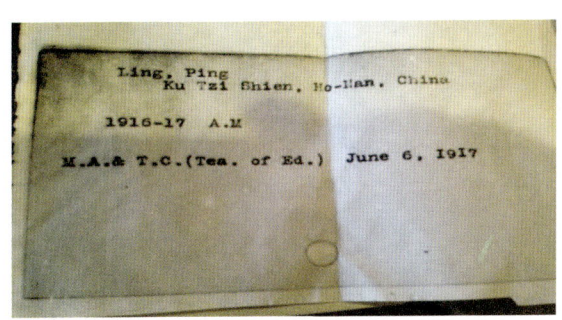

凌冰先生在哥伦比亚大学教育学院档案馆的档案信息

在哥伦比亚大学教师学院学习期间，凌冰先生建立了中国最早的一个教育研究团体——中国教育研究会。该会于1915年底成立，前几任会长有凌冰、陶行知、张伯苓等近代著名教育家。

1916—1917年，在哥伦比亚大学教育学院学习期间，凌冰先生担任第二任美国哥伦比亚大学中国同学会会长，第一任会长是郭秉文先生，东南大学的创始人。同时期的同学有陶行知、蒋梦麟、胡适、孙科等，这些都在当时和中国历史上有举足轻重的地位，成为影响和改变中国教育、中国社会的人。

凌冰（三排右三）、陶行知（三排右四）、胡适（前排左一）、孙科（前排右二）、蒋梦麟（后排左二），1916年于哥伦比亚大学

凌冰师从美国哥伦比亚大学世界著名教育家杜威、世界著名教育史学家孟禄、美国著名进步主义教育家克伯屈等，他们都曾来中国讲学，是影响当时中国教育和世界教育的人，他们的思想在中国、美国乃至全世界至今依然产生着重要影响。《民主主义与教育——杜威在华演讲录》《旧教育与新教育的差异——孟禄在华演讲录》《中国最需要何种教育原

1919年任南开大学部主任、儿童心理学教授的凌冰先生

1922年任南开大学教务长的凌冰先生

1927年任河南大学校长的凌冰先生

则——克伯屈在华演讲录》对他们在华的演讲、活动及影响等有专门记载和论述。尤其是杜威、孟禄到中国演讲时，凌冰多次担任翻译。

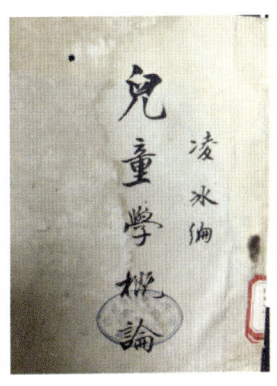 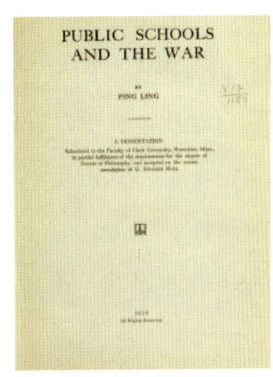

凌冰先生的《儿童学概论》　　凌冰先生的博士论文封面

凌冰常被国人认为是早期儿童学研究的代表人物之一，作为留美归国的教育心理学博士，"1921年，商务印书馆出版了凌冰编著的《儿童学概论》（世界丛书之一），这已经是一部颇为系统的儿童学理论著作了"。

1919年秋凌冰被聘回国，南开学校内开设大学班，凌冰任南开学校（1921年更名为私立南开大学）大学部首任主任（相当于第一任教务长）兼儿童心理学教授，时任校长张伯苓。1927年12月，凌冰先生任河南省立中山大学校长。

2021年是凌冰先生诞辰130周年，2022年是河南大学建校110周年，学校正在加快世界一流建设步伐，在这样一个特殊的时间节点，让我们一起深切缅怀以凌冰先生为代表的一大批为学校创建发展、国际教育文化交流做出卓越贡献的前辈们，继承弘扬大学精神，勠力同心、务实创新，努力为加快把河南大学建成世界一流大学做出新的更大贡献。

来源 / 河南大学教育学部

（2021年12月07日，发表于河南大学官微）

精选留言

@◆：忆凌冰先生风华，承教书育人初心。

百年前，您赴美留学，归国执教，打造教育高地；百年后，我们缅怀先辈，勇担使命，弘扬大学精神。

@文文亲：回望凌冰校长教育情怀，展现河大发展旧韵新姿！

@茗念：先生之风，山高水长！先生风华，永世敬仰！

文章链接

建筑瑰宝大礼堂

八朝古都开封，人杰地灵。

古城东北隅，明伦街85号，河南大学明伦校区有一批弥足珍贵的近代建筑群。校园东北部有明清城墙环绕，内有栈道贯通，曲径通幽。北有千年铁塔，巍然屹立，塔下湖水波光粼粼，湖光塔影，蜻蜓戏莲，琴韵书声，一幅田园梦境。

沿明伦校区南大门三百米长的中轴线北行，到达广场北侧，一座宏大建筑——大礼堂映现眼前。它巍峨壮观，中西合璧，厚重典雅，磅礴大气，令人震撼。

大礼堂，位居校园南北、东西中轴线交汇点，占地3932平方米，南北长73.75米，东西宽53.75米，高24.4米，总建筑面积为4687平方米。

建筑平面按功能将门厅、观众厅、舞台三部分沿南北中轴线分布,看台分池座、楼座上下两层,有观众席2816个。整个设计,借用声学、光学之原理,融视觉、听觉为一体,设计功能完备,理念超前,为中西合璧宫殿式建筑。

大礼堂,由时任校长许心武(曾留学美国,1931年5月担任校长)领衔设计。1931年11月20日破土动工,1934年12月28日落成,历时三年,耗资21万元。它主体为钢筋混凝土结构,以青砖砌墙,屋顶覆以青灰筒板瓦,各脊端饰有脊兽,四角挑起,变化起伏。礼堂正立面,屋身部分采用四组双柱,仿爱奥尼柱式,直抵檐口,柱间正中设三个双扇平开大门,门楣为悬山垂花门罩,圆形竖向中式旋窗,窗套彩绘图案精美,色彩绚丽。柱头与屋檐交接处,以垂柱挂落替代,檐下垂花柱、雀替、挂落均作透雕,绘以龙头、狮子、凤鸟彩绘图案,形象逼真,栩栩如生。整个建筑挺拔高峻,气势宏大,庄严巍峨,动人心魄。它外在雄浑,内藏隽永之神韵,古朴典雅,博大厚重,是当今大学校园内屈指可数的一座独具特色的建筑瑰宝。

"此刻,已经是傍晚。抖落一身疲惫,离开办公室,走出艺术大楼,眼前是令我心动的画面!冬日大礼堂,静美、肃穆、典雅、端庄。她静静伫立在那里,注定是我的生命之约。"(音乐学院韩梅教授语)一位在河南大学工作38年的普通教师,道出了千万学子的心灵感悟。大礼堂,已成为河大学子心目中的圣殿,人生奋斗的坐标,永远的精神家园。

大礼堂,已历经近九十个寒暑。它就静静伫立在那里,春,静看百花吐艳;夏,听校园蝉鸣;秋,享季节之金黄;冬,独与冰雪对话。历经三万多个白天的喧嚣、夜晚的静寂,送走日月星辰,静待花开花落。大礼堂,如镶嵌在明伦校园中的一幅画、一卷书、一部诗、一首歌,用智慧之手,泼墨师生岁月成长画卷,记载百年明伦的历史故事,抒发岁月流淌的记忆,谱写下个百年动人乐章。

大礼堂舞台两侧,河大校风"团结、勤奋、严谨、朴实"八个醒目大字,曾滋养了代代学人,成为人们永久的记忆与动力。

大礼堂,曾留下了不同年代一串串美丽的印迹——

这里,有20世纪30年代,来自上海抗日救亡演剧队洪琛、冼星海、贺绿汀率队的多次公演,有50年代初河南省第一届人民代表会议在此召开的盛典,有当年在大礼堂宣布恢复"河南大学"校名时师生们的欢呼雀跃,有八九十年代同学们周末期待的两场电影放映,有陈景润"哥德巴赫猜想"报告会的记忆,有指挥家李德伦音乐指挥时的畅想,有尹达、廖静文、姚雪垠、王立群等名师大家在此的学术报告与演讲,有大学生校园歌手大赛的激情涌动,有辩论会、歌舞晚会的激情与豪放,有建校九十年、一百周年校庆典礼的恢宏与喜悦,有教职工合唱比赛的热情与难忘,有历届同学们入校、毕业季大礼堂台阶前的留影,有无数次在这里唱响"嵩岳苍苍,河水泱泱,中原文化悠且长……"河大校歌时的热血与奔放!阳光、博大、澄澈、宽阔的大礼堂广场,有各种社团活动时的熙熙攘攘;有大雨滂沱中《同一首歌》现场直播时的激情与狂放……

　　无论是太阳升起时的早晨,还是彩霞满天时的傍晚,无论是月光相映,或是薄雾轻笼,无论是细雨霏霏,或是艳阳高照,路经大礼堂,很多人总会驻足凝视,久久仰望,用敬慕的眼光顾盼,用心灵的语言碰撞,让心灵得到沉静,让品格得到升华,到达"止于至善"的人生至高、至善、至纯、至美之境界。

　　大礼堂,像一位慈祥的老人,以其博大胸怀,接纳一批又一批学子来到这方知识殿堂、学术沃土;又像一位智者,日出日落,寒暑易节,默默守望,目送一届又一届学人们从这里起步,开启美好人生征程,放飞未来与梦想。

　　历经世纪风雨、岁月沧桑,大礼堂,已经化为人们内心的知识圣殿、大学符号、文化象征、人生坐标,成为谱写在明伦校园一首永恒的希望与生命的交响乐章!

　　大礼堂,犹如一艘蓄势待发的航船;大礼堂广场,如同宽阔的知识海洋,永远承载着学子们的大学梦想,成为他们的精神依托与温馨港湾,激励一代又一代学人们怀揣梦想,砥砺前行。新百年,新梦想,新高地,"双航母",从此扬帆再远航!

美哉,大礼堂。壮哉,大礼堂!它将永远成为代代学子们的理想之约、青春之约、生命之约。

文字 / 王文科

(2022年4月26日,发表于河南日报客户端)

文章链接

古韵新颜，大美开封

开封古城，坐落在豫东平原、黄河之滨。

她，风华绝代，曾是世界上最大的都城。她，独具风骚，写尽了现代城市的开篇。4000多年沧桑，八朝帝都，168年大宋，造极于世。她带着厚重的历史文化底蕴，从时间的长河中款款走来，从容不迫，光彩照人。

她是一个"符号"。千年厚重的文化积淀赋予了这座北方古城多姿多彩的生命活力，并加持着大河文明的神韵，冠以"戏曲之乡""木版年画之乡""汴绣之乡""菊花之乡"等美誉，把璀璨的中华文化引向顶峰。

她是一座"水城"。临水而建，因水而兴，逐水而荣，冠有"北方水城，黄河明珠"之美誉。在4000多年的建城史上，古城开封虽多次被掩埋于滚滚泥沙之中，但屡屡涅槃重生，穿过千年黄沙而屹立不倒。历经磨难，坚贞不屈，一次次拔地而起，形成世所罕见的"城摞城"奇迹，给黄河文明留下了数不胜数的珍贵遗产。

她是一条"文脉"。千年科举，一朝废止，开封作为河南贡院的所在地，全国最后两场会试在这里举行，上千年的科举制度在这里画上句号，这里见证了中国旧式教育的终结；同时，这里目睹了新式教育的兴起，创建了河南留学欧美预备学校，开创中原高等教育的先河。

古城之美，美在其颜，历经千年风雨，古韵犹存；水城之美，美在其形，沟渠密如蛛网，湖泊星罗棋布；菊城之美，美在其神，虽饱经风霜，但风姿万千；开封之美，美在其魂，传承千年文脉，绵延不绝。

古韵如颜，水韵如形，神韵如气，学韵如魂。壮哉！大美开封！

开封之美，美在古韵

一座城，总是承载着时间的记忆。

开封古称老丘、大梁、东京、汴京，是世界上唯一一座城市中轴线从未变动的都城。4000多年来，先后有夏朝第七位王杼，战国时期的魏惠王，五代时期的后梁、后晋、后汉、后周，北宋，金等在此定都，素有"八朝古都"之称。

因作为都城，集政治、军事、经济地位于一身，开封城的修建与经营受到历朝历代帝王的重视，特别是到北宋时达到极盛。据孟元老的《东京梦华录》里所载："八荒争辏，万国咸通。"描绘了东京的繁荣情景。经过北宋几位皇帝的经营，大相国寺、铁塔、繁塔、延庆观、金明池、艮岳等建筑和御苑，构成了丰富的城市景观，"汴京八景"更是其中的精华。明代成化年间《河南总志》一书中对"汴京八景"记载，即"艮岳行云、夷山夕照、金梁晓月、资圣熏风、百岗冬雪、大河春浪、吹台秋雨、开宝晨钟"。随着历史的变迁，这八景或增或减，但昔日开封城的盛况我们仍能从遗存的文物中窥见一二。

当年的古城早已随着黄河决堤而掩埋于层层黄沙之下，但今日的开封仍不乏古都的影子。在这里，随处可听到的开封方言，作为北宋时期的官话穿越千年，传响至今；在这里，穿梭在开封夜市，看着灯红酒绿，听着吆喝声，吃着街头烧烤，享受着万家灯火的烟火气，好似《清明上河图》里的勾栏瓦舍、贩夫走卒重现在你的眼前；在这里，随处可见以朝代命名的街区，诸如大梁路、魏都路、宋城路、汴京路、晋安路、东京大道等，彰显着八朝古都的底蕴；在这里，甚至每一条巷子、每一栋建筑都有自己悠久的历史传说，有降妖除怪的铁塔、有走出两位大宋天子的双龙巷、有一浊一清的潘杨二湖……此类种种传说为古城增添了些许神秘。

时光荏苒，她见证了"陈桥兵变，黄袍加身"的荣耀，也承受着"靖康之耻"、国破家亡的血雨腥风。如今，我漫步穿行在开封古城区的街道，感受这座老城的心跳，是那样祥和、平静。虽早已没有昔日"皇城"的荣光，但历史的变迁给这座古城增添了别样的韵味。

开封之美，美在水韵

一条河，涤荡着千年古城的尘埃。

开封，因毗邻黄河，有着"君不见，黄河之水天上来"的气魄，一泻千里的黄河水塑造了这座城市的倔强。"开封城，城摞城，地下埋着几座城；龙亭宫，宫摞宫，潘杨湖底几座宫。"这在民间广为流传的谚语道出了这座城与河的恩怨纠葛。

据史料记载，自金明昌五年（1194年）到1949年中华人民共和国成立，755年间，黄河决口300多次，其中大水进城就有7次。滔天的黄河水裹挟着千钧泥沙决堤而来，将繁华的开封城悉数埋没，不久，不屈不挠的大河儿女又在泥沙之上建起一座繁华依旧的都市。如此反复，开封城最终呈现出"城摞城"的奇观。

可以说，开封因河而患，也因河而兴。

北宋时期，开封依托便利的河运交通，发展成为当时国际上首屈一指的繁华大都市。

在张择端的传世名作《清明上河图》中，尽现了开封水系的全貌。《清明上河图》全长525厘米，其中，描绘汴河的画面就有240厘米，占全幅画面的45.7%。在汴河上，张择端特意描绘了28艘各式各样的船只。

北宋时期，汴河、五丈河、蔡河、金水河在开封城内交汇，4条河上的桥梁就有34座，形成以汴河为中心四水贯都的格局。此外，再加上开封城内外的惠民河、广济河、金明池、迎祥池等，形成了"一渠六河绕汴京"的运河系统。

昔日的河道早已被泥沙掩埋，现如今龙亭湖、包公湖、铁塔湖、大宋御河等水系工程的修建重现往日水城的风姿，画舫凌波，花香满衣。开封是名副其实的"北方水城"。

开封之美，美在神韵

一朵花，印刻在城与人的记忆深处。

菊花在我国已有3000多年的历史，开封的养菊传统由来久矣，开封菊花更是有"昌盛千年、香甲天下"的盛名。南北朝时期，开封就有种植菊花的记载。至宋代，东京开封的菊花已经名誉全国。《东京梦华录》载："九月重阳，都下赏菊……无处无之。酒家皆以菊花缚成洞户。"足见当时菊之风盛行。

在宋韵清明里寻梦，在十月菊风中沉醉。千百年以来，开封人民一直传承着养菊的习惯，并以爱菊、赏菊为乐事。1983年，开封市将菊花定为市花，并在每年的金秋十月举办中国开封菊花花会，加之开封作为全国著名的旅游城市，菊花与历史文化相结合，更是推动了菊花在古城的兴盛。菊花为这座历史古城增添了别样的神韵，成为传承千百年的文化基因，更是永久保留在开封的城市记忆和人民血脉之中。菊花是中国传统名花，古人赋予菊花"君子"的美称，蕴含着凌霜不凋、气韵高洁、吉祥长寿的寓意。在菊的涵养下，古城浸润了菊花的神韵。古都开封作为千年皇城，并没有出落得雍容华贵、富丽堂皇，而是拥有古朴典雅、素雅坚贞的傲骨风姿，古城人民虽饱受水患但并没有怨天尤人、背井离乡，而是积极进取、自强不息，在旧城址上重建家园。

开封之美，美在学韵

一所大学，得风气之先传承千年文脉。

开封的文化鼎盛出现于北宋时期。作为北宋首都，开封是全国的政治、经济、文化中心，也吸引了来自各地的文人骚客。他们或来此进京赶考、游学，或来此吟风弄月、填词作曲，开封成了天下文人士子的文化圣地。

千年之后，这里是河南贡院旧址所在地，上千年的科举制度在这里画上句号。得风气之先这里创办了中原第一所现代大学——河南大学。百年来的风雨沉浮，一所氤氲着浓郁书香的百年学府传承着"明德新民，止于至善"的大学之道，坚守着"百折不挠、自强不息"的教育精神，扎根在开封这座幽静的八朝古都。

在河南大学百余年的岁月里，河大先贤筹备留学欧美预校造就国之真才；战火纷飞，铁塔学子用血肉之躯传承中原文化血脉；折枝为林，代代师生传真理火种，扬四海风华……

在千年古都的沃土中，河南大学从中汲取了丰厚的营养："前瞻开放、面向世界"是她的眼光，"坚持真理、追求进步"是她的态度，"百折不挠、自强不息"是她的信念，"兼容并包、海纳百川"是她的胸怀，"不事浮华、严谨朴实"是她的个性。这所百年学府依偎于黄河之滨，立足于开封古城，饱经沧桑而风华不减，悠然逸远，气度非凡。

一座城，几回回在废都之墟上重生；一条河，一次次悲喜交加的恩怨纠葛；一朵花，一朵朵点缀着古城的绝代芳华；一学校，一批批铁塔学子散落天涯。

大美开封，骨子里是勇，气质里是刚，似菊花傲霜斗雪独立寒秋，似黄河之水滚滚东流生生不息。如今的开封，正赓续着中华文明之美，踏上复兴崛起之路，以经天纬地的水墨丹青，泼彩时代，出彩中原！

文字 / 王明钦

（2021年8月25日，刊发于《开封日报》）

精选留言

@ Marco：开封古城，坐落在豫东平原、黄河之滨。她历经4000多年沧桑，八朝帝都，168年大宋，造极于世。而在这漫长的历史之下，她也留下了独属于开封的那份美。她美在古韵，古韵如颜；美在水韵，水韵如形；美在神韵，神韵如气；美在学韵，学韵如魂。壮哉！大美开封！

@ 彬彬有丽：初走在宋都御街是2002年，那年也下了一场雪，医学院的哥们常坐的是1路公交车，常玩的是龙亭公园，爱逛书店街，爱吃马道街的小吃。那时候清明上河园初建，那时河大新区初建，那时老师慷慨激昂，那时同学青春年少，毕业14年哥还是想念开封怀念河大。我的青春留在那儿了。

@霁月清风：

孟秋月——凉风至，寒蝉鸣，白露起。

仲秋月——望月光，夜怅惘，思他乡。

季秋月——鞠又黄，塔铃响，归汴梁。

@平湖秋月：有朝一日，故地重游，重温古都之美，再忆河大之风月。

 文章链接

嘘！请听题：河大"美"在哪儿？

2021年6月16日，《河南日报》第15版整版刊发《河大之美》一文，向社会人士和广大考生推介河南大学之美。

2022年2月23日，《开封日报》十二版整版刊发由河南大学党委常委、宣传部部长王明钦完善提升的《河大之美》文章。

编者按：九曲黄河水，千古汴梁城。河南大学从岁月悠然之处走来，以见证者的身份告别千年科举；百年学府自宋都故地萌芽成长，以开明者的身份散发教育新光！近110年来，百年学府河南大学与千年古都开封共生共荣，携手发展。从河南留学欧美预备学校到"三区两院"新格局，纵风霜既往，时运初新，河南大学迈步向前，在新的百年续写名校辉煌！

河大之美

初见河大，是为其景之美。

再见河大，是为其意之切。

回见河大，是为其情之浓。

这里见证了上千年科举制度的终结，书写了中原高等教育的高峰，经历了抗战办学的悲壮，如今，她正乘着新时代的东风再次启程。古韵与现代、中华与西洋，在这里完美融合；活力与静谧、开放与包容，在这里融会联通。徜徉在河南大学，就仿若穿行在文化缤纷的万花筒之中。

名校与名城，一所氤氲着浓郁书香的百年学府，扎根在开封这座幽静的八朝古都。

河大之美，春夏又秋冬。

河大之美　美在建筑

寻觅河大美景，莫不在古色古香的河南大学明伦校区。漫步其中，如同开启一场时空交错的穿越之旅，一幢幢厚重的典雅建筑，串联起历史与现实、东方与西方、古典与现代。

银杏树下，校园中轴线一字延伸。身临其境，放眼望去，河南留学欧美预备学校的校门映照着1912年河南大学初创时期不凡的气度。曲径通幽，6号楼中西合璧、稳重典雅，映射出1919年河南大学博采众长的包容本色。这里曾经是该校第一座教学楼。1925年7月，中共北方区委总负责人李大钊于此发表《大英帝国主义者侵略中国史》的演讲，播下了马克思主义的火种。绿树丛中，东西十二斋房如同琴键一般，在明伦校区南大门至大礼堂轴线两侧井然排列。顺着斋房望去，中轴线西侧的中部，7号楼色彩明丽、高大醒目。1925年建成的7号楼，既完美传承了中国传统的艺术风格，又巧妙结合了西洋建筑的浪漫元素，有粗壮有力的塔斯干式壁柱、古朴精致的塔状气楼、难得一见的重檐歇山顶、美轮美奂的透雕挂落、灵动活泼的木刻雀替等。1936年，建筑学家梁思成、林徽因夫妇见到7号楼时大加赞赏，称其为"美女楼"。进入楼内，踏着厚厚的木地板，不觉放轻了脚步，仿佛看到胡适、梁漱溟、傅斯年、范文澜、董作宾等大师往来的身影。

仰望大礼堂，叹为观止。1934年12月，在校园南北中轴线和东西中轴线的交会点上，一座占地3932平方米、总建筑面积为4687平方米的规模宏大的大礼堂建成。大礼堂设计之精美、构思之精巧、质量之高国内罕见。据说，其建成之初就入选"亚洲十大建筑"，展现了百年河大学府的风华之茂。

背靠大礼堂，极目南望，一座四柱三开间的牌楼式建筑映入眼帘，它就是河南大学明伦校区古朴典雅的南大门。1936年10月，南大门落成。学校的精、气、神弥散其中，形与神高度统一，此门也成为河南大学的标志。"明德新民，止于至善"的校训，以柳体金字镌刻在大门内侧的门楣之上，让师生时刻铭记于心、践之于行。

河南大学明伦校区，一片具有厚重历史底蕴的热土，留下了代代学子无法磨灭的奋进印迹，也成为最"奢侈"的大学校园之一——北临北宋铁塔（第一批全国重点文保单位），东依开封古城墙（第四批全国重点文保单位），坐拥近代建筑群（第六批全国重点文保单位），2019年入选"汴京新八景"。

如果说，明伦校区的近代建筑体现了河南大学厚重深邃的文化底蕴，那么金明校区现代化建筑的组团化设计则彰显出学校开拓创新的时代风貌。若从半空中鸟瞰，金明校区地形酷似古代青铜器"钺"，折线环形机动车道与"丫"字形人行道相结合，形成总体骨架，一条水系贯穿南北。在极富韵律之美的主体框架里，线条流畅的组团式现代主义风格校舍灵动地掩映在大片绿化带中。一池碧水，天鹅游弋，海棠花开，落英缤纷……巍峨雄壮的图书大楼，总建筑面积47 000余平方米，是金明校区的标志性建筑，更是万千学子的思想驿站。

河南大学郑州校区在建设过程中，汲取明伦校区整体设计理念和建筑元素，将南大门、7号楼、斋房等经典建筑按一定比例进行了创制。明伦校区的神韵，得以在充满新时代气息的郑东新区龙子湖重现，标志着百年河大精神和文化的延续……

晨曦初露，当河南大学开启古老的校门时，师生们穿行于新老校区，极目之处皆是充满神韵的建筑美景。历经近百年风雨洗礼，这些建筑依旧气宇轩昂，无声地诉说着学校筚路蓝缕的艰辛与锐意进取的气魄。

河大之美　美在精神

教在河大，得天下英才。学在河大，创无限可能。明德黉门里，新民一路耕。"明德新民，止于至善"，一直被视为文德教化的最高理想，是对人才培养质量的最高追求，也是河南大学矢志不渝所追寻的大学之道。

河南大学在百余年间通过不断进取、融合、发展和创新，积淀形成一种稳定的、内在的精神气质，一种河大人共同的理想信念和价值追求，一种看似"无形"却又直慑人心的精神力量。"前瞻开放、面向世界"是她的眼光，"坚持真理、追求进步"是她的态度，"百折不挠、自强不息"是她的信念，"兼容并包、海纳百川"是她的胸怀，"不事浮华、严谨朴实"是她的个性。其中，以"百折不挠、自强不息"为核心和灵魂，形成河南大学重要的文化和精神遗产，引领一代又一代河大人奋发拼搏，积极进取，书写出一页又一页载满辉煌业绩的篇章。恢复河南大学校名，进入省部共建，入选"双一流"建设高校行列……每一个时期，河大人都从这种精神中汲取丰厚的营养；每一个阶段，这种精神都成为学校砥砺前行的动力和源泉。

这种精神，一脉相承又与时俱进。每一所大学的精神，都是在时间长河的激荡中逐步凝练而成。正是在敌前抗战办学的那段时光里，河南大学将"百折不挠、自强不息"的抗争与坚守，熔铸成自己的精神底色，孕育了具有永恒价值意蕴和感召力量的大学精神。

正是靠着这种精神，河南大学在抗战烽火中，用血肉之躯维护和赓续中原文化血脉；正是靠着这种精神，河南大学在百年发展历程中，为中华文明的传承和发展做出属于自己的贡献；也正是靠着这种精神，在1984年恢复河南大学校名后，学校在一次又一次的蜕变中实现她的光荣与梦想。

2018年，河南大学校长宋纯鹏偕校友任鲁豫、孟宪明做客央视《百家讲坛》系列节目《我们的大学》。宋纯鹏引用小麦、棉花和大豆3种常见的作物与河南大学作类比："河大的精神像小麦一样赡足万类，像棉花一样衣被天下，像大豆一样兼容并包。"他勉励河大学子将"百折不挠、自强不息"的大学精神代代传承。

河大之美　美在人文

百年唯至善，万卷载贞名。在岁月缱绻里，大道凝碧，一代又一代河大人传真理之火种，播风华于四海，汇聚为人文渊薮，折射出河南大学人文风韵的厚重、纯善、大用之境。

河大人文有浓郁的厚重气息，追求荟萃芳林。海纳百川，有容乃大。建校之初，学校便广揽名师，广纳贤才。著名哲学家冯友兰、地质学家冯景兰、历史学家范文澜、考古学家董作宾、经济学家罗章龙等一大批专家学者曾在这里辛勤耕耘，可谓大师如林、群星璀璨。河大人文学者始终坚信，只有扎实的学问才能带领中国走向未来。以范文澜、任访秋、王汉澜、李润田、朱绍侯、佟培基、刘炳善、刘亚星、李丙寅、关爱和、张治军、程民生等为代表的一代代河大人，手捧科研火种上路，数十年如一日，扎扎实实做学问，奋斗在知识创造与传播的第一线。

范文澜，马克思主义史学发展新阶段的出色代表，曾于1936年移居开封，在河南大学任教。1937年卢沟桥事变爆发，在全国汹涌的抗战热潮和饱满的爱国热情的驱使下，他尝试以文救国，写下了数量甚多的政论、杂文，或进行抗战动员，或分析形势，或发动民众，篇篇都是有力之作。他还积极投稿中共河南省委领导下的《风雨》《经世》刊物宣传抗日，亲自参与主编《经世》半月刊。这两个刊物对河南团结救亡力量、推动救亡运动起了相当大的作用。与此同时,范文澜间接向中共河南省委提出筹办抗战讲习班,训练对象主要是河南大学和高级中学的青年学生。后来,范文澜曾在延安完成《中国通史简编》,是第一部运用马克思主义系统论述中国通史的著作。该书出版后,毛泽东非常高兴。他对范文澜说:"我们共产党人对于自己国家几千年的历史,不仅有我们的看法,而且写出了一部系统的完整的中国通史。这表明我们中国共产党对于自己国家几千年的历史有了发言权,也拿出了科学的著作。"范文澜以他25年心血浇灌、成功撰成的通史著作,成为20世纪中国史学发展的重要里程碑。

朱绍侯,人淡如秋菊,落笔成瑰宝。他呕心沥血,用60年完成了对秦汉军功爵制的研究,先后出版了《军功爵制考论》等著作,成为国内对秦汉军功爵制做系统深入考察的权威学者。由他主编的《中国古代史》自出版迄今已修订改版5次,发行量140余万册,影响了无数历史学子。他用坚守为一代代学子树立起丰碑。

河大人文具有纯善之境,追求学术之精。传承学术,发展学术,是河南大学的精神追求;传播知识,创新知识,是河南大学的使命所在。董作宾先生是我国著名的甲骨学大师,在建立甲骨学的科学研究上有划时代的不朽贡献。王宇信在《甲骨学通论》一书中说:董作宾是我国甲骨学和考古学的主要奠基者之一。他知识渊博、涉猎广泛,熟悉古文字学、考古学、历史学、古年代学、地理学、文学艺术等学科。建立了甲骨学的科学研究体系,是甲骨学史上划时代的一代宗师。董作宾在开封期间,鼓励大批河大师生参与发掘殷墟甲骨,河大教授马非百,史学系学生刘耀、石璋如等均参与其中,取得了巨大的成就。一代代河大学人,以科学开启民智,在前辈创造的辉煌基础上再出发,用学术映照现在、关注未来,努力践行着学校的办学初心与宗旨。"文化元典"是著名文化学者冯天瑜创制的概念。这一概念提出后,学术界出现了一段研究元典文化的热潮。由李振宏教授领衔主编的一批中青年学者,选择了30种文化元典,分别考察它们对中国的全方位影响,出版了"元典文化丛书",意图考镜源流、返本再新,在学术界取得了巨大的影响,彰显出河南大学在人文社科研究与传播中的力量。

河大人文蕴含大用之境界,致力于社会服务与引领。用知识影响社会、用文化指引民众是河大学人一直秉持的初心和使命。王立群教授、程遂营教授等多次登上央视《百家讲坛》,向全国人民讲述中国历史故事,弘扬传承中华优秀传统文化,收获好评无数。2017年9月,河南大学生物学入选国家一流学科建设名单,河南大学入选"双一流"建设高校行列,重返高等教育"国家队"。河大校长宋纯鹏用33年从"一个课题、两位老师、三间房子"做起,带领生命科学学院师生一路披荆斩棘,破茧化蝶,为祖国科学发展做出重要贡献。

百余年来,开创者在筚路蓝缕中坚韧不拔,继承者在薪火相传中开拓进取,见证着"明德新民,止于至善"的文化内蕴,于此营造出人文渊薮之生态,打造出河大人文氤氲之境界。河大学者把敬畏与低调植入心底,把骨气与自信融入生命,心系国家,深稽博考,在一代又一代的传承中沉淀出独具风韵的人文风采。

河大之美　美在风骨

千年铁塔侧,风华正茂时。日月明辉,众生桃李。历史的画卷缓缓展开,河南大学的诸多学子熠熠生辉、灿若繁星。他们追寻着"明德新民,止于至善"的大学之道,坚守着"百折不挠、自强不息"的精神,诉说着"团结、勤奋、严谨、朴实"的"铁塔牌"故事。河大人凭借自强不息、奋斗不止的性格,走过了一段又一段征程,铸就了一个又一个辉煌。

河大学子铮铮铁骨,不畏权势,不惧风雨,宁折不弯,彰显出知识分子独有的风骨。姚雪垠的文学生命之始在河南大学。1929年夏,他考入河南大学法学院预科,并在《河南日报》副刊用"雪痕"的笔名发表处女作《两个孤坟》和其他作品。这些小说讲述了下层劳动者受封建势力迫害致死的悲惨故事,表现了鲜明的反封建色彩。入学后不久,他参加进步活动,开始阅读马克思主义著作,还读了清代朴学家、《古史辨》派和郭沫若等唯物史观派的一些代表性论著,立志成为马克思主义的史学家或文学家。抗战爆发后,他与别人合办《风雨》周刊并任主编,在此前后还发表论文、杂感数十篇,并赴徐州前线采访,随后写成书简体报告文学《战地书简》。1938年春,他去武汉,不久加入第五战区文化工作委员会,从事抗日进步文化活动。他用自己的行动抵抗反动统治和日本帝国主义侵略,展示了河大学子反帝反封建的骨气。在旧社会里,河大学子面对政治强权毫不惧怕,一根硬骨头、一身浩然正气,拼了命也要捍卫自我的尊严。

在国内外学术界,只要一提到救荒问题,就不能不想起一部具有划时代意义的巨著,这就是邓拓在河南大学就读期间撰写的《中国救荒史》。这是迄今为止有关中国救荒史研究的扛鼎之作,系统而清晰地揭示出中国数千年救荒思想的全貌和发展脉络。1934年，邓拓从福建转道上海到达开封，经其兄邓伯宇介绍进入河南大学经济系就读，并在随后的3年度过其一生中极其难得的一段平静生活。不过，安定的生活环境不仅没有消融其斗争的意志，反而造就了一位卓有建树的马克思主义历史学家和中国救荒史研究园地中迄今为止最为著名的专家。当时，他在写给同学的一封信中曾经这样写道："目前困难当头，我们应该做一件扛鼎的工作，不是在战场上和敌人进行生死搏斗，就应该在学术上有所贡献，写一两种大部头的学术著作，发扬祖国的文化。"终其一生，邓拓也不忘奋斗，维护祖国的尊荣。"生欲济人应碌碌，心为革命自明明。"邓拓在河南大学学习期间，不仅在学术研究方面结出累累硕果，还时刻密切联系群众，积极参加、领导各种革命运动，从这里奔向了革命的战场，用自己一生的行动抵抗暴力、不畏权势，实现了自己的志向和信念。

　　闪耀着星光的河大人，铸就了兴国兴邦的中原教育力量，传承了河南大学为国为民的精神内核。岁月变换，四季轮回，总有一种东西历经百年而崭新如初，那是河南大学"铁塔牌"独特的气质和深刻的内涵。一大批胸怀民族大义的河大学子为寻救国之道、兴国之理，张开梦想的翅膀，遇到困难从不后退，从中原这片土地上腾飞而起。赵九章，中国人造卫星事业的倡导者和奠基人之一，用科学的力量捍卫祖国的蓝天与海洋；侯镜如，投笔从戎，一身正气，书写了爱国将领传奇的一生；张伯声，学贯中西的地质学家，用自己的实际行动反哺母校，在中原大地上教书育人；高济宇，立志"教育救国"的化学泰斗，用科研成就了"中州之光"；马可，从河南大学走向延安，以音乐为武器，一路战斗，一路高歌，用脚步丈量祖国的万水千山……

　　建校百余年来，河大共培养出60余万各类专门人才。他们不畏风雨，追求真理，追求卓越，在各行各业书写着传奇故事。张锁江，1986年毕业于河南大学化学系，中国科学院院士。对于河南大学的培养，他感慨万千:"河南大学给我的教育,是我平生所受最大的恩惠;如今归来,赤子之心一如往昔。我将竭尽全力,为把河南大学建设成世界一流高校贡献自己的力量。"佟培基,用自己执着的求学精神,为自己在河南大学精神传承的卷轴上留下了浓墨重彩的一笔。1977年,根据自己掌握的史料,北京大学邓广铭教授在编著的《稼轩词编年笺注》中判断《永遇乐·京口北固亭怀古》的创作时间应是1204年而非1205年,且辛弃疾的仕途中,大理少卿的官职应为太府卿。为此,佟培基给邓广铭写信讨论,他的大胆质疑精神得到邓广铭的青睐。去信两周后,他收到邓广铭发自北京大学的回信。邓广铭在信里赞赏佟培基"对辛弃疾研究甚卓",激发了佟培基的学术研究劲头。随后,佟培基持续努力,开始了自己的漫漫研究路并卓有成效,完成了从一位汽车兵到教授、博导的转变。他用自己不屈不挠的奋进精神,让自己的人生如浴火重生般出现一个又一个奇迹。

校党委书记卢克平曾经深情寄语河大学子:"未来发展中,河大的自信,不在别处,就在你们坚定前行的步伐里;河大的担当,不在别处,就在你们爱国报国的奉献里;河大的荣光,不在别处,就在你们成长进步的捷报里!"自强不息的河大学子,用自己的实践见证着属于河大的荣光。也正如此,才铸就了河大自强不息的性格。

河大之美　美在胸怀

砥砺新时代,峥嵘双一流。河大一直以放眼天下的胸怀,开放包容、开拓进取的斗志成为时代的弄潮儿。

百余年前,河南大学是"开眼看世界"的河南第一校。民国元年(1912年)四月二十九日,《大中民报》头版上的一则启事打破了中原的宁静。这则启事的题目是《筹备留学欧美预备学校公启》。启事发布5个月后,河南大学的前身河南留学欧美预备学校迎来了她的首批学子,成为中原大地第一个派遣留学生的桥梁与窗口,具有强烈的开放图强与融通中西文化的意识。

百余年来,河南大学虽数易其名,屡经变迁,但自建校之初就确立的"前瞻开放、面向世界"的胸襟和胆魄不改,且浩荡生根、沛然成势,愈加呈现出一种开放包容之美。早在1945年10月,中国的抗日战争刚刚胜利,《中国科技史》的作者李约瑟曾经亲自来河南大学讲学,作了《科学与民主》的演讲报告。他的报告不仅鼓舞了在战乱中坚持教学与科研的河大师生,而且也给期盼得到与国际学术界学习交流机会的河南大学带来新的学术信息。与河南大学的交流过程中,他与李俊甫、李丙寅建立了极好的私人友谊和学术伙伴关系。

20世纪80年代初期,时任校长李润田首次率团访美,翻开了河大国际交流合作的崭新篇章。自此以后,河大与世界的联系愈来愈紧密:2002年,河南大学国际教育中心挂牌,开河南高校先河;2003年,国际教育学院成立,与国外大学进行实质性合作办学;2007年,欧亚国际学院成立,用原版英文教材上课;2015年,迈阿密学院成立,为河南省高校第一所与世界名校合作的本科层次、非独立法人的高水平中外合作办学机构……

近年来，伴随着河南大学"前瞻开放、面向世界"的优美姿态，世界顶级学者、诺贝尔奖获得者经常现身河大讲台。如今的河南大学，已先后与40多个国家和地区的170余所高校建立了友好合作关系，是世界大学联合会和亚太大学联合会成员。河南大学校友会的旌旗飘扬在加拿大、美国、澳大利亚和德国等国家和地区，各种肤色的教师站立在河南大学标准化教室的讲台上讲述着对于中华文化的痴迷。各种肤色的同学来自世界各地，在河南大学的校园中会聚一堂，分享着不同的文化知识。

河南大学根植中原沃土，致力于打造地区人才培养高地。去年9月25日，河南大学郑州校区投入使用，将为中原经济区建设培养一大批具有全球眼光和国际视野的高素质人才。

河大师生的脚步正从文化名城开封走向全国，走向全世界。河南大学深圳研究院、三亚研究院于近年来先后扬帆起航，力争在祖国经济发展前沿地区打造高层次人才引进平台、高端人才培养平台、高水平研究和成果转化平台、国际交流与合作平台，助力河南打造内陆开放国际教育高地。

河南大学的大门一直面向全世界敞开。辛亥革命元老张钫先生还说："河大是中原造就人才之圣地"，"要努力奋斗，造福人类"。百余年前就被注入胸怀天下的开放基因，这所百年学府必将绽放出更加美丽的姿态。

河大之美，可践心中所知，亦可见恬静之意，正可顾桃李之情。嵩岳苍苍，河水泱泱。河南大学正快步走在新的历史征程之上。

文字 / 王明钦

（2022年2月23日，刊发于《开封日报》）

精选留言

@茗念：一进入河南大学，就感觉悠然的岁月飘来了书香。一所氤氲着浓郁书香的百年学府，扎根在开封这座幽静的八朝古都，大师灿若星辰，学子纷至沓来，流风余韵，延绵不绝。河大曾入选"中国最美大学"排行榜。河南大学之美，在底蕴，在建筑，在人文，在风骨，更在胸怀，在精神……风霜既往，时运初新，新时期的河南大学迈步向前，在新的百年续写名校辉煌！美哉！河南大学！猗欤吾校永无疆！

@沉默：2015年上大学那会儿没赶上百年校庆，转眼间又迎来110年校庆，无论在哪儿都祝您生日快乐！

文章链接

读 你

　　我的父亲是1966届河南大学中文系毕业生，他对母校的感情，情真意切，我对河南大学的认识，始于他对母校生活的种种回忆。

　　慢慢地，我发现，生命中的挚爱亲朋，都和河南大学有着千丝万缕的联系，从他们身上，我听到他们对河大的温馨回忆，感受到他们做人做事的品格：善良而执着。

　　作为河南日报的一名新闻工作者、河南大学的仰慕者，几次采访，数次读她，百年校史，深深浅浅，长长短短，一点点在眼前跳跃闪烁，令人沉醉其间。

　　2019年3月22日的《河南日报》刊发我采写的报告文学《河南大学，那些时光深处的建筑》，父亲看完后，久久难眠。他说："母校情结，代代相传。"他的同学，河南人民出版社的编审王金楚，给他发了一条长长的信息，其中写道："给到过河大、走出河大的代代学子提供了一个重温当年大学梦、重睹伟大母校风采的难得的契机和平台，不能不使人心灵震撼，泪流满面！"

　　我一直在想，是什么原因，让不同年龄段的学子们对母校如此的情深谊长？

　　在河南大学采访四次，宣传部部长王明钦和史周宾、赵雪、吴继娟等老师们积极配合，每一次，我都感受到他们的热情、淳朴与真诚。

　　在大学校园里，在河大人身上，我一直在试图寻找答案，我所能体会到的，是大学精神塑造了每一位学子的人格，而文化的传承与创新，体现在了每一位学子的身上。

2017年12月，我采访河南大学，发表了《河南贡院：中国科举考试终结地》一文，校园中的两通贡院碑，目睹了中国最后的科举考试在此进行的境况。

2019年2月底，第二次来河南大学采访，深深吸引我的，是那些端庄优美的老建筑。

从校园南大门向北至大礼堂，构成一条南北长500米的中轴线，中轴线东西两侧，分别有6号楼、7号楼和12座分布整齐的斋房，以及重修的河南贡院碑。

纵览整个校园，前门后堂，左右斋房，建筑群落开阔稳重，是典型

的中国传统书院的布局。更巧夺天工的是，放眼望去，校园北边开阔的天幕上，宋代铁塔静穆，恰似宁静之处的辽阔远景。

穿行在河大的老建筑群里，气定神闲的感觉扑面而来，让人安详，让人宁静，她古朴而不奢华，低调而有风韵。

美国地理学家苏尔认为："一个特定的人类群体，在他的文化支配下，在其长期的活动区域中，必然创造出与其相适应的地表特征。"

河南大学近代建筑群的设计师们，把对办学理念的探索，融进校园建筑物的造型、色彩、线条、符号、图案中，以装饰、彩绘、雕塑、绿化等手段，打造了美丽校园，树立起了拥有独特文化内涵的河南大学标牌，成为有别于城市其他建筑和其他高校建筑的独特的地表特征。

"以教育致国家于富强，以科学开发民智。"河南大学自诞生之日起，便担负起了民族复兴、中华崛起的责任与使命。百年来，这里是传播真理、唤醒民众的阵地，是探索科学、学术交流的课堂。范文澜、冯友兰、董作宾、徐旭升等一批又一批的饱学之士在这里传道、授业、解惑，从这里走出了邓拓、马可、尹达、石璋如、杨廷宝、白寿彝、姚雪垠等政界要人、科坛巨匠、学界名流和文坛泰斗。

追求学术独立与投身革命洪流，团结救国与刻苦读书，如同一页纸的两面，浓墨重彩写满了河南大学的百年。

河南大学近代建筑群，是培育人才的摇篮，是培育河南大学精神与校园文化的肥田沃土，它积淀了河南大学的历史、传统、文化和社会厚重的价值取向，是河大人的精神家园。大学精神借此薪火相传，并随着时间的推移而不断得以升华。

20世纪20年代，河南大学就提出"明德新民，止于至善"的校训，1936年南大门落成后，校训用柳体金字书写，悬挂在大门背面。它耀眼夺目，发人深省，给河大学子以光大学术、弘扬文化的启示，也使人一入校门，便油然而生对祖国、对民族崇高无上的历史责任感。

美国著名学者艾伦·鲁姆描述自己的母校："组成芝加哥大学的是一群哥特式的建筑物……由于这些殿堂被赋予了先知与圣人的精神，因而有别于其他的处所。如果不计精神的话，这些殿堂具有与普通民舍相同的许多功能，然而由于信仰之故，它们至今还是圣殿。一旦信仰消逝，先哲与圣人传播的经典成为无稽之谈时，即使房舍中活动不断，圣殿也不再成为殿堂了。它会因此而逐渐走向死亡，最多成为一种纪念碑，悠闲的游客将永远不会领略它的内在生命。"作者所说的信仰，便是存在于校园建筑中的大学精神，正是有了这种精神，校园建筑才能始终投射着人文之光。

近代建筑群是河南大学"先知与圣人"精神的殿堂，核心内容就是河南大学精神，有别于其他院校的大学精神。

大学精神家园的形成需要历史的积淀，优秀的人文环境需要历代人的苦心经营。"板凳须坐十年冷，文章不写半句空"，不事浮华与严谨朴实，百折不挠与自强不息，构成了河大人的精神气质，百年校训和文化积淀融入时代发展中。

在河南大学的校园中，那些有形的建筑，已经成为无形的教育资源，"长长的连廊和庄重的列柱，也是对学生教育的一部分，四方院中每块石头都能教导人们要知道体面和诚实"。千年铁塔、沧桑城墙是她的外表，波澜不惊的铁塔湖水是她的内在气质，气势庄严的牌楼式大门、小巧别致的东十斋、稳重大气的大礼堂是她深厚底蕴的外化。河大学子在校期间，每天都在阅读着这篇精美的文章，学着这门未列入课程表的课程，解读着大学精神，潜移默化地培养着自己的价值取向和意志情感，进而外化为自己良好的行为。

近代建筑群有形的校园，走出了一批批优秀学子，同时，一代代河大人又为校园建筑注入了无形的、鲜活的生命力，近代建筑群已超然物外，升华为"精神的河大"。

大学之大，不在城大，不在楼高，不在喧嚣，在于大师，在于文化，在于底蕴。几年的学习之后，当学子离开这里时，带走的不是大楼，是他自己，一个浸染了河大底蕴，重新塑造过的完整的自己。河南大学是一所没有"围墙"的大学，是一个可以放飞自己、绽放自信的青春舞台，在这里，文化因为学子而传承，学子又有所创新。

郑州市龙子湖校区的河南大学校门，按照1∶1.3的比例复制了明伦校区南大门，2021年9月25日，河南大学郑州校区正式启用，河南大学的校园面积，已经是过去的数倍，百年名校由此开启了新的篇章。

百年校训和文化积淀融入大学校园的发展中。在河大人的精心呵护下，近代建筑群与新校区遥相呼应，必将成为世世代代河大人的精神家园，润心无声，滋养新人。

如何理解、践行文化的传承与创新？在日渐丰盈的河南大学，我想，我寻找到了理想答案。

文字 / 赵慎珠

（2021年10月28日，发表于河南大学官微）

 **精选留言**

@Lucille:"我想把小手,安在桃树枝上。带着一串花苞,牵着万缕阳光,悠啊,悠——悠出声声春的歌唱。"对于河大母亲来说,河大学子都是稚嫩的孩童。"我想把眼睛,装在风筝上。看白云多柔软,瞧太阳多明亮,望呀,望——蓝天是我的课堂。"河大的建筑是一首经久不衰的诗歌,尝尽了人生的酸甜苦辣。今天,我品读河大,读出了河大的韵味,读出了河大人的风骨与豪情。

@茗念:读你,千千万万遍!爱你,今生今世永不厌!

@董焕琳:老校区古树透着文风,古建筑群中的每砖片瓦都记录着河大人文。

@楚天舒:点赞美文!她写出了河南大学的动人风采,写出了河大人代代传承的精神风貌,更展示出河大的美好明天!

文章链接

百十芳华：砥砺奋进正当时

燃！河大这五年！

我叫王钧鹤，是河南大学文学院2018级本科生。入校后，我加入了河南大学马克思主义研究会。两年多来，通过学习和工作，我与学校共同进步，我见证她的发展，她护佑我的成长。

来到学校校史馆，就像走进学校发展史，每一幅照片都诉说着河大人的奋进付出和荣光收获。

这张图片记录了2017年9月，河南大学顺利进入一流学科建设高校行列，生物学为"双一流"建设学科，河南大学重返"国家队"。

在建校105周年大会上，校长宋纯鹏号召全校师生，珍惜"双一流"建设机遇，让我们从这里再出发。

2019年11月，学校获批"省部共建作物逆境适应与改良国家重点实验室"，实现一个学科同时拥有两个国家重点实验室的重大创举。

2020年1月16日，校党委书记卢克平在学校十一次党代会报告中，谋划了学校未来五年发展蓝图，指出要围绕立德树人根本任务，为加快建设一流大学、实现百年名校振兴而努力奋斗。

这张照片拍摄于2019年12月，张治军教授在中试车间与学生们讨论工艺。

2020年1月10日，河南大学作为第一完成单位，由张治军教授主持的"高性能节能抗磨纳米润滑油脂关键技术与产业化"项目摘得2019年度国家科学技术发明二等奖，实现了河南大学在国家"三大奖"上的新突破。这是河南大学又一座科研丰碑，更是立德树人的重要成果。

这张图片来源于2020年4月10日。当时，《光明日报》整版刊发描写河南大学与黄河关系的长文《一所大学与一条大河的款款深情》。

百年沧桑，历经磨难，河南大学始终与黄河息息相通，密不可分。学校2018年获批黄河文明省部共建协同创新中心，全面服务黄河流域生态保护和高质量发展国家战略，已成为黄河文化保护传承弘扬、中华文明源流探求、世界文明交流互鉴的学术重镇。

这张海报来源于2020年9月1日，在纪念中国人民抗日战争暨世界反法西斯战争胜利75周年之际，河南大学文学院教授、著名文化学者、百家讲坛主讲人王立群先生，参与拍摄视频《读书就是战斗》，讲述了河南大学的烽火壮歌，钩沉并纪念抗日战争中那段不为人知的历史。

校史馆还有很多这样的图片。沧桑厚重的照片里，历史淬炼的精神是我们今天接续奋斗的力量！书香氤氲的照片里，学校让人流连忘返的雍容气质，是我们安静读书的精神依托！

经过河南大学几年的熏陶培养，我从一个懵懂青涩的少年变成阳光自信的青年。

未来，期待每个小小的我，能如萤火虫，在小小的身体里拥有最为高效高能的发光系统，以年轻人的有为担当，扛起家国责任。我们聚是一团火，散是满天星，在黑夜里，能瞬间从天而降，把森林变成如梦美景，为学校发展、社会进步、国家富强，奉献青春和力量。

108年前，河南留学欧美预备学校的创办，开启了河南现代高等教育的先河，托起了教育报国的理想。95年前，学校成立中共地下党支部，成为中国共产党在河南最早的活动基地之一，深植下河大的"红色基因"。80多年前，河大人用热血和生命奏响救亡图存壮歌，其赴汤蹈火、敌前办学的壮举及其所彰显的爱国奋斗精神，照亮了那个灰暗的时代。一代又一代河大人奋发图强，培植人才，服务人民，奉献国家，为革命前赴后继，为建设添砖加瓦，为改革建功立业，爱国奋斗、兴学强国是河大人始终高高擎起的光辉旗帜！

时序更替，梦想前行。今天，中国特色社会主义进入新时代，历史的接力棒传到了我们手里。未来五年，小康社会全面建成，中国共产党迈入第二个百年，我们将亲身见证历史，亲手开创未来。跟随中华民族伟大复兴的前进步伐，承继河大一个多世纪的光荣与梦想，全面开启一流大学建设新征程，这是时代的召唤，是党和国家的重托，是人民的期盼，是我们的追求。我们的机遇何其宝贵，责任何其重大，使命何其光荣！

全校党组织、全体共产党员和广大师生员工，将紧密团结在以习近平同志为核心的党中央周围，以习近平新时代中国特色社会主义思想为指导，不忘初心、牢记使命，攻坚克难、追求卓越，以加快一流大学建设的实际行动和华彩篇章，为新时代中原更加出彩，为实现中华民族伟大复兴，做出新的更大贡献！

来源 / 河南大学新闻中心

（2020年12月4日，发表于河南大学官微）

精选留言

@E.I.U：河大过去的五年，是改革创新、团结拼搏、阔步前行的五年，是成效显著、成果丰硕、成绩喜人的五年。未来，河南大学将不忘初心、牢记使命，攻坚克难、追求卓越，以加快一流大学建设的实际行动和华彩篇章，为新时代中原更加出彩，为实现中华民族伟大复兴，做出新的更大贡献！以青春之我，谱写青春中国的壮丽诗篇！

@Lyra：我因河大而骄傲！王钧鹤学姐好棒！

@剑客2000：毕业后扎根壮乡20年，一直心系母校，为母校的发展而自豪！

文章链接

（含纪录片《我和我的学校》，时长4分46秒）

全国首家以黄河国家文化公园为主要研究对象的研究机构落地河大

2021年2月5日上午,河南省文化和旅游厅、河南大学共建黄河国家文化公园研究院签约揭牌仪式在河南大学金明校区行政楼208会议室举行。河南省文化和旅游厅副厅长李延庆,河南大学党委常委、副校长孙君健代表双方签订共建黄河国家文化公园研究院框架协议,并为研究院揭牌。据悉,这是国内首家以黄河国家文化公园为主要研究对象的研究机构。

河南大学黄河文明与可持续发展研究中心主任苗长虹主持签约揭牌仪式,河南省文化和旅游厅相关处室同志,河南大学发展规划处、人文社科研究院负责人,黄河文明与可持续发展研究中心、黄河文明省部共

建协同创新中心、黄河国家文化公园研究院负责同志参加仪式。

孙君健代表学校对河南省文化和旅游厅的各位领导表示热烈欢迎，向一直以来关心和支持学校发展的各位领导表示衷心感谢。他指出，河南省文化和旅游厅抢抓黄河流域生态保护和高质量发展战略机遇，致力于探索如何把厚重的黄河文化资源转化为发展优势，在推进黄河国家文化公园建设上走在前列；河南大学长期开展黄河文化、黄河文明与黄河学研究，已有百年学术传统和学术积淀，黄河文化研究的整体水平、国际化程度国内领先，双方共建黄河国家文化公园研究院，责任重大，使命光荣，未来可期。他要求校内各相关单位高度重视，认真梳理共建协议各项任务，合理制订长期规划和年度工作计划，科学统筹各研究平台分工合作关系，为沿黄九省区黄河国家文化公园建设提供强大人才支撑和智力支持。

李延庆在讲话中指出，国家文化公园是彰显中华民族文化自信的国家重大文化工程，黄河是继长城、长征、大运河之后的第四个国家文化公园。成立黄河国家文化公园研究院，是一件具有划时代意义的大事，是我们双方贯彻落实黄河流域生态保护和高质量发展战略、保护传承弘扬黄河文化的重要体现，是河南作为黄河文化集大成之地、讲好"黄河故事"的战略要义，是激发百年河大历史文化积淀、构建黄河文化话语体系和理论体系的战略举措。他希望黄河国家文化公园研究院牢固树立全球视野和战略思维，开拓创新，乘势而上，努力把研究院建设成为推动黄河流域生态保护和高质量发展的科学研究高地、人才培养基地、学术交流平台和成果展示基地，为促进黄河流域生态保护和高质量发展做出应有的贡献。

省文化和旅游厅国家公园办公室副主任张飞，省非物质文化遗产保护中心主任楚小龙，省文化和旅游厅国家公园办公室司志晓、李荣胜、杨奕分别发言，就研究院发展规划、年度重点工作、人才培训、合作研究等方面提出了意见建议。

根据共建协议，河南省文化和旅游厅、河南大学将发挥各自优势，集中优质资源，致力于在黄河文化研究阐释、黄河文化遗产保护廊道规划建设、黄河国家文化公园建设保护、黄河文化旅游带建设等领域加强合作，深入挖掘黄河文化内涵和蕴含的时代价值，不断提升黄河文化凝聚力和影响力，着力推进黄河国家文化公园的规划建设和黄河文化旅游带的构建与高质量发展。

来源／黄河文明与可持续发展研究中心

（2020年12月4日，发表于河南大学官微）

 **精选留言**

@E.I.U：河南省文化和旅游厅、河南大学共建黄河国家文化公园研究院签约揭牌仪式圆满成功！双方共建黄河国家文化公园研究院，责任重大，使命光荣，未来可期。不断提升黄河文化凝聚力和影响力，讲好"黄河故事"，激发百年河大历史文化积淀，为促进黄河流域高质量发展做出重要贡献！

@围城：希望河大黄河文明与可持续发展研究中心在黄河实验室建设、国家级人才培养、国家级标志性成果方面尽早实现新突破！在学科评估方面实现 A 类突破！进入国家一流学科建设！

@万合利：国家文化公园是彰显中华民族文化自信的国家重大文化工程，黄河是继长城、长征、大运河之后的第四个国家文化公园。成立黄河国家文化公园研究院，将推动黄河国家文化公园在沿黄九省加快落地。

文章链接

河大又添新成员啦！！

民族要复兴，乡村必振兴。4月15日上午，河南大学金明校区中州颐和酒店第一会议室内高朋满座，气氛热烈。河南大学乡村振兴研究院成立大会暨乡村振兴战略高端论坛在此隆重举行。

河南省社会科学界联合会主席李庚香、河南省政协经济委员会主任孙新雷、河南省农业农村厅副厅长马万里、开封市委副书记秦保强、河南省社会科学院原院长张占仓、河南农业大学原党委书记程传兴、河南省委政策研究室研究员徐大海、河南省统计局、广州大学、河南省现代化农业规划设计研究院、河南农开基金投资管理公司、中团资本控股有限公司及开封市兰考县、新乡市延津县等单位的领导、专家、学者，河南大学校领导卢克平、刘志军、孙君健，学校有关职能部门负责人和相关学院的领导，河南大学驻开封市通许县前付村扶贫工作队、驻开封市祥符区双楼村扶贫工作队队员和经济学院师生代表等欢聚一堂，共同见证这一重要历史时刻。活动第一阶段，河南大学乡村振兴研究院成立大会由校党委常委、副校长孙君健主持。

河南大学党委书记卢克平代表学校对各位领导专家的到来表示欢迎，向大家对河南大学一直以来的关心支持表示感谢。他在致辞中指出，河南大学始终以服务国家战略和区域经济社会发展为己任。近年来，学校发挥学科和人才优势，承担并完成了习近平扶贫论述实践案例研究、部分地区脱贫攻坚第三方评估、脱贫摘帽经验总结等任务，依托生物学一流学科和两个国家重点实验室恢复重建农学院，为更好地服务新时代"三农"工作积累了经验，打牢了基础。成立河南大学乡村振兴研究院，既是贯彻落实习近平总书记重要讲话精神的具体行动，也是助力中原乡村振兴、服务"四个河南"建设的重大举措，还是讲好河南故事、助推全国"三农"发展的使命担当。河南大学将在科学研究、人才引进与培养、学术交流及条件保障等方面，给予乡村振兴研究院政策倾斜和重点支持，全力把研究院打造成为高水平的理论智库平台、科研创新平台和治理实践平台，让学术扎根乡村，让人才扎根乡土，为国家乡村振兴战略贡献河大智慧，为新时代"三农"发展提供河南方案。

李庚香在讲话中指出，乡村振兴是我们党和国家在未来相当长的一个时期内的主要工作，是国家治理体系现代化的核心内涵。习近平总书记将乡村振兴视为巩固脱贫攻坚成果、实现农村治理现代化的重要步骤，是对乡村振兴工作重要性的强调。河南大学长期为河南省的社会经济发展提供了重要的咨询服务与政策建议，在国家全面推进巩固脱贫攻坚成果与乡村振兴有效衔接的第一时间，学校就迅速成立乡村振兴研究院，积极研究国家发展中最为急迫、最为重要的课题，努力为省委、省政府决策当好参谋，既表明了河南大学的政治敏感度，也表明了河南大学的学术敏感度。他希望河南大学乡村振兴研究院能够立足河南实际，扎根乡村土壤，瞄准重大问题，潜心问题研究，努力把河南大学乡村振兴研究院打造成为高水平的政策智库平台和学术研究平台，让学术服务社会经济发展。

马万里代表省农业农村厅，向河南大学乡村振兴研究院的成立表示祝贺。他表示，省委、省政府深入贯彻落实习近平总书记视察河南时一系列重要讲话和指示精神，提出"十四五"时期推动乡村振兴实现更大突破、走在全国前列的奋斗目标。新阶段新形势下，需要更好发挥高等院校、科研院所的智库作用，将专家学者的知识、技术、经验优势同乡村振兴的生动实践相结合，探索破解难题的新途径、新方法。河南大学成立乡村振兴研究院，有利于更好发挥综合性大学优势，打造高水平理论研究和实践服务平台。他希望研究院围绕打造乡村振兴"人才实践高地、创新策源高地、典范样板高地"的目标，聚集国内高端智库力量，系统总结经验模式，积极咨政建言，为党委、政府科学决策当好参谋助手，讲好河南乡村振兴故事。

秦保强在致辞中表示，河南大学是百年名校，是国家"双一流"建设高校，近年来，河南大学与开封市深入实施市校合作战略，在脱贫攻坚、农业科技研究、乡村振兴等方面取得了重大进展和明显成效。开封市高度重视乡村振兴工作，及早谋划，高位推进，立足资源、人文、区位等优势，坚持党建引领，积极探索实施乡村振兴的新路径，"1+6"示范带建设取得了明显的成效。河南大学乡村振兴研究院的成立，必将对开封的乡村振兴起到重要的支撑作用和指导作用。开封市将全力支持河南大学乡村振兴研究院的建设和发展，希望在乡村振兴方面，进一步加强与河南大学的合作，实现共建共享、互利共赢。

在热烈的掌声中和大家共同的见证下，李庚香、卢克平、马万里、秦保强等领导为"河南大学乡村振兴研究院"揭牌。

河南大学党委副书记、副校长,河南大学乡村振兴研究院名誉院长刘志军为宋丙涛教授颁发了"河南大学乡村振兴研究院院长"聘书,为李庚香、孙新雷、张占仓、程传兴、徐大海、马晓勇、赵德友等专家学者颁发了"河南大学乡村振兴研究院特聘研究员"聘书。

随后,河南大学分别与河南省社科联、新乡市延津县、开封市兰考县举行了乡村振兴战略合作协议签订仪式,刘志军、宋丙涛代表河南大学分别与河南省社会科学界联合会副主席李新年,新乡市延津县委书记李泽宙,兰考县委常委、组织部部长付新禧等签署合作协议。

活动第二阶段的"河南大学乡村振兴战略高端论坛",由河南大学乡村振兴研究院院长、经济学院院长宋丙涛主持。河南省社科院原院长张占仓教授、河南省政协经济委员会主任孙新雷教授、河南大学经济学院名誉院长耿明斋教授、广州大学新结构经济学研究中心主任邓宏图教授、河南农业大学原党委书记程传兴教授、河南省委政研室研究员徐大海等专家学者分别围绕"河南乡村产业振兴的地域模式与对策措施""实施乡村振兴战略的逻辑思考""乡村振兴的节奏与路径""土地流转、合作组织与农业生产方式""关于县域内城乡融合的思考""乡村振兴需要

解决的突出问题和工作举措"等主题进行学术报告，分享相关研究成果，为乡村振兴发展规划提出相关意见和建议，取得了很好的研讨效果，受到了与会人员的高度评价。

文字 / 经济学院
图片 / 吴继娟　唐雨恬　王晨茜
（2021年4月16日，发表于河南大学官微）

精选留言

@Marco：民族要复兴，乡村必振兴。多年来，开封市高度重视乡村振兴工作，河南大学乡村振兴研究院的成立，必将对开封的乡村振兴起到重要的支撑作用和指导作用，为乡村振兴助力！

@刘贺：河南大学乡村振兴研究院的成立，必然首先惠及开封市乡村振兴战略顺利实施，其次还将为河南省全域乡村振兴战略实施注入智慧和力量，第三还将会为整个中原、西部大开发地区，甚至全国范围内的乡村振兴战略实施提供经验和范例（扩大它的影响力和作用力）！乡村振兴战略实施首先是文化振兴—人才振兴—科技振兴，由此带动产业振兴—生态振兴等。河大本身具有大量资深专家智库成员，并培养了多学科优秀学生人才，规模大质量高，如能将其调动起来投入乡村振兴战略实施过程，将会为发展和创新中国特色社会主义乡村振兴道路发挥举足轻重的作用！祝福乡村真正振兴、国家伟大复兴早日到来！

文章链接

（含论坛现场短视频，时长2分22秒）

河南大学三亚研究院揭牌成立啦！

7月13日，河南大学三亚研究院与三亚崖州湾科技城管理局合作协议签约暨揭牌仪式在海南三亚崖州湾举行。河南省教育厅副厅长、一级巡视员刁玉华，河南大学党委书记卢克平，三亚市人民政府副市长周俊，中国农业银行上海审计局局长董玉华，河南大学原党委书记、三亚研究院顾问孙培新，开封市人民政府副市长刘震，海南省崖州湾种子实验室执行主任陈凡，开封市政协副主席张晖，中国农科院国家南繁研究院院长彭军，河南大学党委常委、副校长许绍康等领导出席仪式。海南省教育厅、海南省科学技术厅、崖州湾科技城管理局、崖州湾种子实验室、

中国海洋大学三亚研究院、海马集团、开封市农科院以及三亚市、开封市、河南大学相关职能部门负责同志等参加仪式。仪式由河南大学副校长王学路主持。

许绍康宣读了三亚市人民政府关于同意成立河南大学三亚研究院的批复、中共河南大学委员会关于成立三亚研究院的通知以及相关人事任命。王学路和崖州湾科技城管理局党委副书记、常务副局长林海分别代表河南大学三亚研究院和崖州湾科技城管理局进行签约，卢克平、刁玉华、周俊、孙培新、刘震、董玉华、许绍康、张晖、陈凡、张超、杨学勇、郑立鉴签。卢克平、周俊、刘震、刁玉华、陈凡、林海、张超为研究院揭牌，河南大学三亚研究院正式成立。

卢克平在致辞中对各相关职能部门对三亚研究院的关心和帮助表示感谢。他说，河南大学坚持与国家战略和区域发展同频共振，在推动经济社会发展中追求进步，实现价值。河南大学生物学学科围绕国家农业可持续发展重大需求，瞄准国际植物科学发展的前沿领域，开展与逆境农业生产实践相关的重大创新性研究，为粮食安全国家战略落地贡献智慧力量。本次三亚研究院落地建设，既是河南大学和三亚市贯彻习近平总书记"4·13"重要讲话精神、服务海南自贸港建设的重大举措，也是"双循环"发展格局下，开展校地联动、科教融合的重要实践，是双方以往良好合作的延续和深化。河南大学将牢记习近平总书记的系列讲话精神，牢记南繁硅谷使命，肩负责任，努力把三亚研究院打造成为"三个典范"。一是"产学研用"深度融合的典范，充分发挥学校生物学一流学科和人才优势，开展生物学方向研究生培养，建设先进技术研究平台，建立农业科技创新基地，选育玉米、大豆、棉花等农作物优良品种，推动成果转移转化，力争把三亚研究院建成"立足三亚、服务海南、面向全球""产学研用"深度融合的现代科研创新育种高地、高层次人才聚集高地、高水平科研成果产出高地、优秀科研人才培养高地、高科技成果转化与企业孵化基地和国际学术交流与合作基地。二是新型校地合作、科教融合的典范，学校将把最好的科研团队选派到崖州湾科教城，引育一批全职科研人员扎根三亚，扎根"南繁硅谷"，服务祖国种业发展；设立专项资金，整合更多科技人才团队、校友资源，为三亚培养出更多优秀生物农业方面的人才，把最新成果优先放在三亚转化，让三亚研究院真正成为三亚科技创新的策源地和南繁硅谷的引育地。三是海南—河南育种创新联动的典范，海南是重要的农业科技试验区，育成新品种占到全国70%以上；河南是粮食大省，在成果转移转化和推广方面具有独特优势；两省都是解决种源"卡脖子"难题的主战场。学校将集中学科、区位优势，结合海南、河南农业实际需求，瞄准国家重大战略，共同推进特色农业、生物育种、生态康养等产业升级，建立起海南—河南育种创新联动机制，共同扛起打赢种业翻身仗的历史使命，在服务海南自贸港建设、国家乡村振兴、农业农村现代化进程中，发挥更大作用，做出更大贡献。

陈凡在致辞中表示，种子是农业的"芯片"，对于保障粮食安全极为重要。习近平总书记多次强调"中国人要把饭碗端在自己手里，而且要装自己的粮食"。生物育种创新与应用被摆在了更加突出的重要位置，生物育种发展进入新阶段。河南大学是来自中原地区农业大省的重要科研与教育机构，加入崖州湾科技城，将为崖州湾实验室增添真正的生力军。入驻崖州湾科技城的科研单位将立足崖州湾，通过体制机制创新，推行"揭榜挂帅"等多元化科技攻关模式，破除科研创新与市场需求"两张皮"的弊端，探索农业领域国家新型科技创新模式，重塑现代种业创新体系，构建融合、精准、高效的农业生物设计育种技术体系，助力打好种业翻身仗，为南繁硅谷插上中国种子创新的"芯片"，为人类命运共同体的粮食安全问题提供中国方案。

刁玉华在讲话中说，河南大学三亚研究院的成立是积极贯彻落实习近平总书记"4·13"重要讲话精神的重要举措，旨在服务于国家战略，服务于中国特色自贸港发展，服务于河南大学"双一流"建设，充分体现了河南大学党政领导的前瞻性、开放性和创新性。研究院的成立不仅是河南大学学科发展的重要里程碑，同时也是拓展河南省高等教育多元化服务国家战略的重要举措。河南省教育厅将一如既往地支持研究院的建设和发展，将研究院建设列为河南省支持"双一流"建设重点项目，不断增加海南专项研究生招生指标，允许研究院申报河南省教育厅创新人才团队，支持申报各类科学技术进步奖、引进国内外高层次人才、科研成果转化、新品种推广、河南省优秀毕业生到海南就业创业等，把研究院建设成新时代科教融合的新典范、校地合作的新样板、发展共赢的新标杆。

周俊在讲话中代表三亚市委、市政府，向卢克平一行以及出席活动的各位领导和专家表示欢迎，对河南大学为国家南繁事业做出的贡献表示感谢，并欢迎河南大学入驻三亚崖州湾。他说，粮安天下，种铸基石。三亚市按照省委、省政府的决策部署，以"世界眼光、国际标准、高点定位"的要求力争将崖州湾科技城打造成为创新前沿阵地与科技发展平台，加快推动"一港三城一基地"建设，为承载国家粮食安全战略、健全种业科技创新体系、拓展南繁育种产业链、筑造"南繁硅谷"自强自立科技内核提供空间载体和关键支撑。河南是粮食大省、强省，河南大学是一所百年老校，拥有棉花生物学国家重点实验室、省部共建作物逆境适应与改良国家重点实验室，生物学更是世界一流学科。河南大学响应国家号召，以高度的政治责任感和使命感，积极投身三亚崖州湾科技城开发建设，全力支持南繁事业发展，为三亚经济社会全面繁荣贡献重要力量。三亚市将一如既往为进驻的大学保驾护航，做好服务工作，不但用感情留人，更要用待遇留人，用最好的服务态度留人！三亚市有信心立志与各位专家携手同行，抢抓发展机遇期，攻关种业"卡脖子"关键技术难题，提升我国种业科技原始创新能力，切实维护我国种业安全。同时希望河南大学三亚研究院科研团队及科技力量尽快入驻崖州湾科技城，并围绕农业科技创新、成果转化、人才培养、国际交流等领域开展各项工作，建立起河南—海南两省育种基地联动机制，充分发挥南繁基地"产学研用"集聚优势，利用海南自贸港政策优势，加入"大平台、小学院"教育模式，早日建成"立足三亚、服务海南、面向全球"的国家级农业科教基地，为海南高质量建成自由贸易港和国际教育创新岛贡献新的更大力量。

据悉，2020年12月13日，在海南省自贸港第四批重点项目集中签约活动中，河南大学与海南省教育厅、三亚市人民政府正式签署战略合作协议，共建河南大学三亚研究院，并于2021年4月8日完成事业单位法人注册。目前，三亚研究院已制定了三亚研究院建设规划、"十四五"发展规划；完成首批入驻科研团队遴选；专项实验室"植物生物技术实验室"获批建设；制定海南专项研究生招生、培养方案以及加入崖州湾科技城"大共享、小学院"研究培养模式，并与中国农业大学、中国农科院、南京农业大学签署课程共享、学分互认协议。

来源 / 河南大学三亚研究院

（2021年7月14日，发表于河南大学官微）

 精选留言

@吃豆人：习近平总书记多次强调"中国人要把饭碗端在自己手里，而且要装自己的粮食"。河南大学三亚研究院本着总书记的重要讲话精神，建立海南—河南育种创新联动机制，将在服务海南自贸港建设、

国家乡村振兴、农业农村现代化进程中发挥更大作用，做出更大贡献。祝河南大学三亚研究院越办越好！

文章链接

（内含新闻视频，时长 1 分钟 14 秒）

新突破！河大在国际顶尖期刊PNAS发表重要研究成果

近日，《美国科学院院刊》（PNAS）在线发表了河南大学周树堂教授团队题为"The vitellogenin receptor functionality of the migratory locust depends on its phosphorylation by juvenile hormone"的研究论文（doi:10.1073/pnas.2106908118）。

该文通过对蝗虫、棉铃虫和美洲大蠊的研究，揭示了保幼激素通过包括G蛋白偶联受体（GPCR）、磷脂酶C（PLC）和蛋白激酶C iota（PKC-ι）在内的信号通路，诱导卵黄原蛋白受体（VgR）磷酸化，进而调控受体介导的内吞作用以及VgR从卵母细胞内向膜上迁移的分子机制。

在所有卵生动物中，卵黄原蛋白以卵黄的形式在卵母细胞中积累，既是卵母细胞发育为成熟卵的前提，也是产卵之后胚胎发育的保障。VgR介导了卵黄原蛋白进入卵母细胞的内吞作用，同时也是卵母细胞的"门卫"，控制着病原微生物和共生菌从母体到下一代的垂直传播。虽然20世纪90年代已报道了VgR及其介导的内吞作用，但一直不清楚

VgR如何在卵母细胞膜上结合卵黄原蛋白并进入胞内，又怎样在卵母细胞内释放卵黄原蛋白并从胞内返回到膜上。

在许多昆虫中，卵黄原蛋白的合成、运输和VgR介导的内吞作用由倍半萜类的保幼激素调控。保幼激素是昆虫最重要的内分泌激素之一，不但抑制昆虫从幼虫到蛹到成虫的变态，也促进成虫生殖过程的卵黄生成和卵成熟。周树堂教授团队以蝗虫为模式，利用磷酸化蛋白质组学、液相色谱质谱和药理学分析，在VgR的第二个表皮生长因子前体同源结构域中鉴定到丝氨酸磷酸化位点Serine1361，发现保幼激素通过GPCR-PLC-PKC-ι信号通路诱导VgR在Serine1361磷酸化。借助遗传学、分子生物学和细胞生物学的方法，发现只有在Serine1361磷酸化状态下，VgR才能在卵母细胞膜上与卵黄原蛋白结合，进而通过内吞作用进入卵母细胞内。卵母细胞中内体的高酸性条件诱导VgR去磷酸化，去磷酸化的VgR与卵黄原蛋白分离，使卵黄原蛋白以卵黄形式储存于卵内，而VgR被PKC-ι磷酸化后返回到卵母细胞膜表面。进一步通过对棉铃虫、美洲大蠊等其他昆虫的研究，发现VgR磷酸化及其介导的内吞作用和亚细胞循环在进化上高度保守。

《美国科学院院刊》是国际顶级跨学科学术期刊，发表的论文涵盖生物、医学、化学、物理、数学、生态学等。在该研究中，青年教师荆玉谱副教授为第一作者，周树堂教授为通讯作者，博士研究生李伦杰、硕士研究生张慈等为共同作者，河南大学为独立完成单位。该研究得到国家自然科学基金重点项目、联合基金重点项目和青年项目的资助。

周树堂，二级教授，博士生导师，河南大学棉花生物学国家重点实验室主任，"杰出人才特区支持计划"特聘教授。2019年10月1日，作为中共中央组织部邀请的河南高校3名科学家之一，参加国庆70周年庆典观礼。长期从事昆虫学和植物保护学研究，主持国家自然科学基金重点项目、联合基金重点项目、973项目等，在PNAS、*Cellular and*

Molecular Life Sciences、*Development*、*PLoS Genetics* 等国际知名期刊发表学术论文30多篇，论文被"Faculty of 1000"推荐，出版著作1部，授权专利3项。

据悉，周树堂教授围绕植物生物胁迫中的害虫大量繁殖、环境适应和暴发危害特点，开展昆虫生殖的激素与营养调控机制研究。提出并阐述了JH/Met/Kr-h1通路既抑制昆虫幼虫变态也促进成虫生殖的假说，探究了卵黄原蛋白大量合成和众多卵同步成熟的分子机制，阐释了激素、营养和表观遗传学因子协同调控昆虫大量产卵的机理。

来源 / 棉花生物学国家重点实验室

（2021年9月8日，发表于河南大学官微）

 精选留言

@茗念：潜心研究，揭示生命奥秘；砥砺奋进，推进"双一流"建设。周树堂教授团队，正是无数追梦前行的河大人的缩影，让我们为周教授团队取得的成绩点赞！新一轮"双一流"建设，河大人将继续努力，保持"闯"的精神、"创"的劲头、"拼"的干劲、"实"的作风，不断攀登新的发展高峰。奋发向前，持续推进"双一流"建设！

@渠清如许：明德新民，止于至善！百年河大，再攀高峰！

@博奥刘文辉～10×单细胞转录组：我老喜欢这个课题组了，学术做得好，团队氛围好……还有很多的好，实在太多，就用"……"代替吧。

文章链接

河大2021年科技创新有哪十大亮点?

2021年是中国共产党百年华诞,是"十四五"规划和新一轮"双一流"建设的开篇之年,也是河南大学办学史上具有重要里程碑意义的一年。

在过去的一年里,河南省委省政府明确提出大力支持河南大学"双一流"建设,高标准高水平推进河南大学内涵式高质量发展,打造河南高等教育"双航母",努力在中原大地起高峰。这既是河南省打造"国家创新高地"的重大决策部署,也是河南大学提质升级、争创一流的重大历史机遇。学校以习近平新时代中国特色社会主义思想为指引,深入贯彻党的十九大和十九届历次全会精神,认真落实国家和省委省政府重大决策部署,坚持立德树人根本任务,把创新摆在学校发展的逻辑起点,强化实施"四大一强"科技发展战略,产出了一批标志性成果,综合实力和核心竞争力得到大幅提升。

一、王家耀院士荣获国家科学技术进步二等奖

2021年11月3日上午,2020年度国家科学技术奖励大会在北京人民大会堂隆重举行。我校王家耀院士为第一完成人、秦奋教授为主要完成人的"智能化地图综合与多尺度级联更新关键技术及应用"项目荣获国家科学技术进步二等奖,是河南大学科技进步类型国家奖的重大突破。

多尺度地形图数据库是国家空间数据基础设施的核心内容,是国家诸多领域重要的空间基础资源。该项目针对传统的多尺度矢量地形图数

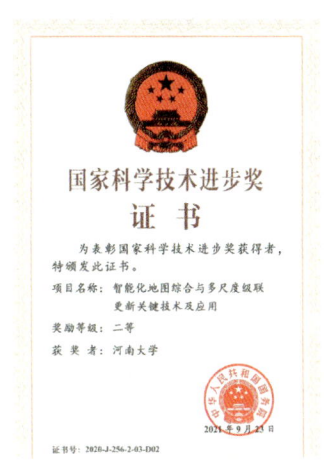

据库采用重复建库方式导致的一系列问题,在国家"863"计划、国家自然科学基金和其他省部级共30余个科研项目支持下,经过多年的系统研究,创造性地提出并发展了智能化地图综合与多尺度级联更新关键技术,解决了该领域的国际难题,有力提升了我国国家空间数据基础设施建设水平,显著增强了我国地理信息产业的国际竞争力。

王家耀院士2016年进入河南大学工作以来,有力地推动了河南大学地理学科的发展。在智能化地图综合和级联更新的关键技术领域开展攻关和创新应用,取得一批重要的科研成果,并在多个行业部门推广应用,取得了巨大的社会效益和经济效益。2021年9月王家耀院士被授予"中国地理学会荣誉会士"，2021年12月，王家耀院士荣获2020—2021年度中国地理学会科学技术奖－终身成就奖，主持承担的国家自然科学基金区域创新发展联合基金重点项目获批，2021年度拟授河南省科学技术杰出贡献奖已获公示。

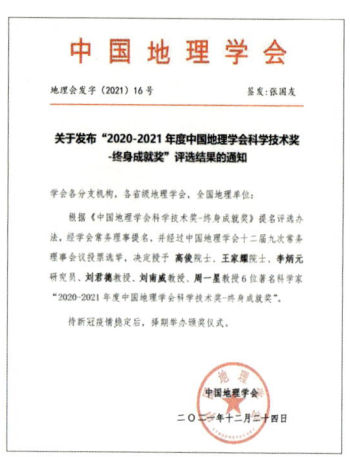

二、王学路团队发现光信号调控豆科植物共生固氮机制

2021年10月1日，国际顶尖期刊《科学》(Science)长文刊登河南大学王学路团队的最新研究成果，证明光信号是豆科植物与根瘤菌共生结瘤的必须因子，揭示了光信号如何调控豆科植物与根瘤菌共生结瘤，进而共生固氮。该项成果是由我省科研团队主导并发表在《科学》上的第一篇研究论文，是我省在面向世界科技前沿，开展原始创新方面的重大突破。

氮素是植物生长发育必需的大量营养元素，空气中氮元素丰富，但植物不能直接吸收利用。早在1888年，德国科学家就发现豆科植物根系可以与根瘤菌共生形成根瘤，并在其中将氮气转化成植物需要的氮素营养。长期以来，豆科植物共生固氮机制是生命科学领域的核心课题之一。

光信号是大豆与根瘤菌共生结瘤的必须因子，且光合产物和光信号在调控共生结瘤上的作用不同。共生结瘤包括侵染线的形成和根瘤发育两个过程，光合产物是促进根瘤菌侵染植物所必需的物质，光信号是促进大豆根瘤形成的关键因子。研究团队还揭示了光信号调控共生结瘤的机制，该调控机制可广泛适用于豆科植物。

该成果解决了长期困扰学界的共生固氮信号传导通路之谜，为培育黑暗或弱光条件下可进行共生固氮的新型植物提供了关键理论支撑。在设施农业、林下种植等方面具有广阔应用前景。

三、高水平科研平台建设取得新突破

围绕我省"打造一流创新生态、建设国家创新高地"的重大决策部署，河南大学聚焦重大科学前沿问题和区域发展需求，积极谋划一流创新平台，取得突破性进展。

"河南大别山森林生态系统国家野外科学观测研究站"顺利获批立项建设，实现了河南省国家级野外科学观测平台建设历史上零的突破。创建大别山国家站是全面贯彻"十九大"提出的"坚持人与自然和谐共生，树立和践行青山绿水就是金山银山"理念，落实习近平总书记视察河南省重要讲话精神，加快推动大别山革命老区振兴发展的重要举措。对于完善我国秦岭—大别山（淮河）区域南北过渡带地带性植被全覆盖监测战略布局，加强区域生物多样性保护和生态屏障建设，保障生态系统健康和高质量发展具有重要意义。

同时，学校主动服务国家粮食安全与黄河流域生态保护和高质量发展战略；统筹优势学科领域，获批立项建设河南省应用数学中心、河南省时空大数据技术创新中心、河南省纳米材料中试基地等3个新型科技创新平台及河南省智能微纳传感技术与应用、河南省黄河流域特色天然药用资源高值化利用、河南省前列腺疾病预防与诊断3个省级工程研究

中心；联合河南省文物局共建生物考古实验室，积极推动生物学与考古学、医学等学科融合发展。

四、王强团队获批国家重点研发计划项目

2021年12月，河南大学王强教授牵头，联合中国科学院植物研究所等单位共同申报的2021年度国家重点研发计划"合成生物学"重点专项项目"微藻底盘细胞的理性设计与系统改造"（2021YFA0909600）获立项资助。

当前，光合作用合成生物学成为国内外新的研究热点，开启了以微藻细胞工厂为基础的绿色生物制造技术研究新时代。河南大学以张立新教授和王强教授为首的光合团队立足"碳中和"和"高质量发展"的国家重大战略需求，重点研究微藻光合作用与生物合成领域相关基础科学问题，创建面向生物制造的绿色细胞工厂并实现工程化示范。在上述基础上，构建微藻环境污染物生物减排与生物质综合利用的循环经济技术体系，在通过生物炼制获得高值产品的同时，解决污染物排放带来的环境问题，并在兰考张庄建立了"水—藻—鱼"水产生态循环养殖新模式，推动了光合成生物学在生产技术领域的革新发展。

此次，国家重点研发计划"微藻底盘细胞的理性设计与系统改造"项目的获批，是河南大学继张立新教授团队2020年获批"植物高光效回路的设计与系统优化"项目后在"合成生物学"重点专项领域再次获批项目，将进一步提升河南大学在合成生物学和先进生物制造领域的科研能力，推动我省乃至我国绿色生物制造产业的快速发展。

五、以高水平基础理论创新促进种业现代化

农作物种质资源被誉为现代种业发展的"芯片"，是保障国家粮食

安全的关键性战略资源。河南大学省部共建作物逆境适应与改良国家重点实验室立足河南省及黄淮海地区的区域特色，面向国家现代农业发展的战略需求，围绕"农业种质资源创新与种业安全"核心，以"植物逆境生物学"为特色优势开展研究，取得多项前沿创新成果。

2021年5月27日，宋纯鹏团队在 Nature Plants 上发表了题为"Introgressing the Aegilops tauschii genome into wheat as a basis for cereal improvement"的研究成果，解析了代表性节节麦的基因组图谱，为实现小麦 D 基因组的原始创新和从头驯化奠定了重要的理论和材料基础。该成果解析了全球范围内节节麦种群的遗传多样性，完成了代表性节节麦的基因组组装，从全基因组层面剖析了节节麦相对于普通小麦 D 亚组的遗传变异；开发了整合远缘杂交、基因组学和快速育种等技术的快速渐渗平台，创建了矮抗58等小麦优良品种与节节麦核心种质群体的人工八倍体资源库和渐渗系库，成功地将节节麦种群99%以上的遗传变异导入现代小麦品种中，并从中重新找回了抗穗发芽和籽粒大小的优异基因，为小麦种质创新提供了有力支撑。

河南大学将依托农学院、三亚研究院等产学研基地，加快基础理论创新优势应用于农业技术体系创新，创建精准设计育种技术体系，为我国农业现代化提供支撑。

六、省委书记揭牌，河南省纳米材料中试基地入选河南省首批中试基地

2021年10月16日上午，首批河南省中试基地揭牌仪式在郑州举行，省委书记楼阳生为首批河南省中试基地揭牌并讲话。凭借多年来在纳米材料领域的研究积累和优势，河南大学纳米材料中试基地成功入选首批

8家基地之一。

"河南省纳米材料中试基地"始建于2003年，由河南大学与济源市政府联合共建。中试基地占地50亩，总资产1.26亿元，拥有10 690 m^2 的综合办公实验楼和中试试验厂房，拥有小试试验平台（20—50升）、中试试验平台（500—2000升）、工程验证试验平台（12000—16000升）及材料性能测试和评价实验平台，形成了可同时完成纳米材料"小试—中试—技术验证"全部技术研发过程的实验基地，形成了较完善的"基础研究—工程技术开发—规模化制备—产业化发展"集成创新体系。

以中试基地为技术依托，河南大学与济源市政府共建千亿级济源纳米材料产业园，打造国内高水平、多品种纳米材料产学研用基地，逐步形成产业聚集高地。2021年第一期4万吨/年特种功能纳米二氧化硅生产线已建成投产，实现销售收入近5000万元。标志着特种功能纳米二氧化硅真正实现了产业化转化与跨越式发展。

河南省纳米材料中试基地将继续致力于纳米材料关键技术突破和产品研发，完善创新链条；强化协同攻关，贯通产学研用，促进成果转化，高质量支撑我省、我国特种纳米材料新兴产业技术创新，高水平服务现代化河南建设。

七、助力产业发展，康文艺团队为河南食用菌产业找到"下一个出口"

河南省作为食用菌种植大省、资源大省，已经连续18年产量位居全国第一，但是产量大效益低的局面一直困扰着产业发展。康文艺团队一直致力于通过研发创新，解决食用菌产业发展中的难题和瓶颈，促进产业升级，加速其从初级农产品到具有治疗性的功能性产品的转变，提高附加值，为河南食用菌产业发展找到"下一个出口"。

河南大学整合河南省食用菌产业资源成立了河南省食用菌精深加工产业技术创新战略联盟,连续承担国家市场监督管理总局的保健食品专项课题和河南省重大公益专项课题。康文艺团队对破壁灵芝孢子粉进行了全面、系统的梳理和研究,确定了标志性成分和增强免疫力功能,起草制定了《灵芝孢子粉保健食品原料目录和备案产品剂型及技术要求》(以下简称为《技术要求》),由国家市场监督管理总局、国家卫生健康委员会和国家中医药管理局联合发布,并于2021年6月1日在全国实行。《技术要求》对灵芝孢子粉保健食品的原料标准、生产工艺、产品质量等提出了全面、系统、科学明确的指标和要求,使得破壁灵芝孢子粉保健产品原料有标准,生产有规范,质量有保障,将灵芝孢子粉产业带到了发展快车道。

截至目前,全国采用《技术要求》的破壁灵芝孢子粉已备案产品185件,年产值超300亿元,极大地促进了保健食品的生产标准化。河南大学正在打造食用菌精深加工技术创新高地,努力成为行业先行者和引领者。

八、科技创新助力黄河流域生态保护高质量发展国家战略

黄河流域是我国重要的生态屏障和重要的经济地带，黄河流域生态保护和高质量发展是习近平总书记提出的重大国家战略。河南大学积极行动，结合自身科研优势，组织高水平科研团队，针对黄河流域陆地生态系统多功能性等重大科学问题开展研究，取得丰硕成果，2021年在该领域获得3项国家自然科学基金重点项目支持，为国家战略的贯彻落实做出了贡献。

王家耀院士团队深入开展黄河地区河南段水土流失区、下游滩区、沿岸平原区的生态系统过程长时间序列监测与分析，研究多尺度生态系统过程模拟方法和智能化综合模型，构建面向共享和融合的"通用时空大数据＋生态系统"服务平台，有效推进黄河流域生态系统过程、机制研究和生态保护实施。

李国勇教授团队在黄河流域开展不同空间尺度上生态系统多功能性、非生物环境和生物多样性之间关系的综合研究，揭示了黄河流域生态系统多功能性时空格局及其驱动机制，构建面向黄河流域的生态系统多功能性模型，为全球变化情景下生态系统适应性管理提供科学依据。

丁建清教授团队以河南沿黄地区发生危害严重的5种菊科入侵植物和本土近缘种为对象，研究比较具有不同昆虫危害的入侵和本土植物菌根真菌差异，探明关键信号物质对菌根真菌的影响，揭示昆虫调控植物菌根真菌互惠关系的化学生态学机理。为治理沿黄地区入侵植物、保护区域生态环境提供实际指导。

九、河南大学积极推动国际合作，实现科技创新共赢

入选"双一流"以来，河南大学加强国际科技协同创新体系建设，构建国际合作平台、海内外人才、重大研究项目集成机制，积极承担全球和区域性重大国际科技合作项目，提升国际学术话语权，国际影响力和全球竞争力显著增强。

学校与中国生物物理学会纳米生物学分会、威立（Wiley）出版集团共同创办交叉学科领域综合性期刊《探索》（*Exploration*），立足国家创新驱动发展战略，聚焦生物、医学、材料、信息、人工智能等跨学科创新和交叉研究，为科研工作者提供高端国际学术交流和传播平台，有效促进新技术、新知识领域国际合作。首篇文章上线仅4个月即被国际知名开放获取期刊检索系统DOAJ数据库收录，标志着期刊质量已达到国际标准。

由朱连奇教授牵头申报的国家重点研发计划政府间国际科技创新合作重点专项"土壤侵蚀的动态监测和预警关键技术"正式获批立项（项目编号2021YFE0106700），实现了河南大学在国家重点研发计划该类别专项项目申报立项的突破。项目南非合作团队带头人是国际著名自然地理学家、国际地理联合会（IGU）主席、南非皇家科学院院士、南非开普敦大学地理系教授 Michael Meadows。双方团队将在土壤侵蚀的空间梯度变化规律、土壤侵蚀的动态监测和预警等关键技术领域全面合作，加强中国与南非的科研交流，探索科技创新与人才培养的国际合作新模式。

十、省委书记点赞量子点发光二极管（QLED）技术取得突破性进展

量子点发光二极管（QLED）具有色彩连续可调、色纯度高、可溶液法印刷制备等突出优点，是下一代显示和照明的主流技术，成为世界各国竞争的热点。河南大学高效显示与照明技术国家地方联合工程研究中心建立了一系列具有自主知识产权的材料制备和器件构筑技术，破解了多项国际难题，创立并保持着红、绿、蓝三基色QLED亮度、效率和寿命等多个核心技术指标的国际记录。研究成果发表在

Nature Photonics 等国际顶级学术期刊，兼具高亮度和高效率的量子点发光二极管获评"中国光学十大进展"，并被国家自然科学基金委作为首期简报上报了中共中央办公厅、国务院办公厅等中央领导部门。

为进一步推进实验室在量子点发光二极管（QLED）以及Mini/Micro LED等下一代显示和照明主流技术产业化进程，团队中原学者杜祖亮教授与谷麦光电科技股份有限公司建立了中原学者工作站，主要开展新型显示等方面的研发。牵头组织中国科学院苏州纳米所、郑州大学、谷麦光电科技股份有限公司、河南安彩高科股份有限公司、今上半导体有限公司等组建了"先进显示与照明产业技术创新战略联盟"。2021年9月9日省委楼阳生书记在河南大学调研时，对中心／实验室新型显示等新一代光电信息技术与材料方面所取得的成绩给予高度赞扬，特别指出："省委、省政府将全力支持，要尽快攻克关键核心技术，为新一代信息技术跨越式发展做出贡献。"

来源／河南大学科学技术研究院

（2022年2月17日，发表于河南大学官微）

精选留言

@茗念：道阻且长，行则将至！一路路走来，栉风沐雨，初心勇毅；一程程山水，见证振兴，创造辉煌！从重返国家队、建设"双一流"到"三校二院"、创新发展，河南大学不负来路，重振百年名校辉煌！一程星光我们一同走过，星辰大海我们一同奔赴！让我们为河南大学2021年十大科技创新工作成果点赞！2022，全体河大人解放思想，真抓实干，让我们奋力开启"双一流"建设新征程！

@星辰：这才是一流大学该有的样子和担当，祝福河大，祝福母校！

@围城：河大威武！继续汇聚全球顶尖人才，组建高端科研平台，承担重点（重大）项目，产出一流成果！争取下轮"双一流"再入选2个一流学科，打造名副其实的双航母！

文章链接

"逆境"造就"一流学科"

——河南大学生物学科建设的启示

从一无所有、一片空白艰辛起步,成长为拥有两个国家重点实验室的"双一流"建设学科。一所中西部的地方大学,用30年的时光,书写了一个令人称叹的故事。

2017年秋天，教育部公布"双一流"建设高校及建设学科名单，河南大学及生物学科榜上有名。

一所以文科见长的百年名校，何以杀出一匹年轻的学科"黑马"？彼时，这所学校的生物学恢复本科招生，恰好30年。

4年后，周期建设任务圆满完成，一支高端创新团队得以集聚，一批高水平人才队伍浴火淬炼，一个科技创新平台领先国际，河南大学生物学科以骄人的成绩，回应了昔日的质疑。一条艰苦奋斗、自主创新、特色发展的学科成长道路，愈加清晰而动人。

筚路蓝缕，破茧而出

1987年，河南大学决定重建生物系，用一穷二白来形容当时的情形，一点都不为过。

缺乏资金，老师们就拿起尺子动手设计，兜里装着计算器购买原料；没有场地，就蜗居在宿舍、钻进地下室搭建实验室；没有队伍，创始人傅蔚霞、蔡兴元和张居太北上北大，南访复旦，西进兰州，遍访全国高校，问计老师同学，诚邀校友老乡加盟。在他们的感召下，一批怀揣梦想的青年才俊集聚开封，扎根中原，梦想的种子由此生根发芽。

短短几年工夫，团队中的几名青年学者接续斩获国家自然科学基金课题，得到资金支持。这对于刚刚冒出地面的生物学科幼苗，犹如久旱逢甘雨。

成长的道路并非坦途。生物学"退出"高考，招生生源不足，毕业生出路狭窄，一些教师思想开始动摇，发展信心不足，加上"下海经商浪潮""人才东南飞"的冲击，河南大学生物学面临新的挑战和困难。

但更多的老师选择了坚守，一批学者经受住优厚待遇诱惑的考验，就此潜心研究，安心学术，精心照顾生物学科茁壮成长，收获接踵而来：1996年河南大学生物学系获批第一个硕士点，1997年拿下河南省重点实验室，1998年植物生物学进入河南省重点学科之列。

"陌上柔桑破嫩芽，东邻蚕种已生些。"800多年前，辛弃疾写下这一生机盎然的词句，被时任生物学科带头人、现任河南大学校长的宋纯鹏教授多次引用，与师生自勉自励。在他看来，此时的生物学就像破苞绽放的嫩芽，看似弱小，但它向着阳光，有着超越一切艰难的韧性。

而这支嫩芽，也得到越来越多国际学者的关注。2003年，国际著名生理学家、香港中文大学陈小章教授受邀访问河南大学后，为生物学科艰苦奋斗、百折不挠、甘于寂寞的顽强拼搏精神所打动，充满深情地写下《再造中国大学》，发表在《中国科学基金》（2004年第5期）上，在海内外产生了广泛影响。

逆"境"前行，跻身国家队

学科发展日新月异，国内外强手如林，一个起步晚、投入少、地处偏僻小城的高校，缘何能够后来者居上？

河南大学生物学给出的答案是"追踪前沿，探索交叉，建设特色新学科"，并最终选择"植物逆境生物学"作为主攻方向，而这也成为河大生物学科安身立命的法宝。

什么是植物逆境？宋纯鹏解释，就是植物生长在不良的外界环境条件下，比如干旱、低温、高温、盐碱、风沙、病虫等不良的外界环境条件。"我个人研究集中于干旱，正常年份，我国大概有3亿多亩的土地受到干旱、半干旱影响；雨少的年份，大概会有7亿多亩受影响，我们就是要在实验室中找到那些抵抗干旱的植物调控分子，再应用到植物里，使它能够在不良环境中生长得更好。"

对于生物学来说，实验室就是支撑学科发展的"心脏"。河南大学生物学科坚守"学术思想"，锻造"特色技术"，聚焦"国家需求"，通过技术优势克服资金和设备劣势，实现了实验室建设的换道领跑。

1991年，从"一个课题、两个老师、三间房子"起步的植物生理生化实验室，到2005年已经成长为教育部重点实验室。但此时，他们已经有了更高的目标。

21世纪初，在河南省的众多高校中，竟然没有一个国家重点实验室，这也成为中原儿女心头的"痛"，万千高校学者最大的"盼"。

登高望远，破零，破零！铆着一股劲儿，打开视野，果断走出去。河南大学植物逆境生物学重点实验室、中国农业科学院棉花研究所（安阳）强强联合，共同朝着打造国家实验室出发。

2011年，棉花生物学国家实验室经科技部批准建设；2014年，该实验室顺利通过国家验收。从此，河南省高校第一次拥有了学科类国家重点实验室！

入选"双一流"后，河南大学生物学科在实验室建设上仍未止步。2019年11月，作物逆境适应与改良国家重点实验室通过科技部批准建设。与棉花生物学国家实验室不同的是，该实验室完全依托河南大学自身科研力量创建。一个学科，同时拥有两个国家重点实验室，放眼全国高校并不多见。

"在我看来，不贪大求全，瞄准植物逆境这个方向持续发力、久久为功,做到了'小而精''小而美'的特色发展。这是河南大学生物学科得以快速发展的关键。"身兼两个国家重点实验室常务副主任的安国勇说。

广揽名师,傲立国际前沿

身处不发达地区和非中心城市,如何才能在学科建设、学生培养、科学研究上紧跟世界前沿,不掉队,不落后?河南大学生物学科给出的答案是"开门办学",创造1+1>2的协作效应。

生物系从恢复重建之初,就把开门办学作为一条准则。20世纪90年代前后,老校友、复旦大学原副校长王明岐及郝水院士、杨雄里院士、朱作言院士、王钦南先生等一大批大师到校讲学播种,倾情指导。从1997年开始,山仑院士先后被河南大学聘为"兼职教授""双聘院士""名誉院长",他为生物系学科建设和人才培养付出了极大心血。

外引与内培并举。"昆虫专家"周树堂全职而来,美国科学院院士周芷领衔的科研团队5位专家受聘为"杰出人才"特聘教授,长江学者、"国家杰青"王学路,"国家杰青"张立新,入侵生态学专家丁建清等一批30多名重量级专家学者,从四面八方奔赴古城开封。

河南大学培养的科学家苗雨晨、师冰洋已崭露头角,校友王二涛、赵要风、李云海等青年学者成绩斐然,"90后"青年学者张茜、邢晶晶快速成长……

大师云集,学生最受益。从2012年开始,河南大学生命科学学院与中国科学院上海生命科学研究院联合实施生物科学专业"菁英计划",依托生物科学本硕连读专业开始招生。一批院士、"国家杰青"、"优青"组团定期到河南大学授课,使青年学子从本科阶段就能接受"顶配专家"授课。

一路艰辛探索,一路高歌猛进。30多年过去了,今天的河南大学生物学科已形成理工农兼备的学科发展体系,本科、硕士、博士完备的人才培养体系,基础研究、应用基础研究、技术研发、产业化发展为一体的综合性科研创新平台体系,成为服务国家战略和区域经济发展的重要支撑力量。

"站上新的历史起点,我们将继续牢记'明德新民,止于至善'的校训,发扬'百折不挠、自强不息'的精神,建设一流学科,培育一流学生,研发一流成果,为中国高等教育的发展提供更多经验。"宋纯鹏表示。

文字 / 王胜昔　尚杰　刘军旗

(2021年8月30日,刊发于《光明日报》)

精选留言

@Lucille:河南大学生物系建设从无到有,凭借的正是追梦河大人的不懈努力。科研的道路往往没有坦途,面对新时代的机遇与挑战,河大人选择继续朝着更高层面奋进。

文章链接

百十求索：横渠四为践初心

天下之中　大美河南

　　中华大地，物华天宝，孕育了非凡的华夏文明。黄河之滨，皇天后土，催生出中华文明的第一缕曙光，河南，承载了炎黄子孙血脉相承的民族记忆。

数千年前，河洛先民们披荆斩棘、筚路蓝缕，在中原大地上开创了灿烂辉煌的农耕文明。数千年间，在这里繁衍生息的"炎黄子孙"见证过民安物阜的盛世繁华，也经历过战火兵祸、旱涝饥荒的沉痛洗礼。数千年来，这方土地以其兼收并蓄、开放包容的文化特质，深刻影响了整个中华民族的精神品格。

黄河腹地，天下之中。

河南之美，美在山川风物四时景

河南地处九州之中，中天而立，被视为"中国之处而天下之枢"，北临黄河，西枕太行、秦岭、伏牛山，南依大别山，东临黄淮海平原，地处我国地势第二阶梯向第三阶梯的过渡带，西部山地绵延起伏，海拔千米以上，东部为平原，海拔在百米之下，地貌类型复杂多样，兼具平原、山地、丘陵、盆地等诸多类型。地理环境的过渡性构造了这里丰富多样的自然景观。是以山川风物汇聚于河南，雕琢四时绮丽美景，成嵩山之峻秀，成黄河之蜿蜒，成平原之广袤……青绿山水，朱红笔墨，万般绘成豫州中原壮丽山河五千年。

中岳嵩山之峻，雄险奇秀

嵩山北瞰黄河、洛水，南临颍水、箕山，东通郑汴，西连古都洛阳，东西横卧，雄峙中原。这里山峦起伏，俊峰奇异，依山峰形状外貌、坐落方位划分，有少阳、明月、卧龙、松涛等72峰。此外，嵩山群峰挺拔，层峦叠嶂，景象万千，有峰、谷、涧、瀑、泉、林等自然景观，古往今来有"八景""十二胜"之称。

一年四季，一日四时，嵩山秀丽之景各异。晨间薄雾，犹如一层薄薄的白纱在天地间游走，风姿卓绝；晚霞当空，在昏与暗的光线交织映照下，山峦起伏若隐若现，偶露峥嵘；雨后云海，无声的白色波涛在崖壁间竞相拥挤着、翻滚着、怒冲云霄；雪后雾凇，银装素裹下的嵩山宛如梦幻仙境，由霜花点缀出一幅幅天然的山水画。巍峨的嵩山孕育出刚健有力的少林功夫，名扬天下。

九曲黄河之美，奔腾蜿蜒

黄河发源于青海省巴颜喀拉山北麓，蜿蜒数千里，流经青藏高原、河套平原、黄土高原后，经三门峡入华北平原，最终汇入渤海。蜿蜒奔腾的九曲连环，鬼斧神工的自然造化，赋予了这方土地多姿多彩的生命活力。

从三门峡沿河而下东到濮阳，大自然的鬼斧神工造就了黄河流域河南段令人惊叹的自然景观。这里有黄河之险峻，有"八里胡同看黄河"之称的八里峡，是黄河流经陕豫大峡谷最险绝处，其南岸是荆紫山，北岸是王屋山，两山夹峙，一水中贯，悬崖峭壁，急流险滩，形成山高千仞、危岩壁立的峡谷风光，惊人心魄；这里有黄河之波澜，有小浪底之千顷碧波，让人领略高峡出平湖的无限风光；这里有黄河之壮阔，流至桃花峪，摆脱了地势的束缚，黄河一改浊浪滔天为宽阔平坦、黄波金浪，呈现出一条大河波浪宽的迷人风采；这里有黄河之高悬，大量来自黄土高原的泥沙在下游沉淀，日积月累，逐渐形成"地上悬河"的奇观。

华北平原之阔，一马平川

平坦的地形、肥沃的土壤、充沛的雨水、四季分明，赋予了这里风调雨顺、五谷丰登的年景；一马平川、四通八达、十省通衢的大平原，无险可守，也注定了这里"和平时是风水宝地，战乱时是必争之地"的命运。这片土地以无限的包容性和发展的坚韧性，造就了中原大地古朴厚道的民风和自然亲切的乡情，也塑造了华夏儿女艰苦奋斗的精神和吃苦耐劳的品行。

这里没有小桥流水的江南烟雨，但多是青砖灰瓦、朴素典雅的北方古镇，能让人触到历史文化的积淀；这里没有西北大漠的长河落日，但具有古老村落的落日晚霞，让人领略炊烟袅袅的静谧美景。诸如朱仙镇、赊店镇、道口镇等，这些分布在平原大地上内敛含蓄的古镇，点缀着这片土地曾经的盛世芳华。古镇的建筑，敦厚结实、朴实无华，造型多样，暗灰的色调中映衬出历史的印记，恰如漫长的时光抽走了光鲜亮丽的外表，经历过千年风雨，饱经了古今风霜。

河南之美，美在一碗人间烟火味

人间烟火气，最抚凡人心。豫菜，中国传统烹饪文化的符号，是中华儿女的老家味道。

河南地处中原、土地肥沃，气候宜人、物产丰盈，"天下粮仓"之美誉由来已久。在其恩泽滋养下，几千年人类在此繁衍生息，造就了融合南北的特有美食文化，也诞生了众多令人垂涎欲滴的美食。以"五味调和"著称的豫菜，是我国主要菜系之一。因其源远流长的悠久历史和南北贯通的烹饪技法，豫菜成为名副其实的中国传统烹饪文化的符号。

此外，因地处九州之中，豫菜一直秉承着中国烹饪的基本传统，恪守着"中""和"之道。从中国"烹饪鼻祖"商相伊尹3600年前创五味调和之说至今，豫菜借中原之地利，得四季之天时，融东西南北之味，聚甜咸酸辣之和，其影响南下北上遍及神州，对中国传统饮食文化产生了深远的影响。

在河南，你能尝尽美食当中的酸甜苦辣，感悟东南西北的地域差异。豫东口味居中，恪守传统，如开封的"糖醋熘黄河鲤鱼焙面"；豫西洛阳的"牡丹燕菜",口味偏酸;豫南以信阳的炖菜较为典型,口味偏辣;豫北安阳的"炒三不沾",善用土特产,口味偏重。这些南北各异、历史悠久的地方名菜,至今闻名遐迩,广为流传。

一道菜,一段情,带你回到老家河南。家乡普普通通的柴米油盐,配上乡土特有的手法,却能烹煮出我们人生的酸甜苦辣。这可能是携带终生、难以改变的美食基因,是老家河南味蕾中的独特乡愁。

每天迎着朝阳,伴随着城市嘈杂的热情而又清亮的叫卖声,人们有一种时空穿越的感觉。走在街头,伴之左右的是无处不在的文化印记。吃在河南,永远躲不过去的只有各种美食了,胡辣汤、开封小笼灌汤包、烩面、牛肉汤、洛阳水席、道口烧鸡……这些让全国人民所熟知的美食无形中拉扯出时间和空间的经纬,织出一张错综复杂的网。老家的味道,就是这张网上,那个专属于我们的节点,也是专属于我们的记忆坐标。

"四方食事,不过一碗人间烟火。"胡辣汤,恰是河南饮食的一张名片。河南长期处于历史舞台的中心,作为群雄逐鹿之地,战乱与繁盛的交替,民族的碰撞与融合,似乎都在这碗酸甜苦辣的胡辣汤里。

胡辣汤的主要配料是辣椒、牛肉粒、骨汤、粉芡、细粉条、黄花菜、花生、木耳等这些稀松平常的普通食材,而胡辣汤之香醇,却脱胎于香料。香料是胡辣汤的脊梁,支撑起食客们的味蕾。为烹制一锅胡辣汤,少不了配制名目繁杂的香料,如八角、花椒、玉果、小茴香等。在中原大地上生活的华夏儿女,就像这汤里的香料,曾经苦难着、煎熬着、等待着……但也正因有他们,才熬得出这"一锅好汤"。

作为河南地方名吃,胡辣汤以一种包容、一种豁达,支撑起华夏儿女的朴实爽辣的老家味道,展现着炎黄儿女一种海纳百川的文化襟怀。

夜市,是充满烟火味的人间,是最接地气的饮食文化。

河南古城众多,历史底蕴深厚,而与之结合的夜市小吃也别具地域特色。这里有宋韵流淌千年的开封夜市,在领略"大宋不夜城"的同时,也能让人品味"华灯初上时,香味正诱人"的传统美味;这里有享有"夜八景"美誉的洛阳夜市,在欣赏如梦般的龙门夜色之时,也能自在遍尝"人间烟火气,最抚凡人心"的特色小吃。

夜市上香气四溢的小吃,沁人心脾,让人垂涎欲滴,有黄焖鱼、筒子鸡、热羊蹄、炒凉粉、花生糕等河南本地的特色美食,品种众多,风味独特。在这里,夜市小吃不需要什么高雅的环境,也没什么精致的餐具和食材。市井长巷,聚拢来是烟火,摊开来是人间。在熙熙攘攘的人群中,吃的就是热闹的环境氛围,品的就是特色的地域文化;在这里,摊主的叫卖声、锅碗瓢勺的碰击声、煎炒炸炖煮的烹饪声、食客店主的欢笑声交织在一起,此起彼伏,萦绕于耳。

大河之南,品阅出五千年农耕文明;天地之中,荡漾着万千顷碧波良田。数千年来,河南承载"天下粮仓"的重任,用全国1/16的耕地哺育华夏民族,撑稳"中国饭碗"。而今的河南,正在由粮食资源大省向粮食经济强省阔步前进。正是在这片肥沃的土地上,河南"扛稳粮食安全这个重任","在确保国家粮食安全方面有新担当新作为"进而"发挥自身优势,抓住粮食这个核心竞争力,延伸粮食产业链、提升价值链、打造供应链",创造出饮食文化的多姿多彩,丰富着亿万家庭的餐桌。

河南之美,美在灿烂文明耀古今

一部河南史,半部中国史。

5000年中华文明史的起点在河南;中国历史上第一个国家"夏"的建立也是在河南;我们国家的称谓"中国",也与地处"天地之中"的河南有着千丝万缕的联系。可以说,中华文明的历史有多久远,河南的历史就有多久远。

一部河南史,是延续着中华民族5000年沉浮的兴衰史,是记载着先民们筚路蓝缕、辛勤耕耘的发展史，是记录着华夏儿女饱受战火兵祸、背井离乡的血泪史，也是承载着中华民族融合发展、繁衍生息的成长史。

河南目睹华夏文明的起步，孕育着文明的第一缕曙光。

千万年前，华夏的先民们在河南这片热土上留下了文明的足迹。这片位于黄河流域的沃土，孕育了生生不息的中华儿女，为文明的繁盛和延续创造了优渥条件。华夏先民们在这片土地上播撒文明的种子，文明之花在这里遍地绽放。中华人文始祖黄帝、炎帝连接了华夏血脉，同根同祖的炎黄子孙在这里繁衍生息；"龙马负图，神龟负书"，上古先贤在这里推演五行八卦，界定山河九州；河洛先民们饲养家畜、耕织渔猎，在这里建立了中国最古老的都邑；仓颉在这片土地上"观奎星圜曲之式，察鸟兽蹄爪之迹"，创造出中国最原始的象形文字，"始作书契，以代结绳"；安阳殷墟的甲骨文诉说着华夏先民的开拓与进取，唱响了中华文明的辉煌乐章……

"万姓同根，万宗同源"。河南是中华姓氏的重要发源地，当今的300个大姓中根在河南的有171个，依人口数量多少而排列的100个大姓中有78个姓氏的源头或部分源头在河南，有"陈林半天下，黄郑排满街"之称的海外四大姓氏均起源于河南。这里是老家河南，河南老家！

中华民族把根扎在老家河南，以姓氏文化为代表的根亲文化，不但包含血缘、地缘的延续，更包括文化的认同与传承。此后，在5000年灿烂的历史长河中，源于河南诸姓的中华先民们，植根于中原沃土，为故乡的繁荣与进步做出了积极的贡献，不断向外播洒中华文明，让河南真正成为中华文明的摇篮，成为中华文化的重要源头，成为华夏儿女魂牵梦绕的寻根圣地。河南见证华夏文明的辉煌，在这片人杰地灵、钟灵毓秀的土地上，先哲先贤辈出，思想灿若星辰。随着周公"封邦建国，制礼作乐"，在这里发端的礼乐制度，奠定了华夏礼仪之邦的千年传承；在孔子周游列国的过程中，"天下大道取于仁义"的儒学精髓在这片土地上广为流传；老庄的"无为"思想也在这里争鸣，开创了中国古代哲学的朴素辩证思想；有"商圣"之誉的陶朱公范蠡，在勾践灭吴的功业中急流勇退，来到这里"三散三聚"，终成一方首富……

这些闪耀在历史星河里的先哲先贤，在这片人文荟萃之地大放光彩，指引着泱泱华夏、赫赫文明在苦难与辉煌中不断前进。

河南注视华夏文明的鼎盛，兵家必争、群雄逐鹿，"中原定则天下安"。《尚书·禹贡》有载："禹敷土，随山刊木，奠高山大川。"大禹依照山河林木，别天下疆界，分九州而立。豫州位于天下之中，得地势之利，一马平川，控天下之枢纽。

自上古时期"昔三代之居，皆在河洛之间"，河南成了帝王之州，王都之所。从夏朝起，先后共有20多个朝代在这里定都，200多位帝王在这里施展治国抱负，成就中国封建政治文明的巅峰与辉煌。中国八大古都，河南就有四个：洛阳、开封、郑州、安阳。河南成了历代王朝开国建都的首选之地。

作为曾经的全国政治、经济、文化中心，这里有横贯亚洲大陆，联结亚、欧、非的"古丝绸之路"的东方起点，投笔从戎的班超从这里出发，经营西域、畅通丝路；这里有被誉为"中国第一古刹"的白马寺，是佛教在中国扎根、传播的最初居所，有着中国佛教的祖庭之名，近在咫尺的龙门石窟见证着王朝的兴衰和佛教的交融；这里有"三秦九洛，咸曰帝京"的东都洛阳，这片土地见证了"万国来朝"的大唐盛世，缔造了"八荒争凑，万国咸通"的大宋东京梦华……

河南守望中华民族之梦想，谋求豫州中原的复兴，从"红军的故乡、将军的摇篮"孕育而生的"大别山精神"，在革命斗争中用鲜血和生命培育了"坚守信念、胸怀全局、团结奋进、勇当前锋"的革命信仰和革命品质；从焦裕禄带领群众治理"三害"的斗争中诞生的"焦裕禄精神"，在社会主义革命和建设中展现了"亲民爱民、艰苦奋斗、科学求实、迎难而上、无私奉献"的崇高追求；30万林州人民苦战10个春秋，在太行山悬崖峭壁上应运而生的"红旗渠精神"，在社会主义现代化建设中形成了"自力更生、艰苦创业、团结协作、无私奉献"的理想信念和不懈追求。

河南之美，美在万千气象满目新

一声驼铃，千年回响。

在这片土地上孕育出来的华夏文明，显示出一种开放和包容的姿态，在文明发展的进程中，赋予了这片土地多姿多彩的生命活力。在这片土地上繁衍生息的华夏儿女，始终保持着海纳百川、开放包容的胸襟气度，面对外来文明，不是拒绝、冲突、抵制，而是尊重、吸收、包容，主张"和而不同""求同存异"。

千年之前，在中原生产的丝绸、瓷器、漆器、铁器等，由"丝绸之路"运送到西方，中东、西亚等地的胡椒、亚麻、香料、葡萄、石榴等也由此进入中原；佛学思想在两汉之际传入中国，"白马驮经""玄奘西行"，佛教最终在中国得以发扬光大，并经过"儒释道三教合一"，佛学思想融入中国，成为中国思想的一部分；发轫于中原地区的"四大发明"，在东西文明的相互交流中走向世界……正是由于不同文明之间的交流互鉴、和谐共生，才融汇成"美美与共，天下大同"的万千气象。

千年之后，这片古老的土地上再次响起了悠悠驼铃。

在"一带一路"倡议下，古老的丝路精神焕发出新的时代生机，也给今日河南带来开放、发展的新风气，走向与全球互联互通、共享共赢的新局面。河南建设了高密度高速公路网、中国高等级的国际综合交通枢纽，并率先完成了米字形高铁网络，联通境内外，辐射东中西的立体化交通网络枢纽正在构建。郑州的中欧班列在这里整装待发，东联西进、融通亚欧,"陆上丝绸之路"重新迸发出活力;郑州机场构建起覆盖全球货运航空网络的"空中丝绸之路",来自世界各地的货物都能在这里集散;河南首创跨境电商保税通关模式,致力于打造"买全球,卖全球"的"网上丝绸之路"……

改革开放40多年来,河南省各方面建设得到了大幅度提升。资源丰富,是全国农产品主产区和重要的矿产资源大省;人口众多,是全国人口大省,劳动力资源丰富,消费市场巨大;区位优越,位居天地之中,素有"九州腹地、十省通衢"之称,是全国重要的综合交通枢纽和人流、物流、信息流中心;农业领先,是全国农业大省和粮食转化加工大省;发展快速,经济总量稳居全国第5位、中西部省份首位;潜力很大,正处于蓄势崛起、攻坚转型的关键阶段,发展活力和后劲不断增强。

黄河安澜,山河史诗。河南牢记习近平总书记"保护黄河是事关中华民族伟大复兴和永续发展的千秋大计"嘱托,对标黄河流域生态保护和高质量发展战略,找准黄河文化的河南定位,打造黄河生态文化带,在"治黄兴黄"的事业上不断迈进,为中原更加出彩贡献力量。在河南省委提出锚定"两个确保"、实施"十大战略"、努力在新时代中部地区高质量发展中奋勇争先更加出彩的大背景下,河南人民把准战略方向、突出战略重点、明晰战略路径,育先机、开新局,为实现新时代现代化河南而接续奋斗。

老家河南,大美之地。

文字 / 王明钦

(2022年7月22日,刊发于《河南日报》)

精选留言

@皎月&星辰：黄河腹地，天下之中河南之美，美在山川风物四时景，美在一碗人间烟火味，美在灿烂文明耀古今，美在万千气象满目新。大美河南欢迎您。

@戴维：数十年前，我先后求学于河大、郑大，看到这篇文章，心里感慨万千。遂忆起，2006年我从西安长安区来开封求学，老父亲拖着行李，老姐拿着入学通知书风尘仆仆而来，四年后我在老师的建议下，又风尘仆仆到郑州求学，尔后一路北上。一路走来，感谢母校数十年对我的文化滋养，让我从一个农村小伙儿逐渐走上三尺讲台然后走向更广阔的人生舞台。

河南开封，是我的第二故乡。虽然我离开她已经快15载了，但那里依然有我深爱的母校、师友及厚重的中原沃土。

文章链接

幸福是什么？

2018年8月，组织选派我到嵩县开展脱贫帮扶工作，担任嵩县县委常委、副县长。从踏入嵩县的那一刻起，河大人自强不息、勤奋作为的精神，嵩县人民对脱贫奔小康生活的热切愿望，都让我感觉到沉甸甸的

责任在肩、刻不容缓的使命在心。我暗自在心里发誓：要忠诚履职，敢于担当，扎实作为，切实履行好扶贫攻坚任务，为嵩县脱贫攻坚贡献出自己的力量。

嵩县地处豫西伏牛山区，总面积3009平方公里，95%为山区，素有"九山半岭半分川"之称，是国家扶贫开发重点县，河南省4个深度贫困县之一。我到任后，接手的第一项工作便是前坪水库移民安置工作。为了让移民群众"搬得出""稳得住""能致富"，我主动到移民群众家中走访，与移民群众面对面沟通交流。经过多方联系，组织水库移民参加食用菌种植、家政服务等培训。去年8月，前坪水库（嵩县）移民搬迁安置工作全部完成，搬迁安置移民451户1751人；建设2个移民集中安置点，1个移民分散安置点，新建房屋面积6.72万平方米，顺利通过省部级验收。

精准高效地开展扶贫工作，首先就要了解贫困群众面临的深层次问题。为帮助嵩县农民掌握脱贫技术，我协调河南大学在嵩县安排108名农民学员接受河南省新型职业农民培育培训，选派了20余名农村农业专家，有针对性地开设了现代农业、中药材种植、食用菌栽培等方面的专项课程。授之以渔，扶之以智。依托河南大学在技能人才培养和就业方面的优势，可以使嵩县贫困劳动力学一技之长，稳定务工。河南大学先后投入20余万元为嵩县180余名乡科级党员干部和中青年党员干部举办脱贫攻坚专题培训班，进一步提升了嵩县基层干部做好新形势下脱贫攻坚工作的能力和素质。截至去年底，全县累计完成105个贫困村、21 170户和79 541人的脱贫任务，贫困发生率降至1.06%，顺利实现贫困摘帽的工作目标。

新冠肺炎疫情发生后，大年初二我便又赶回了县里，担任疫情防控指挥部副指挥长、办公室主任，负责指挥部日常工作。每日深入乡（镇）和所涉重点部门、重点管控区域，开展网格督导检查，成为我的常态。疫情期间，我深入16个乡（镇）走访40余次，深入各卡点检查指导、督导工作20余次，协调解决群众生活困难13起，全县整体情况平稳，未发生新冠肺炎感染。我也被洛阳市推荐为"河南省抗击新冠肺炎疫情先进个人"，受到省委、省政府的表彰。

认真做好分管扶贫工作。我和交通局党组班子一起深入一线开展扶贫调研工作，研究脱贫攻坚推进中存在的问题，制定《嵩县交通运输专项脱贫方案》。着力推进"万村通客车提质工程"，在110个贫困村建设候车亭,在非贫困村建设候车牌。共投入客车149台,开通线路58条,实现了310个行政村通客车的目标,"村村通"客车顺利通过了"河南省万村通客车提质工程"示范县省考核专家组验收。大力实施百县通村入组工程,全县310个行政村通村道路达到372条、通组道路1345条,在84个移民搬迁点全部建成一条宽敞的对外出口通道,全县所有行政村通硬化路率和通客车率均达到100%,"两通"任务全面完成。

在各级相关部门的大力支持和密切配合下,取得了一系列教育扶贫成果:健全贫困学生资助体系,实现建档立卡贫困家庭学生教育资助全覆盖;2019年以来,累计发放各类资助资金1.38亿元,惠及全学段学生168 215人次;组织开展"千名教师访万户"活动,摸清适龄儿童就读情况,建立适龄文化户口册;重点关注适龄残疾儿童,对298名严重残疾的实行"一人一案"送教上门,控辍保学,真正做到"一个不少"。

经过两年多的扶贫工作历练和精神洗礼,这样繁忙而充实的生活使我收获颇多。"一代人有一代人的使命,一代人有一代人的担当。"我很庆幸,也很自豪能够为扶贫工作来到嵩县,为这里父老乡亲们脱贫奔小康的美好愿望扎扎实实做一些具体的工作。

作为一名共产党人,我由衷地感到幸福!

文字 / 张润泳

(2020年11月10日,发表于河南大学官微)

精选留言

@E.I.U:用心扶贫,以行济困。扶贫攻坚,河大一直在路上!切实履行好扶贫攻坚任务,为全面建成小康社会,实现百年奋斗目标贡献河大力量!

@煜婕淼淼:幸福是作为河大一名毕业生,抬头是张书记、张县长的榜样力量，低头是自己奋战在嵩县脱贫攻坚一线，心中满满的是自豪与担当。

@一尘：2012年在河大文学院的时候，张老师是我的老师；2019年毕业回家工作，又和张县长同在扶贫一线，为家乡发展贡献力量，同为河大人，我感到由衷的幸福和自豪！

@在路上：他用实际行动来捍卫自己的尊严，他用榜样的力量来教育河大的师生，他用强健的身躯在嵩县3009平方公里的土地上挥洒青春，谱写赞歌，在扶贫攻坚的道路上他用责任和担当回馈了60万勤劳质朴的嵩县人民。"一代人的幸福，一代人的担当！"他就是河南大学纪委副书记，现任嵩县县委常委、副县长的张润泳。为榜样点赞。

 文章链接

张晓晖：以爱为笔，以行筑梦

以爱为笔，以行筑梦。从教十七载，我校外语学院德语系教师张晓晖始终坚持用严谨护育学生，以善心播种温暖，用实事传递大爱，在为学、为事、为人的道路上用言行点滴助人筑梦，践行着一名共产党员和一名教育工作者的使命担当。

为学严谨　兢兢业业

踏上三尺讲台，担起一生责任。从成为教师的那一刻起，张晓晖就一直兢兢业业完成教学与科研工作，认真教育指导学生学习竞赛，春风化雨般关爱学生的身心健康。注意到家庭困难或有心理波动的学生，他循循善诱，慷慨相助；学生考研、出国、竞赛过程遇到困难，他牺牲个人休息时间，克己奉公，进行专业指导；同事遇到困难，他主动帮扶，引导年轻同事更好地开展教学、科研，做好"传帮带"的工作……2005年任教以来，张晓晖真正地将"一个大家庭"的互帮互助理念躬行实践。他的课堂气氛活跃，教学轻松幽默，但他也一向以认真严格出名。他曾在日志中写道："我希望每一个学生都能在快乐的学习中找到自己的未来和方向，也希望他们都能明白，我们无法一辈子依靠父母，终究要靠自己走路。"

桃李不言，下自成蹊。张晓晖勤恳耐心的工作获得了丰硕的成果——他连续多年获得河南大学外语学院"最受学生欢迎教师"称号，

由他指导的二十余名学生在全国德语专业竞赛、河南省"挑战杯"大学生创新创业竞赛以及学校科研创新项目评选中斩获佳绩。提起张晓晖，外语学院德语专业2020级学生林晓说："张老师是我最喜欢的老师之一。他总是善于将复杂的问题具体化、形象化，善于运用身边具体有趣的事例并从中德语言文化对比的视角来解释难点，他还鼓励我们多读书，知其然并知其所以然。身为张老师的学生，我一直感到十分荣幸。"得遇良师，何其有幸——这是张晓晖所教授的学生们的共同心理写照。

为事奉献　施不望报

2006年12月，张晓晖偶然得知班上的一名女生因经济困难，不得不用睡眠抵抗饥饿；另一名学生的父亲罹患癌症，却为了供养家中三个孩子读书准备放弃治疗。这些情况让张晓晖心如芒刺，夜不能寐，凌晨两点多在博客写下筹款倡议书，以"母亲的名义"发起捐助。"母亲的爱是最伟大的，也是不求回报的，希望参与'母亲助学活动'捐助的人，能够像无私的母爱一样不求回报。"一个月后，他拿出当时一个月的工资1000元，连同网友捐献的2500元送到河南大学7名家庭经济困难学生手上。与此同时，网友们接连不断地汇来善款，张晓晖下定决心将"母亲助学活动"坚持下去，这一坚持，便是16年。

16年来，张晓晖以爱为笔，书写了助学相关文章900余篇，募集捐款360余万元，物资100余万元，先后70余次前往河南南召山区与云南金平山区，帮助河南南召、河南开封、河南兰考、云南金平等地家庭经济困难学生3000余人。为了使捐款能够用到实处，他每年至少要前往山区支教助学5到6次，收集家庭困难学生情况，并转交网友捐款。为此，张晓晖在捐献出自己一半工资40余万元的同时，更是几乎牺牲了自己全部的假期和休息时间。为了维持活动运营与自己的生活，他时常要在周末打工，兼职教课或做翻译来补贴助学运营费用，但张晓晖从未有怨言。随着越来越多社会爱心人士、河大师生的加入以及河南大学教育发展基金会的合作与帮助，这部分困难已经解决。

除了关心孩子们的经济困难，张晓晖还牵挂着他们的精神文化生活。他发起山区小学文化建设活动，在他的帮助下，6所小学有了图书室，多所小学获赠体育器材，当地条件无力支持的音体美课程也相继开设。10 000余册图书让从未走出大山的孩子看见外面的缤纷世界，10 000余份文具为他们涂画梦想提供便利。暑假期间，张晓晖还会带着山区孤儿和家庭经济困难儿童到城市体验生活，感受城市文化。近年来，他更是与多所山区小学教师同策同力，合作开展山区小学文化阅读推广，举行了图书阅读、讲故事大赛、好书推荐卡、作文竞赛等丰富的阅读文化系列活动，为孩子们打开认知外部世界的窗口，并为他们树立正确的世界观、人生观与价值观提供了自主路径，从精神上实现铸魂育人。

为人无私　以身作则

以至善为矢志，以执着为津梁。张晓晖在低调与朴实中书写德爱与情怀，做好自己，也在潜移默化中影响着身边的学生。

德爱者,低调真切。为了保护受助者,"母亲助学金"成立十六年来,从不举办公开的捐赠仪式,努力追寻不求回报的关爱。在举办困难学生捐助活动时,"母亲助学金"不悬挂横幅、不惊动媒体、不叨扰当地的"三不"原则背后,是对受助学生隐私和自尊的真切保护,也是低调踏实的真心。张晓晖坚信,只有播种的爱不附加任何条件,收获的爱才是无私的。他说:"我们只想简单地把这个公益活动踏踏实实继续做下去,真正帮助到这些山区的孩子们就可以了。"

情怀者,深邃朴实。作为一名共产党员、一名教育工作者,张晓晖的情怀就是"为群众办实事"。他不要求受资助学生做什么,相反,只希望用自己的帮助让他们快乐:"如果有一天真的不快乐,想一想曾经无私帮助他们的好心人,带着美好去看待我们所处的世界。"悄悄家访,默默助教,张晓晖的情怀无疑是朴实的。生活中,他其实很少提及助学活动,也坚决反对还未自立的学生捐款,但是他的行为还是在默默感染并影响着学生。迄今为止,他的学生中有400余人加入到助学与支教行列,自发进行志愿服务,也有更多人记住了他经常说的一句话:"记得自己活得好的时候做一个能帮助别人的人。"传大爱,办实事,这种接力无疑深邃又充满力量。

为学严谨,为事奉献,为人无私。张晓晖不断将自己"为群众办实事"的至善之心向外传递,播洒春晖,以爱为笔,以行筑梦。"老师,一个朴素的称谓,闪烁着母亲的光辉。"这是"教育铺筑小康路"全国校园歌曲展播活动中我校创作的歌曲《母亲的光辉》中的歌词,也是学生心目中对张晓晖最生动的画像。

文字 / 姚静雯　包羽鸣
(2022年3月16日,发表于河南大学官微)

精选留言

@茗念:朴素的称谓,母亲的光辉。

@知行:我老家就是南召县的,多谢母校对我们县城学子的帮助,感谢母校。

@night:母亲助学金来我们学校了(我的同学领到了),真的很佩服和感谢这位老师,现在河大也成我的母校了。

@.:河南大学外语学院德语系教师张晓晖从教十七年,始终坚定理想,兢兢业业,在学生心中撒下梦想的种子;言传身教,严谨治学,为学生传道授业解惑;竭尽所能,无私奉献,以"母亲助学活动"传递爱与希望。让我们一起为"以爱为笔,以行筑梦"的张晓晖老师点赞!

文章链接

我庆幸，选择了_____

人生的路走向何方，这是一个难题。走对时，顺风顺水；走错时，举步维艰。

我庆幸我选择了河大教科！

在这里，让我在起点上就找对了方向，并且在每一个关节点上都能与学院共成长。在喜迎学院恢复建系40周年之际，在教科院从无到有、从小到大、从大到强的历史画卷中，梳理我个人的成长成熟历程，想以小我见大我，真诚地告诉往来的学子和学者：河南大学教育科学学院是一个值得关注和融入的美好家园。

初识教育学·青葱学院时光

1983年9月我考入河南大学教育系（当时是河南师范大学教育系，1984年5月恢复河南大学校名，1999年7月教育系改建为教育科学学院），作为一个大学人的生活拉开序幕。

那时候的学校生活相对简单、质朴、纯粹，同学们的心思大都在学习上，理科出身的我，更是被文科味道偏浓的各种专业课程深深吸引。凌培炎老师、何蔚老师的普通心理学，魏明霞老师的儿童心理学，张炳炎老师的教育心理学，王丕老师的心理学史，张庆云老师的实验心理学，丁秀峰老师的心理测量学，李新旺老师的生理学，王汉澜老师、戴国明老师的教育学总论，赵天岗老师的教学论，张耀先老师的德育论，李凤舞老师的学校管理学，苗春德老师、刘锡辰老师、程合印老师的中国教育史，孟宪德老师、史保生老师的外国教育史，扈涛老师的教育统计学和教育科研程序设计，程凯老师的教育社会学，王北生老师的马列论教育，王定华老师的比较教育学，谢励武老师的中小学教材教法，牛梦琪老师的中国古代教育文选，章新憔老师、侯宝顺老师的电化教育学，还有定时请商丘师专岳庭耀老师来给我们上的教育经济学，这些课程，我至今想起来仍历历在目，倍感亲切。梳理这些课程时也猛然发现，我们读本科时，尽管教育系才恢复不久，但课程体系已比较完备，并且，老师们非常重视授课质量，年轻教师一般不能直接担课，都要从助教做起，赵国祥老师、庞蔼梅老师、汪基德老师等都曾是我们的助教老师，这些扎实的课程体系应该是后来教科院人才辈出的一个根基。

除理论学习外，让我难以忘怀的还有实践活动。在小学实习时，我被分配在二师附小讲授四年级的语文课，讲完第一节课《海滨小城》这篇课文，孩子们就拥到讲台上表示对我的喜欢，一个叫王一达的学生竟建议我把刷子辫换成烫发头，说这样就是他心目中最崇拜的居里夫人了。孩子们的稚气让我第一次体会到了教师的幸福，实习阶段的指导教师申明展老师也成为我终生敬佩的良师益友。申老师现在已担任县街小学校长多年，是河南省首批名校长，被开封市推选为焦裕禄式的好党员好干部，是全国巾帼建国标兵，我们学院经常邀请她给多种培训类型的教师或校长授课，她讲得最多的专题就是《教师的幸福》，在她情理交融的启迪下，我对教师的幸福也有了更深的体会和理解。

除了去小学实习外，我们还有讲授教育理论专业课的大学实习，我被分到许昌师专（现在的许昌学院）讲授教育学。在毕业前，我们年级还到辉县进行了十几天的援教活动，深刻体会了艰苦环境下的教育滋味，带队的程凯老师和赵俊锋老师也因此和我们八三级同学多了一份战友情。

学业之余，丰富多彩的校园活动也是我本科记忆里颇有色彩的模块。那时候，我们系的几个年级住在一栋楼，因为系小人少，不仅同届同学很亲近，上下届也都比较熟悉，大家参与院系活动的热情很高，主人翁责任感很强。我们入学时就听说，教育系前三届学生只有27位女生，但在全校的田径运动会上夺得了第一名的好成绩，在《河大校史》中我们读到王汉澜老师为此做的贺词："我系女生二十七，朴实娴雅苦学习。女排精神长相记。真可喜，田径会上夺第一。一杯清茶祝胜利，再接再厉添志气。莫道我们是小系。齐努力，振兴中华创奇迹。"我们是教育系的第四届学生，有21个女生，大大补充了新鲜力量。我们入校后，教育系多次蝉联学校女排冠军，教育系的战斗力不再只是佳话，而是一度被传为了神话。

在这个过程中，全系上下团结一心的凝聚力令人难忘。系领导张俊民书记、肖聚银书记，行政办公室穆秀云老师，党政办公室程素珍老师经常以不同的方式给我们动员鼓劲，课任老师也非常关心我们的训练和赛事。那个时候，大家都感觉体育是件挺重要的事，辅导员王炳信老师每天早上都亲自召集我们跑早操，不少同学经常会因为运动队活动或体育项目达标自觉地到操场上训练。在体育教练谢庆安老师的严格要求和悉心指导下，众多女排队员带着压力和动力刻苦训练，更难得的是还有一些不上场的同学自愿地起早贪黑去协助队员抢占训练场地。我和80级的史彩娥学姐还被选入了学校篮球队，在石丽、丁萍两位教练的带领下，我们打出了开封市女篮第一名的好成绩。现在想起这些活动，仍心潮澎湃。也正是这些活动，让我的心胸变得开放，也让我的生命音符从此开始随着河大教科的交响旋律而跃动。

回想那时，教育系初建伊始，本科阶段只有一个学校教育专业，没有教育学和心理学的专业分化，一般是到大三以后，同学们才会为了将来的工作定向，开始琢磨自己是喜欢心理学多一些，还是喜欢教育学多一些，而且同时开始考虑是接受本科毕业分配，还是继续深造考研究生。我们在大三时，新任辅导员商坤明老师非常重视我们的学习，经常鼓励我们考研深造，还利用班费给我们复印考研资料。那时候，总体的考研风气并不浓，但我作为学习委员，要时不时地提醒同学们思考考研问题，这也促使我自己不断加深了对考研专业的认识。

河南大学教育系的研究生教育历史悠久，1980年恢复建系时，普通心理学专业就有招收研究生的资格，教我们儿童心理学的魏明霞老师就是我们教育系培养的研究生。基于对魏老师的爱戴，我们不少同学对研究生有些神往。1987年，我们本科毕业时，教育系的普通心理学、教育基本理论、外国教育史这三个专业都有研究生招生名额。或许是因为在课程分量上，我们学的教育学类课程总体偏多，同时，在老师布置的阅读书籍中，属于教育学类的《理想国》《爱弥儿》《林哈德与葛杜德》《教育漫话》等更具有吸引力，并且，在教育实习和辉县援教时，我都被分配了讲授教育学的任务，渐渐地，我有了比较明显的教育学倾向。尤其是，实习回来，我代表小组进行汇报试讲，老师们对我的充分肯定更鼓舞了我成为一名教育学教师的信心，所以，确定考研时，我坚定地选报了教育学方向。

两度学研究·跟上学院发展

1987年，我开始硕士研究生学习，就读于王汉澜老师牵头的教育基本理论专业。王老师是全国知名的教育学专家，他理论功底深厚，学术品格高尚，师生们都习惯地称他"王先生"。在《新中国教育学家肖像》这部著作中，郭戈师兄和我代表"汉澜学园"的弟子们给先生画了五幅像，分别是：先生是一个儒者：温文尔雅，知通统类；先生是一个学者：潜心学术，体用并举；先生是一个师者：精心执教，挚诚育人；先生是一个仁者：宽人律己，厚德博爱；先生是一个达者：乐观旷达，自强不息。毫不含糊地说，王先生是对我人生影响最大的关键人之一，先生不仅为我厘定了在河大教科发展的人生坐标，而且为我树立了体用并举的研究正统。先生常说"学术"既应具有深厚的理论修养，又要掌握科学的研究方法和技术，既要有学，又要有术，要理器兼备，体用并举。我说这是正统，是因为它符合研究规律。教科院近期在博士生课程改造中，以"教育理论经典研读""教育研究方法高级讲座""教育热点与前沿问题研究""教育学原理专题研究"等为基础构建出的新课程体系，恰恰体现了王先生倡导的体用并举思想。我庆幸在王先生的引领、示范和教导下，我从学做研究到学会研究，一步步都走在了研究的正道上。

1989年，在我硕士三年级时，恢复建系不到十年的教育系，尽管通过教师进修、校外引进、校内整合的三步走战略组建了一支较有实力的教师队伍。但是，面对世界范围内的新兴教育学科领域，师资紧缺的问题仍然存在。为了解决河南大学没有教育经济学在编教师的问题（1985—1989年间，我们的教育经济学课程一直由商丘师专的岳庭耀老师兼任），王汉澜老师和当时教育系的两位主要领导——张俊民书记和苗春德主任商议，希望我毕业后能留校执教教育经济学课程。从本科到硕士一直给予我较多指导的戴国明老师积极与他的母校北京师范大学联系，并最终将我送到北师大，跟随靳希斌老师学习教育经济学。在北师大，我开始了教育经济问题的研究，我的硕士论文《现代教育与现代劳动力》得到了靳老师和成有信老师的深入指导。1990年，我硕士毕业后，如期留校任教，角色从河大教育系的流水兵转变为了留守营盘的常驻战士。

1999年，为了适应新的发展形势，河南大学教育系改建为教育科学学院，下设教育学系、心理学系、学前教育学系、教育技术学系以及一些研究和实验机构，程秀波老师任书记，扈涛老师任院长，从此教科院进入了跨越式发展时期。

2002年，以王北生老师领军的教育学团队正式提出申报教育学原理博士点的发展目标。为了练好内功，程秀波书记、赵国祥院长带领的学院新任领导班子，高瞻远瞩，做出了整体提升教师队伍质量的部署，通过一系列的制度安排营造出了鼓励年轻教师外出深造的氛围。在学院的倡导和推动下，我也克服一切困难，重新学英语，温功课，积极备战，并如愿进入北京师范大学教育经济与管理专业攻读博士学位。

2003年，我再度进入北师大学习时，作为新中国第一批教育经济学学者的靳希斌老师，已经成为教育经济学领域的权威专家。在靳老师的精心指导下，我也逐步成长为中国教育经济学研究的一名骨干，先后担任学会的理事、常务理事。2004年，在中国教育经济学会创建20周年纪念会上，我做的专题发言《中国教育经济学话语演进20年》，受到了同行专家的好评，后续发表于《教育研究》。从此，我的学术生涯迈上了新的台阶。

2005年，在王北生老师的带领下，通过全院上下的艰苦努力，河大教科如愿获批教育学原理博士点，实现了博士点的零突破。随后，以博士点为支撑感召和鼓舞了外出学习的年轻教师一个个学成归来，教科院整体提升了教师队伍的学历层次。2005年以前，河大教科团队中只有几位老师是博士，2005—2008年这四年间，除了新引进了一批博士外，我们自己派出学习的教师就有18位博士毕业回校工作。有一个电视剧叫《我亲爱的祖国》，讲述的是新中国建立初期，一批早期留学海外的中国科学家历尽艰辛，回归报效祖国的故事。这是一个史诗般的故事，是伟大的国家和英雄的人民才能演绎出的动人故事。回想我们撤系建院初期，展现出的也是一段激扬的史诗故事。正是这段历史，我们亲爱的学院才从根本上丰富了学缘结构，拓宽了学术视野，改良了学术生态，为后续的辉煌发展奠定了坚实基础。

前不久，我与河南师范大学教育学部宋晔部长聊起河大与河师大这两个学校教育学科的发展问题时，宋部长深有感触地说，河师大落后于河大的一个重要原因就是缺少我们这茬儿博士。去年9月，在全校教师节庆祝大会上，我作为教师代表发言时也曾深有感触地说：学科是学者的家园，是学术志趣相近者共在的发展平台，学科平台不仅能给学者提供学术支点，也能源源不断地给学者提供给养与能量，只有强大起来的学科才能给学者提供强有力的发展支撑。如果没有教科院的氛围，我们不会产生"蓬生麻中，不扶自直"的自律感和"学如不及，犹恐失之"的紧迫感。因此，不论是学者给学院发展带来的支撑，还是学院给学者发展提供的支持，都得益于这个教育改革与发展的伟大时代，得益于教科院领导的胸襟、气魄和远见卓识，得益于河大教科院的优良传统与教科人的团结奋进。正是这多方面的力量汇集，才推动学院带着我们一步步迈上了更高的发展台阶。

深耕教育学·融入学院建设

2006年，我博士毕业回校工作，当年晋升为教授。2007年，学校将1997年以来的五届教师教学大奖赛一等奖选手组织起来再次竞赛，我作为第一届的一等奖选手参赛，并获得"河南大学教学十佳"称号。后来又多次获得教学质量竞赛奖，尤其是被同学们推举为教育学专业最受学生欢迎的教师。职称和荣誉让我意识到了自己的专业成长与成熟，虽然与前辈们相比，我还有很大差距，但也开始督促我重新认识教育部要求教授给本科生上课的意义，深刻思考我对于学生专业成长的价值，并开始致力于基于学生获得的课堂教学探索。

2007年，我们学校接受教育部的本科教学评估，在以程秀波书记、刘志军院长为首的领导班子带领下，全院上下的凝聚力再次彰显，所有教师都以高度的责任感参与到迎评工作中。评估专家定于10月份进校，但迎评工作从年初就开始了，暑假里大家也几乎没有休息，所有人都在为提升教学质量而努力。学院要求每位本科生授课老师都要把评估阶段自己可能讲到的内容做成公开课，由同系室的老师共同研磨。在教育学系的研课过程中，所有老师都充满真诚，大家形成的共识是论课不论人，相互切磋，共同提高。有的老师主动请求多次研磨自己的课，有的老师请求同事帮助完善教学设计，一直被同学们爱戴和盛赞的李申申老师也不例外，她讲了50分钟后，大家同样提出了一些建设性意见。尤其是刘志军院长在评估学期原本没有本科生的课，但他也讲了一节公开课，交由大家听评。经过这次全员迎评练兵，教科院的教学水平有了整体提升，真正达到了以评促建的目的，教育学系被评为迎评先进集体，受到了校院两级的称赞和奖励。我作为当时的教育学系主任，深深为我们这群敬业的教育学人而感佩。

2009年，我们学校又接受教育部教育硕士专业学位教学合格评估，我被选作教师代表给教育部专家组说课。当专家问及我对教育学的课程理解时，我说：教育学讲的是教育活动的道理，学习这些道理是为了端正教育观念，涵养教育情感，规范教育行为，提高教育效率，形成教育智慧，提升教育境界。教育学的理论魅力不靠说，而靠做，教育学人承载着教育学的学科价值。一个教育学人，如果自己的孩子都不按规律培养，所阐释的教育规律就失去了生命活力；如果自己上的课不能让学生认可，所讲解的教学原则也失去了意义。评估专家比较认同我对教育学和教育学人的理解，把原本规定的20分钟说课延长到了70分钟，我们围绕这些理解展开了更多的讨论，这让我更加坚实地认识到了教育理论的价值。后来，我被推选为教育部"国培计划"专家，通过"教师的角色与责任""教学设计的思想方法""课堂教学的规范与艺术""如何成长为一名四有好教师"等专题，广泛分享被我实践化了的教育学知识，希望能够以此引导更多的教育工作者树立起符合时代要求和教育规律的教育观。

2010年,《国家中长期教育改革和发展规划纲要（2010—2020年）》发布，教育改革发展进入新阶段，河大教科也再上新台阶，顺利获批教育学一级博士点。随着学科建设的深入推进，一大批年轻博士成长起来，成为教科院朝气蓬勃的生力军。在新的发展形势下，以杜静书记、汪基德院长为首的新一届领导班子，带领全院讨论制定出了以国际化为抓手建设研究性学院的发展目标，鼓励并资助教师们到海外进修访学。又是一次整体提升教师队伍素质的大工程，几十位教师先后奔赴世界各地开阔眼界，提升境界。我也被学院推进了这个潮流，于2014年1月—2015年1月到美国斯坦福大学访学，并与其农村教育行动计划建立了长期的合作研究关系，研究旨趣从书斋转到了田野。2014年以来，我们合作开展了12项国际研究项目，并且围绕教育影响评估在国内外发表了系列研究文论。基于这些研究积累，我先后被评为河南省哲学社会科学优秀学者、河南省哲学社会科学年度人物、河南省模范教师、河南省特聘教授，成为河大教科的骨干力量。

2014年，河南大学承担的本硕一体化卓越中学教师培养计划被教育部立项，该计划负责人刘志军副校长授命我作为牵头导师全面管理卓越班的学习研究活动，这让我有了更多的机会深入体会教育学科的魅力和教育学人的责任担当。我和卓越班同学一起锤炼我们提出的"六度气功"，努力做到觉悟上有高度，情感上有温度，思想上有深度，学科上有厚度，能力上有强度，合作上有气度，以卓越之名，行卓越之实，养卓越之气，练卓越之功。几年下来，卓越教师班的人才培养质量得到了生源学院和用人单位的广泛认可，卓越教师班的品牌价值初步形成，卓越教师培养计划成为河南大学"六卓越一拔尖"人才培养计划中的一张名片。同时，在卓越班优秀学子的激励下，我自己的教育信念也得到了强化与升华。

担负新使命·跟随学院再出发

2015年，国务院印发《统筹推进世界一流大学和一流学科建设总体方案》，高等教育的双一流建设成为新时期的工作重点。为贯彻国务院的双一流建设方案，河南省推出了优势特色学科建设方案，我们的教育学科被立项为重点建设的特色学科。2017年，在教育部第四次学科评估中，教育学取得B+成绩，成为河南大学一流学科建设的一个排头兵。2018年，心理学获批一级博士学位授权，学科建设成效卓然。2019年，教育学入选首批国家级一流本科专业，随后，教育技术学、心理学、学前教育学也相继入选省级一流本科专业，在以宋伟书记、李永鑫院长为核心的年轻化的新一届领导班子带领下，河大教科又踏上了双一流建设的新征程。

2020年，河南省教育学会教育学专业委员会也进入了不惑之年。40

年的发展历程中,专委会先后在王汉澜、王北生两位理事长的带领下举办了34届学术年会,成为全省教育学人的学术家园,具有"人才荟萃,生机勃勃,运行规范,求真务实,作用突出,影响广泛,科学发展,与时俱进"的品牌影响力。但是,根据省委组织部《关于进一步清理规范党政领导干部在社会团体兼职的通知》精神,专委会在2019年换届时,一些资深理事长们由于受管理规定所限,需要荣退为顾问,我因为自2004年以来一直担任秘书长之职,熟悉学会管理工作,被继续留任,并担任专委会新一届理事会的理事长。这让我非常惶恐。与两位德高望重的王先生相比,我不及一二,但是,作为他们的后辈,我没有退路,既然学会需要我,我就有责任担负起传承的使命,守护好前辈们开创的家园,并努力带领学会继续开拓进取,砥砺前行。

光阴如梭,岁月如歌。学院的40华诞,正值风华正茂,而我已不算年轻。我从不假设如果我本科不选,或者硕士不留,或者博士不回,我是否还会有这如歌的岁月,我只庆幸在人生的每个节点上我都选择了河大教科,在这里,让我有了份踏踏实实的存在感、获得感、幸福感。今天,站在新的起点上,学院再次吹响了奋进的号角,我愿意继续学习、守护、践行河大教科的学院精神,在双一流建设的征程中跟随学院再度出发。

文字 / 李桂荣

(2020年10月6日,发表于河南大学官微)

 **精选留言**

@~颖~：当年教科院的很多同学,毫不意外地走进了校园,踏上了讲台。幼儿园、小学、普通中学、职业院校、高职本科院校、社会培训机构……当年"誓死"不从教的我,更是在毕业那年光速打脸……

教育这件事情，很小，小到细微之处都能成为教育的内容；教育这件事情，很大，大到关系个人、家庭乃至社会、国家……每一个教育行业的人，都应该有一种情怀、一种凤愿，如同教科院的您……

@一直快乐鸭：我庆幸，我选择了河大。在这个拥有悠久历史、古色古香与现代化相结合的充满艺术气息的校园，我接受着中西合璧的教育。每一位老师都是那么有深度。他们经历丰富，阅历资深，给予我们最好的教育，改变了我对世界的看法。我想，人类最终的文明是快乐，是发现美好，追求美好，拥有美好。谢谢河大，这个多元的学校，爱您！

@努力努力再努力：和我奶奶同名同姓的李教授，真的好棒！我奶奶也是一名人民教师，十九岁开始教书育人，五十五岁退休，兢兢业业一辈子，即便是退休了，也还坚持读书、学习、看新闻的好习惯！为李教授点赞，也为我奶奶点赞！

文章链接

《汉藏两地书》：记录 160 名藏族校友成长故事

1951年西藏和平解放后，中央各部委、内地各省市对西藏各条战线工作给予了高度重视，鼎力支持。20世纪70年代，为进一步解决西藏缺医少药的问题，在中央支持下，西藏提出要建立一支永远不走的医疗队，先后派出1300多名藏族青年到内地学习文化知识和临床医学专业技能，其中有160名藏族学生来到了河南开封地区卫校，该校后来并入河南大学。这1300名藏族学生学成回到西藏后，长期扎根高原、高寒地区基层医疗卫生一线，用实际行动践行"老西藏精神"。

纪录片《汉藏两地书》以这160名藏族校友成长故事为主要内容，以当事人口述、见证者亲述、决策者讲述为基础，行程5000多公里，真实记录了他们为西藏农牧民健康和卫生事业默默奉献的感人故事，谱写了一曲中华民族一家亲、民族团结的赞歌。

一、创作背景

西藏和平解放后，藏区群众在疾病防控、行医看病方面困难较大。为满足藏区农牧民医疗健康需求，从1973年到1979年，西藏先后从自治区各地选送了1300多名赤脚医生、青年医疗志愿者到中央民族学院、西南民族学院（2003年改名为西南民族大学）、西北民族学院学习文化知识。两年后，这批学员又被分派到北京、沈阳、开封等地8个卫校学习临床医学专业知识和技能。其中先后有160名学生来到了河南开封地区卫校（后升格为开封医学专科学校，2000年并入河南大学）。

为真实记录这160位藏族校友在内地刻苦学习、在雪域高原无私奉献的故事，讴歌汉藏一家亲的民族团结，2020年暑期，河南大学校友总会组织人员专程赴藏，拍摄了《汉藏两地书》纪录片。以此致敬西藏基层医疗卫生事业的坚守者们，献礼中国共产党成立100周年、西藏和平解放70周年，也是庆祝河南大学成立110周年的献礼影片。

纪录片时长44分钟，已于2021年6月23日在央视频道播出。

二、制作内容

纪录片以当事人口述、见证者亲述、决策者讲述为基础，讲述他们在学校领导、老师的关心、关爱、帮助下，学习汉语文化知识和临床医学专业技能的点滴，以及回到西藏，克服各种艰辛困难，为西藏医疗健康事业做出努力和贡献的成长故事。

期间，摄制组采访了重要历史见证人、决策人，时任西藏自治区卫生厅厅长、自治区政府原副主席次仁卓嘎，时任措美县委书记卓嘎，时任嘉黎县革委会副主任、县长维色，西藏山南地区藏医院原副院长强巴丹增等；采访了重要参与人河南大学75级藏族班班主任范秀云老师，以及中央援藏医疗队队员和河南大学75级全体藏族班校友。

纪录片从亲历者的视角，讴歌了在党中央的领导与关怀下，在全国人民的大力支援下，西藏医疗卫生事业同各项事业一起取得的长足进步与发展；而每一分进步与发展都是一首血浓于水、汉藏一家亲的民族团结赞歌。

三、拍摄过程

为了拍好此片，河南大学校友总会积极与西藏校友会联络，并携手新闻与传播学院和河南鹰展文化传播有限公司，组成强大的制作团队。

2020年8月以来，摄制组行程5000多公里，先后赴拉萨、山南、日喀则、那曲、阿里、洛阳、郑州、开封等地拍摄采访，记录和见证了这群藏族校友在党中央关心下，在内地省市支持和高校老师的教育、帮助下，最终成为雪域高原身着白衣的健康守护者，西藏社会主义建设的见证者、参与者的感人故事。该纪录片制片人、导演陈举，是文学院90级校友、河南大学新闻与传播学院业界导师、鹰展文化创始人。

为了精益求精，打磨精品，校友总会秘书处协同摄制组，多次与西藏电视台领导、河南大学校领导，以及河南大学宣传部、新闻与传播学院、医学院相关负责人及西藏校友联系，共同审片，征求意见，并围绕主题、人物、音乐、画面等方面提出修改意见。结合各方意见，摄制组两次重返西藏补拍，不断修改完善，终成此片。

四、后续延伸

作为《汉藏两地书》纪录片的延伸，由河南大学校友总会秘书长刘波和陈举校友为主编，以此次进藏采访经历为主线的《汉藏两地书采访手记》也已定稿，即将由河南大学出版社出版。

该书分14个章节，从河南写起，按照林芝、拉萨、山南、日喀则、阿里、那曲空间顺序，辅以相关人文历史和地理知识点，更全面、更深刻地反映那一代西藏校友艰苦奋斗的一生，全书约10万字（含图片），资料翔实，故事真实感人。

该书已列入"河南大学110周年校庆系列丛书"，作为向母校110周年华诞的又一献礼。

文字／陈举

视频／豫酷视频

（2021年6月25日，发表于河南大学官微）

精选留言

@ Marco：汉藏两地，同属一心。1951年西藏和平解放后，中央对于西藏建设给予了高度支持，西藏当地也积极响应，努力建设，先后派出了1300多名西藏青年到内地学习，反哺西藏。为西藏建设，汉藏一家点赞！

@ ⊖：我也是河大的一名藏族学生，在这里能见到藏族的学长学姐们就有一种亲切感，虽然我们这24个藏族生在学习、生活等方面都有着种种困难，连放假回家都有着抢不到票的烦恼。但我一看到这个视频，那时候交通呀那些条件那么差，比我们艰难得多，他们还是挺过来了，他们是我们的榜样，更是我们的骄傲。我们看到他们，无论遇到什么样的困难，都没理由退缩和放弃。

@ Lhundrup：好样的，10级河大藏族校友为你们点赞！

文章链接

（含纪录片《汉藏两地书》，时长为44分钟11秒）

河大哪些科技力量冲在了救灾第一线？

近段时间，河南突遭罕见的极端强降水，降水过程持续时间之长、累计降水量之大、强降水时段集中且范围之广，均创有记录以来的历史极值。灾情面前，河南大学科技工作者自觉服从于防汛救灾工作大局，积极发挥自身专业优势，闻令而动，周密部署，在本次暴雨的抗灾科普、数据预警以及救援重建方面提供精准高效服务，用大爱与担当贡献着"河大科技力量"。

积极科普抗灾知识

7月21日下午，河南省首席科普专家、河南大学物理与电子学院教授戴树玺在了解郑州大学第一附属医院因暴雨导致停电的危急情况后，结合以往制作的电力科普视频，赶制出新一期《面对千年一遇的暴雨，医院停电怎么办？》科普视频。这个两分钟的短视频，7月22日由戴树玺名为"爱较真的戴老师"的账号发布于快手平台，很快引发众多网友关注，短时间内播放量达到175万次。戴树玺在快手发布的科普短视频，也很快被网友搬运至微博平台并登上了微博热搜，该视频在微博播放量达503万次，点赞5万多次，评论2500多条，不少网友表示"有被科普到"。大河报微博转发该视频，并对戴树玺的科普活动进行了报道。

7月22日下午5点，戴树玺受邀在微博官方直播间连线直播，就河南暴雨救援中采用了哪些高科技手段进行了讲解，详细讲解了翼龙无人机、风云卫星、高分卫星和水面救援机器人等技术的原理和应用,让大家了解本次救援过程中的中国科技力量。戴树玺还在微博等平台发布河南大学郑州校区明德园的抢险过程,科普排水防涝知识,宣传各地救援队的优秀事迹。作为一名优秀的科普工作者,戴树玺除了具有扎实的理论知识、"较真"的科研精神,还有着一颗对待生活、对待灾难的有温度的真心,有着一颗心系灾民的"心焦难眠"的爱心,他渴望通过自己的力量帮助到那些受灾受难的医院、医护和群众,希望能够力所能及地挽回医院的设备损失。

攻关应急数据,提供决策支撑

在这个"七下八上"的河南传统暴雨时节,面对突如其来的郑州"7·20"洪灾,河南大学黄河中下游数字地理技术教育部重点实验室快速进入应急工作状态,在实验室主任、河南大学地理与环境学院执行院长乔家君教授的带领下,第一时间组成了以崔耀平教授为负责人的地理学、气候学和生态学专业攻关团队,并在7月20日当天紧急部署开展相关工作。团队统一协调学院和实验室的专业设备和软硬件资源,抽调在校师生18人,分为2个小组集中办公,连夜召开了紧急会议,制定和部署本次应急数据的收集、制备等攻关方案。

攻关团队时刻关注政府网站、新闻媒体及各大社交平台,不断优化算法，利用网络爬虫技术，对暴雨、郑州等关键字进行遍历检索。同时，借助传统历史统计数据和站点观测数据，对郑州市暴雨展开长时间序列的分析。为了及时掌握受灾位置和受灾程度，优化救援资源，应对市区复杂的地理环境，团队在第一时间为公众提供了郑州市地表积水点和塌方点的空间位置信息，并将其可视化，为洪害的救援提供便利。

鉴于目前现有的地表覆被数据集的空间分辨率从1公里到30米不等，远远不能满足城市内涝灾害的应急需求，因此，在攻关团队夜以继日地不断攻关下，最终选取当前最高空间分辨率的亚米级遥感大数据用于郑州洪害的应急支援。团队紧急调用学院HPC高性能集群超算平台，对遥感大数据进行运算。并在不断地优化改进下，将数据空间分辨率从30米到10米，再提升为1米、亚米级，从而为充分研判郑州市洪水的流速、流向等信息提供科学依据。此套数据业已成为城市不透水层空间信息类数据的最高级别，以最大程度匹配城市洪涝灾害对空间分辨率的高标准和高要求。截至7月底，攻关团队已陆续整理出郑州市土地利用/覆盖分类、建成区不透水层、地表水体分布优化等超过300G的应急数据，并在第一时间与公众共享。当前已与中国科学院、北京师范大学等科研院所和高等院校共享成果，为郑州洪害及灾后重建提供科学数据支撑。在此批数据支撑下，攻关团队与中国科学院相关领域专家展开合作，共同撰写提交了关于防范我国城市自然灾害风险与增强城市韧性的对策建议，从技术和管理层面积极为郑州灾后重建建言献策。

深入开展灾后重建

尉氏县地处开封市的西南部，紧邻贾鲁河，承受着此次强降雨和上游泄洪双重影响的压力，境内河道水位普遍大幅上涨，多处灾情严重，不仅给当地群众生产、生活及安全带来重大影响，还使老百姓的财产受到不小的损失。

7月29日，应河南省住房和城乡建设厅、开封市委市政府及市住房和城乡建设局提出的全面开展针对受灾房屋建筑安全隐患排查整治工作的要求，作为土建类对口专业，河南大学土木建筑学院岳建伟、孔德志、董正方、马少春、李斌、边汉亮、石磊和吴禄源等老师主动请缨，加入开封市住建局组建的"百人技术服务队"，深入尉氏县和祥符区受灾严重的一线地区，开展受灾农房安全隐患排查无偿技术服务工作。

7月30日上午，在院长岳建伟的带领下，河南大学土木建筑学院教师志愿者临时组建了"受灾农房安全排查"工作组，火速驰援尉氏房屋安全排查工作一线——庄头镇。快速对接乡镇领导，了解工作任务，熟悉现场情况，针对前期排查出可能存在安全隐患的农房进行了详细勘查评估。通过4天紧张工作，截至8月2日下午，先后在庄头镇（高寨村、庄头村、歇马营、高家村）和门楼任乡（新庄村、闫前村、闫后村、赵家村、新栗村、郭潘王村、齐庄村、寄庄王村、东周杨村）共排查房屋近800户，顺利完成了第一批次受灾农房安全隐患排查工作。

屋漏偏逢连夜雨，洪灾没过，疫情告急！8月8日，开封市住房和城乡建设局召开了"征求下阶段受灾农房安全评估鉴定工作意见"的网络会议，河南大学土木建筑学院副教授马少春提出了"技术在现场，专家在云端，信息共享，共同会诊，结果更科学"的建议，市住房和城乡建设局高度重视，火速安排并部署了尉氏县疫情期间房屋安全远程鉴定评估工作方案。

8月9日，为加快推进尉氏县灾后房屋安全鉴定评估工作，在市局的统一部署下，面对尉氏县艰巨的房屋鉴定任务，土木建筑学院教师克服困难，顺利开展疫情期间房屋安全远程鉴定评估工作。截至8月10日下午，两天内先后顺利完成了194户（水坡镇北闹村和南闹村；邢庄乡明家村）灾后房屋安全远程鉴定任务。确保了受灾群众顺利回迁，保障防疫期间人员自身安全。

在灾害面前,如何更好地利用科技的力量,加快重建步伐,保障人民生命财产安全,尽快恢复人民正常的生产生活,是灾后重建中面临的一个重要问题,也是科技工作者的使命担当。河南大学科技工作者秉承守望相助、万众一心的担当精神和奉献精神,运用自己的专业知识和技术全力守护群众的生命安全和身体健康,为灾后重建和疫情防控贡献自己的热情、技术、智慧和力量。

来源/河南大学科学技术研究院

(2021年8月18日,发表于河南大学官微)

 **精选留言**

@吃豆人:在此次的防疫救灾中,河南大学"爱较真的戴老师"科普暴雨相关知识,地理与环境学院引领实验室进行数据分析,土木建筑学院老师们参与"百人技术服务队"下乡支援,河南大学的老师们都以各自的科技力量为防疫救灾贡献了自己的一份力量。为河南大学的老

师们点赞!

@提莫队长:地理与环境学院20级本科生来啦。我们地环的师生在"7·20"郑州特大暴雨中充分发挥"用知识服务社会"的使命,学生们运用所学地理知识向身边的人科普洪涝防灾减灾的知识,也积极报名志愿者,教授老师积极战斗在科学应对自然灾害的科研一线。地环地环,气度非凡。

文章链接

豫B对豫A的深情！！

据河南省卫生健康委官微发布数据，1月6日0—24时，河南省新增本土确诊病例56例（郑州市26例，洛阳市1例，许昌市28例，信阳市1例；含20例无症状感染者转确诊病例，其中郑州市15例，许昌市3例，洛阳市1例，信阳市1例）；新增境外输入无症状感染者转确诊病例2例；新增境外输入无症状感染者1例；无新增疑似病例；1例本土确诊病例治愈出院；1例境外输入无症状感染者解除医学观察。

目前省内疫情防控工作面临严峻复杂形势，2022年1月6日，郑州发布6号通告，7日9点开始新一轮全市全员核酸检测！1月6日，河南大学淮河医院和第一附属医院紧急派出120名医务人员支援郑州市全员核酸检测工作。

淮河医院

"鉴于目前国内外疫情防控形势的复杂性严峻性，为彻底排查潜在人群感染者，经郑州市新冠肺炎疫情防控指挥部研究，决定在郑州市域开展全员核酸检测……"

城市的暂停键，却是白衣战士的加速指令。

"我可以""没问题""准时到""很快就来"……瞬间刷满了整个屏幕。当收到需要支援郑州全员核酸检测采样的任务后，他们坚定地敲下自己的心声，语气坚定无比！

1月6日14时20分许,河南大学淮河医院接到指令,迅速派遣人员赶赴郑州支援核酸检测采样工作!

接到"出征令"后,医院迅速响应,召集人员,调配车辆,协调物资……半个小时后,60名来自医院各科室的护理人员在北院集结完毕,整装待发。他们中有多次驰援各方的老将,也有渴望第一次执行任务的新兵,但不变的是坚决支援抗疫的决心。

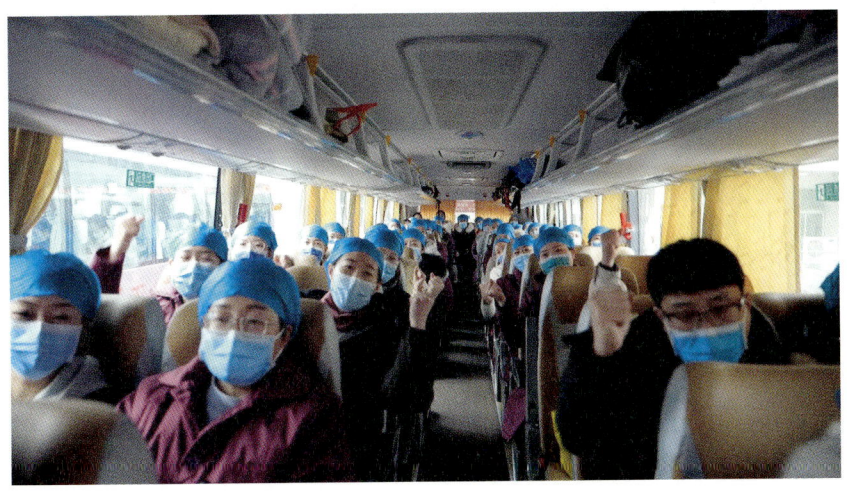

17时,车队准时出发。在大巴车上,各组组长反复向队员们强调行

动纪律，要求所有人员积极配合当地防疫工作，严格按照操作规范取样，做好个人防护。每一位队员都认真地听着、思考着，脑海中不断地演练着操作流程。当有疑惑时，大家积极讨论，群策群力，一个战斗集体就这样形成了。

第一附属医院

1月6日14时20分，接到支援郑州的指令，20分钟内，第一附属医院迅速集结了60名护理人员，整装待发。这60名护理人员中，有2020年初驰援武汉抗疫的"英雄"，也有2021年夏支援中牟、尉氏等地的"老将"，有护士长，也有资历较深的护士，他们都是长期坚守抗疫一线的战士，经验丰富，技术精湛，召必至，至必达，达必胜。

17时，载着队员的大巴车准时出发，车上人员都精神抖擞、"战"意盎然。

当日晚上，队员们抵达检测点后，在队长段淑敏的带领下，迅速按照感控要求进行培训、分组、工作部署，分别奔赴福禄街社区、尚书苑社区、小店社区、康宁社区四个社区20余个采集点，进行核酸检测标本采集，迅速投入战斗。

"必须保证安全,确保保质保量完成支援任务!"

寒风凛冽,气温骤降。但寒冷没有阻挡队员的工作热情,整个工作过程井然有序。在采集过程中,他们严格按照三级防护要求和咽拭子采集操作规程,组织社区居民有序采集,高效开展工作。在采集点,尽管被防护面罩的雾气模糊了视线,尽管忍受着因无数次重复动作带来的臂膀酸痛,他们始终毫无怨言,配合默契,秩序井然。

据悉,在60名支援郑州检测队出发后,第一附属医院又迅速筹备了第二支100人的预备队,时刻待命。

隆冬的寒风中,手冻红了,脚站麻了,所有人仍在坚持,只为更早一刻完成全员筛查工作,为美丽健康家园的早日回归贡献一份自己的力量。召之能战,战之必胜!与时间赛跑,为生命坚守!向逆向奔赴的白衣天使致敬!这一次,豫B和豫A依然坚强,共患难,齐战疫!愿疫情阴霾早日散去!愿逆行英雄早日凯旋!

整理 / 赵雪 张紫源

(2022年1月7日,发表于河南大学官微)

精选留言

@茗念:"没有从天而降的英雄,只有挺身而出的凡人。"披上白衣,就勇敢担起守护人民健康的责任;转身逆行,便毅然选择与病魔较量的战斗。再一次,河大人白衣执甲,逆行出征!豫B与豫A款款深情,我们共战斗!致敬一线医务工作者!愿疫情阴霾散去,战士早日凯旋,人间皆安!

@Anne:我,河南大学护理学院毕业,现在河南省人民医院工作,明天即将奔赴社区核酸采集的战场,为母校争光,为省医添彩!

 文章链接

直击灵魂，细数 2020 年河大微视频最扎心的瞬间！

2020年，是河南大学"双一流"建设中期自评年、百年名校振兴攻坚年、"十三五"事业发展收官年及"十四五"事业发展谋划年。

第一篇章　抗疫

2020年，一场突如其来的疫情让所有人措手不及。河南大学近6万师生始终与全国人民一起，共同战疫，共克时艰。

2020年1月26日，大年初二当天，河南大学52名医护工作者驰援武汉，教工徐国良送别妻子王月华，本科生周子钧将5000元奖学金悉数捐出以战"疫"，这个"年"变得意义非凡。武汉抗疫期间，河南大学援鄂医疗队浴血奋战60天，河南大学师生以"音乐"战"疫"，原创抗疫MV《暖城》首发。3月26日，河南大学援鄂医疗队圆满完成任务凯旋。

第二篇章　奋斗

在疫情背景下，河南大学师生停课不停学，在奋斗中坚守梦想，在拼搏中不断出彩，在奉献中升华自我。

4月24日，在青年学生中开展"把灾难当教材，与祖国共成长"主题教育活动。5月4日万名师生线上唱响"青春、奋斗、攀登"主题歌，献礼五四青年节。5月9日，淮河医院举行2020年"5·12"国际护士节庆祝表彰大会，对12个护理先进集体和229个最美护士先进个人进行表彰。8月19日，淮河医院护士曹莹璐分享武汉抗疫故事。9月7日，为庆祝第36个教师节，河南大学创作一首深情的原创歌曲MV——《母亲的光辉》，献给奔波在支教路上教育扶贫的教师们，致敬河南大学创办15周年的"母亲助学金"。9月10日，李霞、黄志昂夫妇获"出彩河南人"2020最美教师荣誉称号。教师节，河大学子讲述"母亲助学金"创办者张晓晖老师及支教志愿者们的故事。10月27日，四位医师作为医疗队员即将离开祖国奔赴赞比亚，开展为期一年的援外任务。12月17日，《知否？》荣获"第三只眼看中国"国际短视频作品大赛提名奖，成为该比赛中河南省唯一获奖作品。

第三篇章　成长

河南大学师生在理论探索和实践锻炼中，与学校同进步，与祖国共成长。

1月1日，在教育部发起的"唱响我的祖国"接力赛中，河南大学黄慧慧教授用炙热的情感唱响《我的祖国》。2月16日，发布Vlog《你们的河大，安好》，想让大家看看想念的河大，告诉大家河大一切安好，更希望师生们一切安好。6月底，最火热的季节，最盛大的离别。疫情背景下只能开展"云毕业典礼""云合影"，河南大学校长宋纯鹏、党委书记卢克平为毕业生们送上祝福。淮医人对淮河流域人民深情厚谊，8月8日，刘志勇带队赶赴信阳固始县往流镇，为那里正奋战在抗洪一线的干部群众送去了急需的抗洪物资。9月1日，纪念中国人民抗日战争暨世界反法西斯战争胜利75周年之际，《河南日报》刊发报告文学《烽火壮歌》。9月10日，当疫情发生8个月后，回顾抗疫历程，既有波澜壮阔，又有荡气回肠，基于这种体验与感受，才有了这首被深情吟唱的歌曲《春消息已爬上柳梢头》。9月15日，在微博校园等发起的"我为母校赢西瓜"活动中，河南大学排名全国第一，赢10吨西瓜，扶贫助农。9月25日，河南大学迎来了她的第108个生日。108年光辉历程，河南大学不忘初心、牢记使命。108载栉风沐雨，河南大学青春无限，活力不减。108个春秋岁月，一代代河大人心高志远，砥砺前行。12月17日，河南大学在共青团中央和bilibili联合发起、新华社客户端特别支持的"加油！开学季"活动中，以670万+能量值，赢得全国亚军，获得3吨可乐。12月4日，教育部发起的"我和我的大学"接力赛，河南大学作为河南省首棒，展示"十三五"发展成就。

第四篇章 祝福

河南大学，这是一所沧桑、厚重的大学，更是一所开放、创新的大学。新时代的她，充满了繁荣发展的活力。因为，我们都在努力奔跑，我们都是追梦人！

整理/赵雪 董赵思婕 张紫源
（2020年12月30日，发表于河南大学官微）

精选留言

@JOY：一群具有无限可能性的河大追梦人，带着心中的梦想与过硬的技术努力奔跑，让青春在奋斗中闪光。回顾2020，我们经历了种种困难，同时也收获了满满的回忆。带着这些动人的记忆，我们更应该对下一年充满希望，努力实现心中所想。展望2021，望所求皆如愿，所行化坦途，明日必可期！愿我们携手相依，勇往直前，努力把2021过成梦想的样子。

@E.I.U：2020年的我们

因为有了太多的共同记忆

而彼此紧紧相连

愿来年

顺遂无虞　皆得所愿

@HonorTsang：想念母校的人和事，花和草，以及那里的点点滴滴。

文章链接

（内含视频，时长8分31秒）

中国—河南—河大，牛牛牛！

冠军！冠军！冠军！

2月6日晚，中国女足上演逆转绝杀奇迹！她们在亚洲杯决赛中0∶2落后的局面下，追回并反超比分，最终3∶2战胜韩国队，夺得亚洲杯冠军，重返亚洲之巅！并且中国女足已获9次亚洲杯桂冠，超过其他任何一支球队两倍以上！你永远可以相信中国女足！

这群骄傲的中国姑娘里有两个河南女足队员，她们是：洛阳姑娘王珊珊和焦作姑娘娄佳惠。值得一提的是，王珊珊担任女足队长，个人荣膺亚洲杯MVP，而娄佳惠是河南大学本硕毕业生，为两位优秀的河南姑娘喝彩！

力挽狂澜的足球运动员王珊珊，是中国女足一朵惊艳的玫瑰：曾在一场比赛中进了9个球，被球迷誉为"九球天后"，从排球运动"半路出家"，王珊珊凭借出色的运动天赋和中国女足的拼搏精神成为绿茵场上绽放的"铿锵玫瑰"。

精彩生活足下现，心有所爱天地宽。在2018年雅加达亚运会女足决赛中，娄佳惠作为首发队员之一，以出色的前场创造力和很好的突破能力，助中国队拿下亚军。四年后的亚洲杯决赛中，娄佳惠和骄傲的女足姑娘们，时隔16年再夺亚洲杯冠军，惊艳全场！

敢打敢拼，女足硬汉，是娄佳惠在球迷眼中的样子。在北京时间2

月4日凌晨女足亚洲杯半决赛中,娄佳惠多次舍身救球,拼到旧伤复发。她躺在地上双眼含泪,不想下场,她想和队友一起战斗到最后一分钟。娄佳惠的战斗精神感染了现场的球迷:当娄佳惠被担架抬下场的时候,现场为她响起了加油的掌声。或许这才是真正的责任担当,这才是真正的热爱!

6日,娄佳惠再次作为首发队员出战,助力中国女足亚洲杯夺冠。"民主是式,科学允张",河南大学自建校伊始,就以教育报国为己任,无数河大学子怀抱强烈的家国情怀和大义担当。娄佳惠,这位骄傲的河大学子为国争光,不负使命,以实际行动诠释了大学精神。

这一切荣耀的背后,是日复一日的艰苦付出。"除星期日外,其余时间上下午各2个小时。"娄佳惠简单的回答,是日复一日、年复一年的坚持,是追求梦想、告别假期的决心,更是不畏辛苦、志在千里的追求。一切的付出皆是始于兴趣,源于热爱,对于娄佳惠来说,亦是如此。出于对足球的热爱,她14岁进国少,15岁进国青,2007年先后参加国少、国青、国家队的集训,直至今天,足球已然成为她的职责所在,成为她生命中不可缺失的一部分。

足球,是娄佳惠的心之所想、志之所向,更将会成为她未来可期的传奇与神话。尽管摘得多项桂冠,荣誉奖项数不胜数,她却始终把胜利归功于团队成员的齐心协力。她追逐足球远方的脚步却从来没有停止过:从校队到省队,直至国家队,一步步旅程,皆是娄佳惠探寻远方的足迹。

时光匆匆,岁月难留。再次回首在河大度过的青春年华,娄佳惠感触颇深:"很庆幸能够遇到那么多的良师益友,是他们给予了我无私的帮助和热心的照顾,让我在一个充满温馨的环境中度过大学生活。感谢我的大学!"古朴厚重的河大目视了她挥洒汗水与泪水的奋斗历程,也见证了她的收获与成长。

我们相信娄佳惠将会取得更多更好的成绩，会继续弘扬"百折不挠、自强不息"的大学精神。两位姑娘敢打敢拼，积极热忱，唱响了新时代的"河南声音"。我们相信中国女足将会创造新的奇迹！！你永远可以相信中国女足，永远为她们骄傲！！

整理／赵雪　张紫源

（2022年2月7日，发表于河南大学官微）

 **精选留言**

　　@茗念：风雨彩虹，铿锵玫瑰！你永远可以相信中国女足，相信这群敢打敢拼的中国姑娘。她们积极热忱、百折不挠、自强不息、大义担当，为国争光，不负使命，以实际行动诠释了伟大中国精神！为这些追风姑娘点赞！为优秀的河大学子点赞！为骄傲的河南姑娘点赞！为永远相信的中国女足点赞！祝福中国女足创造新的奇迹！祝福我们都得冠军！

　　@吴江浪：期待回母校看看，到时候一定去追这颗星。

　　@墨浓：越南日本韩飞扬，水庆霞，许多伤。风雨彩虹，劫后复斜阳。为报倾国拼意志，才伏虎，又搏狼。休言女子辫子长，珊珊王，佳惠强。玫瑰铿锵，赛场正芬芳。绝地翻盘书历史，王九冠，誉归乡。

文章链接

百十薪火：培根铸魂育英才

把中华优秀传统文化播洒世界

新时代背景下,河南大学立足中原,面向世界,把传承弘扬中华优秀传统文化作为重要职责,打开了一扇扇向世界展示中华优秀传统文化的窗口,书写出一段段中西文明共荣互鉴的动人故事。

"希望通过我的唱腔让更多朋友了解正在发展的中国"

当前,全国上下正在如火如荼开展党史学习教育,河南大学也不例外。师生们用形式多样、丰富多彩的各类活动表达爱党爱国的热情,为中国共产党成立100周年庆祝欢呼。值得关注的是,在这些活动中,外国留学生的倾情参与成为一大亮点和特色。他们通过唱红歌、唱戏曲,表达对中国的祝福与喜爱,生动诠释了中华优秀传统文化向世界传播的别样魅力。

"我爱你中国,我爱你中国……"2021年6月5日晚,在河南大学庆祝中国共产党成立100周年青春歌会上,来自莫桑比克的留学生阿贝尔激情满怀演唱一曲《我爱你中国》,引得观众席爆发阵阵欢呼喝彩声。

无独有偶,在河南大学庆祝建党100周年戏曲演唱会上,一位来自喀麦隆的留学生刘汴京演唱豫剧选段。字正腔圆的吐息,有模有样的动作,让观众们不禁惊呼外国人唱起中国戏曲来也这么"中"!

对于刘汴京来说,这并非他首次演唱中国戏曲。2020年,在中国外文部门主办的"第三只眼看中国"国际短视频作品大赛中,河南大学策划选送的作品《知否?》从100多个国家40余万件作品中脱颖而出,进入前50名,成为该次大赛中河南省仅有的一部获奖作品。

刘汴京便是《知否?》的故事讲述者。他参加了颁奖典礼并现场演唱豫剧《朝阳沟》选段,得到全场的热烈喝彩。

刘汴京,本名 Sime Nkemeni Darrin,在河南大学攻读材料学研究生的他,在开封已经生活了3年多,发自内心地爱上了这座古城。于是,他给自己起了这样一个中国名字,作为这份独特喜爱之情的注解。

百年名校的文化积淀和千古名城的宋韵文化都濡染着他。他在这座古城、这所学校的生活充实而精彩。他追踪黄河的足迹,探寻古城的烟火，在文化中行走，在艺术中熏陶，培养敏锐和热情的感受力，并将之运用到研究中。

更为有趣的是，他爱上了中国戏曲。他在这座古城老胡同的剧团里认识了师兄，又因为古老的剧种结识了很多中国朋友。他在戏曲的节奏和韵律中，感受到了中国人内心的情感；在一字一句地千锤百炼中，找到了一种古老文化的精神。他毫无保留地将这种从戏曲中得到的快乐分享给学校的老师和同学们，还通过网络分享给更多的朋友。他在中国与世界的对话中架起了一座桥梁，这使他感到尤为快乐。

"希望通过我的眼睛，让更多的人看到我的学校、这座城市还有那条黄河；希望通过我的脚步，替大家走遍这里的每一条小巷和每一处文化遗存；希望通过我的唱腔，让更多朋友爱上这里的生活，了解正在发展的中国。"这是刘汴京发自内心的朴素愿望。

"希望剪纸艺术能登上世界大学的课堂"

在今年的河南春晚上，一群俏皮可人的"唐宫小姐姐"，以灵秀的舞姿舞"活"了大唐文化，火遍网络；元宵节前夜，她们再一次穿越古今，跨越千年，带领观众在一件件文物瑰宝中穿梭，品味中华文化的饕餮盛宴。作为反映北宋风俗的传世名画之一，《清明上河图》正在这些文物之列。

河南大学便有一幅"剪"出来的《清明上河图》。

在明伦校区博雅路旁，河南大学文物馆掩映在一片绿树丛中。蓝瓦封檐，古色古香。

走进一楼文化主题展厅，几十幅剪纸作品错落有序，浓淡相宜，一一映入眼帘。

远远望见这幅《清明上河图》，规模宏伟，结构严密，人与物远近疏密、起伏有节，别有一番神韵。

仔细观赏，全卷分为郊野、汴河及街市三个部分，共有各类人物684个，大小牲畜96头，房屋、楼阁122间，各种舟船25艘、车15辆、轿8顶。其剪法传神、技巧独到、工艺繁杂，使得前来参观者无不叹为观止，称赞叫绝。

这幅历时数月精心剪成的巨作出自张朝晖之手，他是河南大学小有名气的"人物"，这个展厅也相应被称为"张朝晖剪纸艺术展厅"。

张朝晖是首届"开封工匠"，他的剪纸艺术工作室被河南省教科文卫体工会授予"技能人才创新工作室"；他不仅是河南省民间工艺美术大师，还有着中国民间文艺家协会会员、河南大学文化产业与旅游管理学院副教授等多重身份；他借助河南大学文化产业与旅游管理学院提供的良好平台，把剪纸技艺带入大学课堂，在河南开创了非物质文化遗产进大学课堂的先河；他原本已任学校副处级行政职务，却因怀着弘扬传承中华优秀传统文化的梦想，转而投身一线教育教学事业。

他用热爱和坚持剪出一件件剪纸艺术精品，为剪纸艺术的弘扬传承尽心尽力。

2013年10月25日，诺贝尔物理学奖获得者、美国普林斯顿大学电子工程系教授崔琦，在重返河南老家后的第二天，偕夫人琳达来到河南大学考察，专门参观了"张朝晖剪纸艺术展"。这些精美的剪纸让崔琦流连忘返。得知崔琦属兔，张朝晖拿出剪刀，嚓嚓几下，一个可爱又形象的玉兔便出现在大家眼前，张朝晖将此赠给崔琦作为纪念。

在河南大学，张朝晖关于剪纸文化的讲座极受留学生们的欢迎，大家纷纷表示想拜师学艺，私下里还拿着剪好的作品向张朝晖请教。"没想到他们对中华优秀传统文化这么感兴趣。看来，中国剪纸在国外也能生根发芽。"面对学生们被点燃的剪纸热情，张朝晖欣慰又自豪地说。他总是耐心地给学生们讲解，并以一双巧手、一把剪刀亲身示范，让学生们在"学思行"中领悟中华优秀传统文化的独特魅力。

随着张朝晖剪纸作品被越来越多的人熟知,他的作品被国外友人带到了海外。他还应中美文化交流协会等组织的邀请,赴美进行文化交流,使得剪纸艺术在国外也深受欢迎和好评。

20多个春秋冬夏,20多年勤剪不辍。在张朝晖的衣兜里,永远放着一把剪刀,灵感来时,随时拿起心爱的剪刀进行剪纸,这已经成为他多年来的一个习惯。

"希望有朝一日,剪纸艺术也能登上世界大学的课堂,让这一民间传统技艺成为世界文化的瑰宝。"在张朝晖心底,这样的宏愿促使他一刻也不敢停下,朝着目标持续迈进。

让中华武术在国际舞台传递中国声音

刚柔并济,动静相依,舒展收放之间如行云流水,连绵流淌……2019年8月,在希腊爱琴海大学访问交流期间,河南大学武术学院院长洪浩带来了一场精彩的太极拳表演,一招一式打出了中华武术的精髓,赢得围观师生阵阵掌声。

时光流转,一年之后,联合国教科文组织保护非物质文化遗产政府间委员会公布,中国单独申报的"太极拳"项目,经委员会评审通过,列入联合国教科文组织人类非物质文化遗产代表作名录。消息传来,河南大学师生倍感振奋。

作为我国传统武术类非遗项目中仅有的人类非物质文化遗产,太极拳发源于河南省焦作市温县陈家沟,拥有300多年的发展历史,是享誉世界的中国文化瑰宝,也是河南大学努力打造的一张金色名片。

行走在古朴典雅的河南大学校园里,铁塔湖畔,绿茵场上,随处可见河大师生舞动太极拳的优美身影。河南大学连续17年举办全校本科生、研究生太极拳比赛,每年有万余名学子参赛;带着赤诚与热爱,河大学子将太极拳打出校园,走向国内、国际各项赛事,并屡屡获得佳绩。太极拳文化的种子早已在河大师生心中生根发芽,在河南大学这片热土枝繁叶茂,成为一种符号、一种印记。

如果说太极拳是中国传统武术中极具代表性的一项,那么,从中便可以窥见博大精深的中华武术那极致而神秘的吸引力。

2020年12月28日,河南大学明伦校区大礼堂内流光溢彩,热闹非凡。河南大学与少林寺合作培养武术国际生签约仪式在这里热烈举行。

"这是推动中华优秀传统文化走出去的有力探索,也是河南大学与少林寺优势互补、锐意进取、创新发展的具体实践。""希望本次合作能为河南教育工作做出典范,积极传播中华武术精神内核,弘扬中华优秀传统文化,讲好河南故事,讲好黄河故事,讲好中国故事。"仪式现场高朋满座,大家纷纷对此次合作致以热切的希冀与美好的祝愿。

在全球范围内招收普通进修、本硕博在内的汉语授课武术专业国际生,让中华传统武术在国际舞台上传递更多中国声音,在"走出去"与"引进来"相结合中坚定文化自信,这是河南大学与少林寺共同的目标、共同的愿景、共同的期盼。

"互联网+时代",如何运用网络平台让中华武术"活"起来、"火"起来,是河南大学一直思考的问题。

2021年1月18日,河南大学一场别开生面的汉语桥武术"云"体验项目吸引了来自吉尔吉斯斯坦民族大学、泰国清莱皇家大学、希腊爱琴大学的百余名师生在"云端"相聚。

河南大学武术学院教师通过直播讲授"少林拳""太极拳"等课程。实时互动,师生相隔万里,却又"面对面""零距离"接触,"云"武术给学生们带来既紧张又真实的奇妙体验。此外,网络视频课程"'云'游少林寺""'云'游陈家沟",又使大家足不出户就可以赏到中原美景、学习中华优秀传统文化、领略中国功夫。

丰富的项目内容、新颖的教学方式、精彩的课程讲授，这些都让参加此次项目的学员们纷纷惊呼："'云'上武术体验好极了，再有类似项目一定还要参加！"

她被誉为"中西方文化交流的红娘"

中华文化源远流长，开放包容，在对世界不同文明的欣赏与互鉴中博采众长，生生不息。

中华优秀传统文化如何创造性继承、创新、发展并传播到世界各地产生借鉴价值与现实意义，这是《河南大学学报》编辑部主任、主编，文学院教授李伟昉主持的国家社科基金重大项目致力解决的问题之一。

在河南大学，像李伟昉这样脚踏中西文化两"船"的人不在少数。其中有一位特别的人物不得不提，她就是河南大学原外语系名誉系主任、博士生导师、"庆祝中华人民共和国成立70周年纪念章"获得者、华籍美人吴雪莉。

每年国庆节，吴雪莉都会在自己家门口挂起五星红旗，这一仪式一坚持就是70多年；她常说："我不是'外教'，我是中国人，河南大学就是我的家"；从"金发碧眼"到"鹤发童颜"，她的成长见证了中国的峥嵘岁月与繁荣富强；从"传道授业"到"桃李满园"，她培养了3000余名本科生、300余名硕士生和博士生，她被誉为"中西方文化交流的红娘"。她的事迹，每一次被提及，都会让人敬仰与感动。

穿过时光的年轮，仿佛可以看到70多年前一位"土生土长"的美国青春少女娇憨可爱的模样。怀着无限憧憬和向往，当时年仅21岁的吴雪莉跟随中国丈夫踏上了前往中国的旅程，来到中原这片土地，来到河南大学，也由此开启了她在异国他乡"传道授业解惑"的人生。

最动人者不过寻常烟火，几十年的相濡以沫让她深深爱上了这片土地，拥有一个正式的"中国人身份"成了吴雪莉的愿望。1975年，她的这个美好心愿终于实现了，她高兴不已，她终于成了地地道道的中国人，她终于彻彻底底地融入这片土地。

华籍美人的身份让她拥有"文化交流"的天然优势，除了潜心教学科研，积极推动中美文化交流成了吴雪莉热衷的事业。

早在新中国成立前后，吴雪莉就常常给国外的报刊、出版社撰文，她以一个西方人的视角讲述对古老中国的新奇认识和新鲜感受。伦敦的一家出版社曾来信感谢她为众多读者介绍了东方伟大文明的发祥地，撩起了中国神秘面纱的一角，并鼓励她创作更多精品。

20世纪60年代，中国高校的外籍教师屈指可数，吴雪莉很快被外文出版社相中，来信约请她翻译小说《在和平的日子里》。虽然当时吴雪莉的汉语能力已经很强，但对于从未涉足的翻译工作，她还是没有十足的把握。于是，她找来小说原著，认真阅读，潜心研究，最终那些深深打动她的故事情节，从她那台老式打字机中流淌而出，变成一行行清丽的英文，流到了不少西方人的心中。

后来，吴雪莉又先后出版了英文版《苦菜花》《英美文学批评史话》《实用英语教程》，还出版了《中国大百科全书》，翻译了45万字的材料，为《陈云文选》翻译了初稿。

正是因为吴雪莉在中西方文化交流上做出的种种努力，使得"中西方文化交流的红娘"成了追随她一生的名片。

"我对中华文化的生命力充满坚定信念"

河南大学历经百余年办学，薪火相传，弦歌不辍。

在这座教育与学术的殿堂里，不乏受人敬重的大师学者，他们如群星般璀璨，在这片土地上播撒火种，赓续文明，发光发热。程遂营就是其中平凡而又耀眼的一个。

2014年，凭借数十载浸润史学的深厚学养，程遂营登上了《百家讲坛》。或激情澎湃，或诙谐幽默，或设问解疑，程遂营旁征博引，信手拈来，在儒雅的谈吐中将西安、洛阳、开封、杭州、南京、北京等六大古都一一道来。系列讲座播完，收视率屡创新高，程遂营也因此声名鹊起，成为亿万观众热捧的知名学者。

作为地地道道的历史学"正牌"学子，程遂营求学时代分别就读于华中师范大学历史系、哈尔滨师范大学历史系，取得学士、硕士学位。来河南大学任教后，程遂营又勤学不倦，于2002年获得南京大学历史系博士学位。

有人说，历史逐渐成为冷门学科。对此，程遂营并不认同。他如炬的目光中始终透出那股对中华文明、中国文化的强大自信，并始终将讲好中国故事、做好文化传承作为自己的肩头重任。

他说："五千年文化的传承和时代变迁中丰厚的积累，形成了中国人特有的文明积淀与独有的文化品格，因此，我们要对自身的文化予以充分肯定，对中华文化的生命力充满坚定信念！"

立于时间的坐标轴放眼望去，这样的思想与时代的声音不谋而合。

"只有讲好了历史，讲好了中国故事，才能使人们对中华优秀传统文化有所认同，才会有热爱，才会建立自信。对于古都城市来说，亦如此。只有弄明白城市有什么文化资源，搞清楚自己的家底，并合理保护和利用这些珍贵的文化资源，才能建立起城市的文化自觉、文化自信。"对于程遂营来说，探讨古都文化是他执着而痴迷的选题。

2016年至2020年，程遂营又多次受邀做客《百家讲坛》，主讲"黄河上的古都""丝路上的古城"等系列讲座。

黄河之水天上来，奔流到海不复回。通过程遂营"黄河上的古都"

讲解，人们懂得了如何串联黄河古都文化符号，如何理性对待黄河与黄河文明，如何深入探寻博大精深的黄河文明密码。

为了追求梦想，探秘丝路文化，2017年，程遂营寻访了西安、兰州、西宁、敦煌、吐鲁番、喀什等丝路古城。通过一座座古城，程遂营串起了丝绸之路的千年历史，讲述了一个个在驼铃古道上踏出的故事。

2020年1月，程遂营又将海上丝绸之路的文化故事带到了菲律宾中央大学，受到该校师生的热烈欢迎。

此次交流旨在探索与"一带一路"沿线国家重点高校在人文领域的合作，助力中华优秀传统文化走向世界。只要是对传播中华优秀传统文化有益的事，程遂营总是热情参与，他温文尔雅的外表下藏着一颗火热的传播中华优秀传统文化之心！

文字 / 王明钦　吴继娟

（2021年7月7日，刊发于《中国教育报》）

文章链接

"新文科"之思:"一则以喜,一则以惧"

2017年10月,美国希拉姆学院对学生培养方案进行全面修订,对29个专业进行重组,把新技术融入哲学、文学、语言等课程之中,为学生提供综合性的跨学科学习。这一举措堪称"新文科"教育理念的始作俑者。一波激起千层浪,"新文科"在中国国内也成为一个热门话题。面对国际教育呈现出的这种景象,究竟如何理解"新文科","新文科"如何破题,其建设的重点在哪?这都值得我们深入思考和探讨。

一、文科的"分分合合"

周作人在1932年应沈兼士之邀,在辅仁大学讲了八次课,当时的讲稿整理后出版了《中国新文学的源流》。该书提出一个重要观点——中国文学自古存在两种相对立的潮流,"诗以言志"和"文以载道",并且两者是此消彼长、不断循环的关系。暂且不论此观点值得商榷之处,但这却很容易让我们联想到人文学科或者假称"新文科"的发展情形:"此消彼长、不断循环。"近代我们强调"分科立学",当前我们又倡导"学科融合"。这看似矛盾,实则不然。历史潮流,滚滚向前,合久必分,分久必合,一个时代有一个时代的历史使命,该分科时要分科,需融合时则融合,"分"与"合"是相对的,是辩证统一的,但关键是我们不能走向极端,要恰如其分地拿捏好"分"与"合"的关系。

众所周知,中国传统的知识、学术在经学思想的笼罩下相当长时期内有着混沌未分的特点。经学包含着政治学、文学、历史学、哲学等各类学问。它不仅构成正统的意识形态,而且统领着主要的知识与学术领域。近代以降,随着西方"分科立学"思想的传入,中国学者逐渐意识到"学术独立"的重要性,进而质疑传统经学一元体系的知识系统框架。傅斯年将中国学术无法"深微"见著的原因归结为疆界不明:"中国思想界之病根,入于肌髓,牢不可破;混沌之性,偕之以具成,浮泛之论,因之以生衍。"(傅斯年:《中国学术思想界之基本误谬》,载《新青年》第4卷第4号,1918年4月15日)鉴于这一认知,当科学这一分科之学舶来中国后,人文学科的趋之若鹜就有点势不可挡的意味了。

正如看到的那样,近代中国出现了一个引人注目的学术现象——从"四部之学"向"七科之学"的转变。所谓"四部",即"经、史、子、集"。其原为图书分类,虽然也具有稀薄的学科分类意味,但毕竟和现代学科分类有较大距离。而"七科"则指"文、理、法、农、工、商、医"等现代学术门类。从1861年冯桂芬的《采西学艺》提出中国近代最早的学科分类方案到1913年教育部颁布《大学规程》对大学所设置的学科门类进行原则性规定,以此在形式上完成了从"四部之学"向"七科之学"的转变。这也标志着中国从传统的混沌不分的"博通之学"走向近代分科治学的"专门之学"。在看似简单的由"四"到"七"的数字变化中,其背后饱蘸的是一把辛酸泪。要知道,中国古代学术的分科观念与西方近代意义上的学科理念有着天壤之别。所谓"博通",其分类的标准乃是以人这样一个主体以及地域这样一个方位概念来裁度一切的;所谓"专门",则是以客观研究对象作为标准来裁定一切的。这里的"博通"也就是"通人"。进一步说,在近代学术转型的过程中,移植与转化同时进行着。以"七科"为基本依据,"文"之外的"六科"基本属于移植范畴,而"文"之一科,则是就地打滚,做着不得不的让步——文、史、哲的独立门户。

与此同时，伴随着"分科立学"，"五四"学人还曾提倡引入自然科学的研究方法来研究人文学科。诚如朱希祖所言："我们现在讲学问，把古今书籍平等看待，也不以古非今，也不尊今薄古：用治生物学、社会学的方法来治学问。换一句话讲，就是用科学的方法来治学问。"（朱希祖：《整理中国最古书籍之方法论》，见蒋大椿主编《史学探渊——中国近代史学理论文编》，吉林教育出版社，1991年）傅斯年将历史学简化为"剪刀加糨糊"的史料学。他说："近代的历史学只是史料学"，要"把历史学、语言学建设得和生物学、地质学等同样"。（傅斯年：《历史语言研究所工作之旨趣》，载《国立中央研究院历史语言研究所集刊》，第一本第一份，1928年10月）傅斯年甚至上书北京大学校长蔡元培，历数哲学属于文科"衡以为空虚之府"之弊，请求将哲学放入理科，"今学生所以主张哲学门应归入理科者，不仅按名求实，以为哲学不应被以文科之名也，实缘哲学入之文科，众多误会，因之以生；若改入理科，则大众对之，观念顿异，然后谋哲学与理科诸门课程上之联络。"（傅斯年：《论哲学门隶属于文科之流弊》，载《北京大学日刊》，1918年10月8日）

可见，"新文科"所倡导之学科融合，早在"分科立学"之初，就已有此思想之滥觞。这里，"新文科"面对着两个过去一直没有处理好的分合老问题：一是"分科"的同时如何会通的问题；二是与自然科学的"融合"在多大程度上算是科学的"分科"。必须看到，在学科与时俱进的发展过程中，新旧只是相对而言，是时代某种程度再现。所谓"新文科"，究其实质不过是一种回归加融合，既是对当前学科划分越来越细、学科门类各自为战的一种"反拨"，同时也是对时代飞速发展过程中新的知识信息及其学科生长点的添加与整合。但这种"回归"和"反拨"绝不是重蹈覆辙，更不是故伎重演，"新文科"的提出，旨在通过引进新技术，促进学科融合，推动文科的改革创新，从而使得文科紧跟时代社会发展的步伐和需要，焕发出新的勃勃生机。这里需要指出的是，"新文科"的融合一定要拿捏好度。如果过度融合，就又回到了中国传统的"混沌之学"，也就违背了"新文科"的旨趣；如果"就地打滚"则又将陷入重蹈覆辙的窠臼。

　　事实上，在"一事不知，儒者之耻"的通才诉求到隔行如隔山的专家标准之间，这个张力从来没有中断过。近来的一些复兴尤其是全面复兴虽然不可与当年的文艺复兴同日而语，但面对沧桑与世事，新旧之间的缠绕从来就不曾中断过。要知道，近代以来的大儒们诸如章太炎、梁启超、王国维、刘师培、陈寅恪等等，在经学、史学、文字学、词学、佛学与西方人文学流派中的左右逢源一再佐证了他们一通百通的大师姿态。那一代学人既没有被近代化过程中的专业化教育所埋没，也没有被所谓的"分科"雨打风吹去。尽管已经是"昔日黄花"，但在今天重提文科学科和专业建设的我们眼中谁又不刮目相看？及此，笔者不禁想起当今专业学位（professional degree）与学术型学位（academic degree）的分立来，在这看似定位明确的"操作"上，随之而来的困惑也一直萦绕着我们。毕竟，创新（Innovation）、国际化（Internationalization）与学科交叉（Interdisciplinarity）三位一体的人才培养导向和课程方案还在频频招手。不然，所谓的在学科交叉点中寻找新的生长点和前沿性终将成为"画饼"。

　　关于人文学科新不新、旧不旧的笔墨官司古今中外都不乏诉讼。这里以学衡派同人对新青年派的诘问为例足见一斑："何者为新？何者为旧？此至难判定者也。"所谓"新"，无非是"层层改变递嬗而为新，未有无因而至者。故若不知旧物，则决不能言新。"（吴宓：《论新文化运动》，载《学衡》，1922年4月第4期）进一步说，就情感的圣洁度而言，在《诗经》与《尝试集》之间我们能强分出高下卑贱吗？也许，20世纪20年代中期一代宗师梁启超在清华国学院的感想颇能说明问题："在这新的机关之中,参合着旧的精神。"(丁文江、赵丰田编:《梁启超年谱长编》,上海人民出版社,1983年,第1138页)不言而喻,在"新桃"与"旧符"之间,岂能是一个"总把"了之?旧人文中孕育着"新文科"的未来,新人文中携带着旧人文的基因。以此类推,新旧文科之间,其谁曰不然?

二、"新文科"如何破题

不容否认,"分科立学"推动了科学研究的深入,提高了科学研究的效率,大大推动了人类文明的进步。但同时也造成了不同学科之间相互隔离、互不往来的局面,文科则更甚之。文科专业划分明显,学科建设目标清晰,注重专业素养的培养,注重研究领域的细化。这些情况已经愈演愈烈,甚至登峰造极。这使得文科越来越"高大上",越来越"不食人间烟火",于是乎,往往被"束之高阁"。

与其相对,"新文科"反其道而行之,强调的是学科的交叉和融合,注重的是学科的借鉴和互补。然而,想要打破学科壁垒,实现学科融合,并非易事。首先,我们要重新审视文科。"文科"之所以在今天的中国成为一个需要重新思考的论题,是因为在相当长的时间内我们根本不将其看作问题。然而,当前无论是学科的自我追求还是学科的评价机制,都已将文科推到"两头不靠岸"的尴尬境地——既无法达到自然学科的严谨精密,又难以做到应用学科的实际效用。这就需要我们在学科自信的基础上,从"培养什么样的人,如何培养人"的高度,去领悟和实践文科的真谛,勇于肯定和坚持文科的学科致思方式,以及它在特定空间范围内探讨人类本质和价值信仰的特质,处理好文科价值性和工具性的辩证统一关系。既要立足新时代,回应新需求,又要关注文科的学理性和人文性,才能引领文科新发展,实现人的现代化的新目标。

其次,"新文科"需要转变教育理念,致力于博雅教育。文科教育不仅仅是知识的传授,更是一种价值、思想、能力、修养的锤炼与升华,是对个人软实力的综合培养。分科教育,却将文科人为地撕裂开来,划分成若干条块。这使得文科因碎片化而失去了综合效应,学生甚至由于管中窥豹,"只见树木,不见森林",而在价值的判断上出现误解和偏差。可见,推行博雅教育、通识教育,发挥不同学科对人才培养的互补促进作用,致力于培养人的广博视野、复杂思维、独立人格和创新精神,真正实现人的教育,这才是"新文科"教育的应有之意。

再次,"新文科"需要以问题为导向,瞄准交叉融合点。我们不能为了学科融合而去融合学科,不能乱点鸳鸯谱,而是要坚持问题导向,根据社会需求,找准交叉融合点,实现不同学科间的有效"联姻",从而走出文科发展的"孤岛",与社会融合共创。当前,以人工智能、大数据等为代表的新兴科学技术突飞猛进,呼唤着知识复合、创新力实践力强的新型人才,这也为这场学科"联姻"提供了现实可能性和必要性。例如现在非常热门的"国学""金融科技""科技考古""知识产权管理""计算社会学""现代艺术设计"等,就是成功的范例,不仅让基础学科迸发出新的生机,促进科技革命的到来,而且带动了新产业的诞生,有效解决了经济社会发展的新挑战新问题。

最后,"新文科"需要有自持的矜持,不能在学科融合中失去自我。早在近代"分科立学"和中国文科的现代转型过程中,文科内在的人文传统精神就出现过逐渐衰落的景象。连北京大学校长蔡元培在科学主义风潮中也不能自持,已经站到了科学主义的旗下:"科学发达以后,一切知识道德问题,皆得由科学证明。"(蔡元培:《致〈新青年〉记者函》,载《新青年》,第3卷1号,1917年3月1日)这也是学衡派一再提醒近代学人不能"把孩子与洗澡水一起倒掉"的根本原因。吴宓在译介白璧德思想时,曾经在"按语"中总结科学主义下人文传统失落的状况:"物质之学大昌,而人生之道理遂晦;科学实业日益兴盛,而宗教道德之势力衰弱。人不知所以为人之道。"([美]白璧德:《中西人文教育谈》,载《学衡》,第3期,1922年3月)至20世纪20年代的科学与人生观大战,更是样样"必以科学为正轨",诸如"一切宗教皆在废弃之列"的念头,动辄"厥惟科学"四个字,将科学代替"宗教"、包办"人文"、解决"人生观"问题推向了另一个极端。(陈独秀:《再论孔教问题》,载《新青年》第2卷第5号,1917年1月1日)

论及于此,笔者想到《庄子·内篇·应帝王》中的那个关于"浑沌之死"的寓言故事:"南海之帝为儵,北海之帝为忽,中央之帝为浑沌。儵与忽时相遇于浑沌之地,浑沌待之甚善。儵与忽谋报浑沌之德,曰:'人皆有七窍,以食听视息,此独无有,尝试凿之。'"结果,"日凿一窍,七日而浑沌死"。(王先谦:《庄子集注》卷八,中华书局,第96-97页,1955年)

前车之鉴,不可复蹈。"新文科"不能因为学科融合,而失去自我,走向自然科学化、工科化的"歧途",使得其内蕴的人文精神走向萎缩,失去了其关心人类价值与人类精神世界的理想和旨趣。因此,"新文科"必须坚持学科的主体性,形成"自是一家"的学术领域,取人之长,补己之短,形成合力,共同发展。

三、"新文科"也要划重点

2020年1月,教育部决定在部分高校开展基础学科招生改革试点工作,也称"强基计划",主要是为了选拔有志于服务国家重大战略需求,且综合素质优秀或基础学科拔尖的学生。这是教育部从国家层面加强基础学科建设,注重基础人才培养的重大战略。

"根深才能叶茂，厚积才能薄发"，基础的重要性是不言而喻的。但在市场经济浪潮的影响下，应用性、功利化甚嚣尘上，有用和无用成为多数人评判学科价值的重要标准。实际上，有用和无用是辩证统一的，基础学科的无用是大用，应用学科的有用必须有基础的支撑，基础才是更持久、更深厚的内驱力。这也正是"新文科"强调强基础的原因。

新文科的核心要义是学科的融合发展，那么强基础就显得尤为重要。学科融合不是学科简单的相加，而是要深度融通，取长补短，浑然一体，做到1+1＞2。没有坚实的基础，学科融合就会是空中楼阁，昙花一现，难以持久，正所谓"基础不牢，地动山摇"。那么，文科的基础是什么？

自古以来，国人提及"人文"一词，理解或有差异，但大都溯源于《周易》中的那句卦辞："小利有攸往，天文也；文明以止，人文也；观乎天文以察时变，观乎人文以化成天下。"（《周易·贲卦·象传》）在古人看来，"天文"中蕴藏着王朝兴衰、帝王递嬗的秘密，而"人文"依天象所示的文明之道，关系到社会秩序的稳定。在传统的用法中，"文""道""天"这些术语都与"心灵""观念""意图""天理"以及诸如此类的词语联系在一起。古代文人"参天地，赞化育"的"天人合一"的传统学术观念，使之致力于为"文"寻找一个共同的道德基础。

文科追求的正是这样一种人文精神，彰显的是一种"体验之知"的学科风格。作为精神科学，文科要传达的是对于价值意义的理解与把握，而文科的方法则是如何通过对文科的研习来获得这种对于价值的体会。狄尔泰在其《人文科学导论》中论述了文科重体验的特点。在他看来，自然科学的对象是可以看到并触摸到的，依照机械的规律运动着的物质世界；而文学乃是与人的精神打交道，其对象是"有意识和愿望的，感觉着、想象着"的价值和观念，精神世界的无形与流易使得人无法直接观察到这个世界的存在。（［法］狄尔泰：《人文科学导论》，赵稀方译，华夏出版社，2004年）在《人文科学的逻辑》中，卡西尔通过对艺术、历史知识和获取人性知识的基础分析文科的基本概念，指出文科的知识之所以是可靠的、客观有效的，不是因为它能够像自然科学逻辑一样精密地预言个人或历史事件，而是因为它使我们获得了对人性更加深入的认识。（［德］卡西尔：《人文科学的逻辑》，关子尹译，上海译文出版社，2004年）文科既以观念的方式把握世界和自我的意义，又通过实践过程赋予世界以多方面的意义。研究者只有凭借个人感觉、思想、情感、记忆和欲望经验，进入他人的内在状态，进而理解生命，把握人类生活的意义。

以上或可看作是文科之基础。我们只有打牢基础，坚守初心，将文科的人文精神和学科风格贯穿始终，才能让"新文科"建设根深叶茂，厚积薄发。

同时，文科的基础更是深深植根于基础学科之中，在基础学科中我们更能感受和领悟这种人文精神和学科风格。因此，"新文科"首先要做好文科基础学科的融合，在此前提下，再去谈与其他学科的融合。我们常说"文史哲是一家"，只有让文史哲这样的基础学科，先打破壁垒，实现融会贯通，去培养学生的人文通感，才能使学生体悟文科之魅力，掌握文科之精髓。

可喜的是，强基础已经逐渐在各界达成共识，但还需要我们继续优化强基础的机制和环境，统筹协调强基础的顶层设计，在人、财、物等各方面给予基础学科更多的支持和倾斜，赋予基础学科更多的自主权，吸引更多的人才从事基础研究，在强基础中，让"新文科"行稳致远，进而有为。

以笔者所供职的学校而言，它和很多百年老校有着根本上的异曲同工。以文理见长，并由这个"基础强"的老本走向多学科、综合性、研究型。当"强基础"成为新文科背景下的新的共识后，若是再进一步揭揭河南大学的老底，我们会看到这个以文科见长的学府有着与北大、清华、复旦、南大、武大、山大等等高校更多共同的底色。很多时候，当我一个人在月色下漫步的时候，也会静静地对我们百年来的"新文科"反思一下。回眸冯友兰、嵇文甫、赵纪彬、范文澜、董作宾、任访秋等一代名家在河大一路走过的历程，尽管不乏"春华"与"秋实"的底气，但我们更难以忘记其中的"筚路"与"蓝缕"。在这个意义上，"新文科"建构的再出发就不是另起炉灶那么简单，更不是所谓简单的复兴与振兴一句标语口号式的自我激励所能成就。"承前"才能"启后"，我上面所说的"不折腾"也是这个意思。或许只有我们保持对黄河文明与可持续发展研究中心这一跨文理学科、黄河文明协同研究中心这一社科交叉平台、河南大学人文高等研究院这一基础交叉学科的定力与自信，并以此构建本土的中国学术话语体系，才有可能真正实现人文社会科学或说"新文科"的振兴与繁荣。近来同仁们围绕"黄河学"和本科实验班的设计，以及对高研院以问题意识为导向的驻研学者路径的探索，都是针对"新文科"建设所做的深入思考。当然，具体到每个学科及其每所大学，尽管价值取向具有一定的一致性，但举措和章法却不好强求，或不能"一刀切"。不过，有一点可以肯定，采用书院制以及通读经典的宽口径做法不失为一种事半功倍的选择。换言之，新文科的构建与再出发有很多支点和进路，至于究竟如何设计，各家自然都是自有高招，尽可以各显神通。

四、结语

汉宋之争久矣，近世以来的中体、西用、科学、人文以及当下的学术、思想之争无不充盈着各方的博弈。我们无意于"旧文科"的剑影，也无意于"新文科"的号角，我们于此倡导的是博古通今的真学问，培育明体达用的新人才。一言以蔽之，工匠我们需要，工匠精神我们也需要。同时，博学的孔子、柏拉图，博大的老子和苏格拉底之大师我们也需要。在当今专业化呼声愈来愈高的今天，以强基固本为导向的"新文科"的建构势在必行。只是，不折腾的思维乃是我们理性思考的底线。

最后，我还想指出的是，"新文科"在以"新"为马的当口，还是不能忽视这样几个关系。一是新旧之分可能带来的次生问题。不言而喻，文科尤其是人文学科的守成与传承远比超越或创新难得多。在某种意义上，守正比创新难。对祖先馈赠的文化遗产，我们应该轻拿轻放、谨言慎行。二是处理好强基础（内驱力）与抢机遇（时代性——与社会接轨）的关系。"基础不牢，地动山摇"，时代发展中的机遇无处不在，每个时代有每个时代的机遇。为抓机遇而抓机遇不但会失去捕捉机遇的能力，而且还会因对什么是真正的机遇之判断而马失前蹄。机遇从来都是对有判断力、有捕捉力并且有应对（挑战）力而言的，否则就没有什么机遇可言。三是价值有涉与价值无涉的关系。价值无涉是哈贝马斯提出的一个概念，意思是指从人文学科衍生出来的社会科学如何价值中立的问题，即我们所说的尽量客观化、数据化，避免主观的情感价值判断。这对社会科学来说虽然存在一些争论，却可以努力"春秋"它，但对以文化作为历史投影的人文学科来说，确碍难从命。它的历史文化、民族传统不能不具有鲜明的意识形态印记，这是不必讳言的。

简而言之，摆在我们面前的"新文科"命题既有定力的问题，也有如何避免民族性的这一具有家国情怀的人文性窄化与矮化，从而走向开放的具有世界或说天下胸怀的大道的格局问题。在我者与他者、守成与创新、回归与超越之间如何筑起一道"从心所欲"的"矩线"（孔子语），这冥冥之中的"一线"是文脉，也是宿命。就此而言，那句租赁老夫子《论语·里仁》中的"一则以喜，一则以惧"名言作为标题以示交加参半的心理也就不那么令人费解了。

文字 / 张宝明

（2020年8月5日，刊发于《中华读书报》）

 **精选留言**

@安继民：无论新人文学科和自然科学前沿的道路如何狭窄而漫长，我们都退无可退。但无论如何，人类命运共同体若欲存续，人本化世界中的东方学人，是有责任的一分子。海枯石烂吾往矣！张宝明先生的这个思考，不由得不让人生出深深敬意与赞佩，尽管说起来我们也曾是老朋友。

@培国："学科融合不是学科简单的相加，而是要深度融通，取长补短，浑然一体，做到1+1＞2。"这将是我们基础教育的追求。

@云海星河几："基础不牢，地动山摇"，时代发展中的机遇无处不在，每个时代有每个时代的机遇，而懂得判断机遇，并抓住机遇，是我们要学习且掌握的重要生存技能！

 文章链接

"立人""立群""立邦":做时代领潮儿

自近代以来,每逢时代巨变,国人始终寄望青年,追问同样的问题:青年何为?

1875年,李鸿章上疏《因台湾事变筹画海防折》,痛陈中国身处"数千年未有之变局";

1907年,鲁迅撰《摩罗诗力说》,悲叹"先觉之声,乃又不来破中国之萧条也。然则吾人,其亦沉思而已夫,其亦惟沉思而已夫!";

1918年,蔡元培与《新青年》诸贤在新文化运动之初,慨叹当今中国"人禽遂几于杂糅",亡国灭种日近;

1935年,《风云儿女》中时代领潮儿面对国家危亡,高唱"中华民族到了最危险的时候";

1949年,毛泽东同志在新中国成立之际,庄严宣告"中华民族从此站起来了";

2017年,习近平总书记在新时代开局之时,提出"放眼世界,我们面对的是百年未有之大变局"。

巨变之下,一时代涌现一时代杰出之青年,而每一时代杰出之青年都承担起一时代之重任,他们站在新的历史起点上,接过前辈们传递的文明火把,交出了无愧于中华民族的时代答卷,当得起这些英伟的称号:海军英魂、辛亥青年、"五四"新青年、抗日青年、新中国青年……

历史长河跨入新时代,再次站在人类命运和中华文明的转折点,中国青年该如何将自身锤炼成能够担起新时代重任的合格英才已成为时代课题。

新时代青年成长，几大方面不容忽视："立人"，塑造"精神独立"的大写的"我"。"精神独立"是文艺复兴以来现代文明最核心的标志，也是青年卡尔·马克思在《1844年经济学哲学手稿》中对大写的、精神解放的"人"的至高追求。青年们在新时代存身立世，就应遵照革命导师对人类理想人格的高度期许，在成为大写的"我们"之前，先将自身淬炼为大写的"我"，把"精神独立"树为每个"我"的道德律令，后以独立的人格与勇气，投入到改造与建设中国社会的巨大系统工程中。

"立群"，塑造团结协作的大写的"我们"。由大写的"我"携手组成大写的"我们"，是20世纪以来各国理想社会改造与社会革命的主要组织形式，每个大写的"我"不仅要锤炼个人的独立人格与自由意志，更要培养能在共同理想指引下团结协作的精神与能力。前无古人的崭新事业亟待青年们打破固有思维与社会格局，共同携手并进。正如鲁迅1925年在《导师》中所说，青年们"不如寻朋友，联合起来，同向着似乎可以生存的方向走。你们所多的是生力，遇见深林，可以辟成平地的，遇见旷野，可以栽种树木的，遇见沙漠，可以开掘井泉的"。回顾百年历史，作为大写的"我们"的青年群体开创了世界与中国的新格局，社会主义运动史、中国革命史就是最鲜明的例子。孙中山在中华民国创建之始也曾慨叹，"这是中国有史以来未有之变局，吾民破天荒之创举也"。在当今世界百年未有之大变局中，开创全新的中华文明又对青年提出了塑造"大我"的新的要求。

"立邦"，无论"立人"还是"立群"，都是为世界、为国族培育干城之具，有几大原则需大写的"我们"共同尊奉："理想主义""现实精神""社会改造勇气"，以及"爱与理解"和对他人精神"感同身受"的能力。

20世纪以来，不同时代青年秉承不同主义带领中国从水深火热走向民族振兴,因此,新时代青年要正视主义与信仰的伟力。"理想主义""现实精神"要与"社会改造勇气"紧密联结,青年们在保持洞穿历史与现实的清醒头脑的同时,立下雄伟理想,投身社会改造实践,这样的理想和实践具备完全的现实性,是改造社会的真实有效动力,应当成为新时代青年最重要的精神禀赋。

培养"爱与理解"和对他人精神"感同身受"的能力同样至关重要。在当今世界与中国,打破国家集团之间与人类之间的"隔膜"成为更新人类社会、扭转人类历史的关键性因素。因为在国家集团之间与人类之间,"大家对于别人的心灵、生命、苦痛、习惯、意向、愿望都很少理解,而且几于全无",这阻挡着立意高远的人类共同体的建构,也妨碍了中华大家庭的幸福梦想。因此,新时代大写的"我们"要有"爱和理解"的超能力,对同胞、对人类弟兄的心灵、生命、苦痛、习惯、意向、愿望能够"感同身受",以博大的胸襟创造人类共同幸福的未来。

2500年前,孔子立于不尽长河,回想青春与人生,思接古今,以历史老人的口吻发出"逝者如斯夫";

696年,青年陈子昂登幽州台,体宇宙洪荒,感岁月倏忽,悲欣交集,对天地高歌"前不见古人,后不见来者。念天地之悠悠,独怆然而涕下";

1916年,革命先行者孙中山钱江观潮,壮怀激烈,似重拾青春岁月,发出时代最高昂的声音"猛进如潮"。

今天,面对伟大时代,青年们会发出怎样的声音?

文字 / 张先飞

(2022年04月29日,刊发于《河南日报》)

文章链接

起承转合

无论走多远,都不要忘记为什么出发,从哪里出发。

1994年的秋天,我终于实现了大学梦,独自来到河南大学音乐二系求学。没有想到的是,这一来便是一十八载,我人生最美好的芳华也在这里度过。白驹过隙,已是青春骊歌,亦是一首起承转合的进行曲。

起——大礼堂

大礼堂是我在河南大学的起点。在我的记忆里,大礼堂里有三间教室。正南的那间是我们班的,从外面看最显眼的就是正面那三扇圆窗子。教室很大,摆了十来排的座椅,我们班只有三十多个人,稀稀拉拉坐在里面。冬天很冷,大礼堂没有暖气,系里允许我们生煤炉子,但要防止火灾和煤气中毒,且上课时常有系里老师进行安全检查。在大礼堂上大课令我印象最深的就是大学语文课和乐理课。教大学语文的蔡老师当时很年轻,声音轻柔优美,她讲述古典文学作品时特别投入,这种氛围深深地吸引着我。我每次都坐在第一排,生怕漏听一个字。记得有一次她讲《长恨歌》,那时是我第一次听到如此浪漫凄美的爱情故事,竟听醉了。课后我迫不及待地去背诵这首长诗,且为之撼动。很多年后,当我听到京歌《梨花颂》时,有种似曾相识的感觉,仿佛多年前的感伤终于有了释怀。

教乐理课的马殿泉老师特别认真,可能是常年演奏、教授竹笛、每日练习气息的原因。他的身板精瘦又结实，眼睛里总是闪烁着明亮自信的目光。他教我们乐理，很认真。有一次他拿出作业本，提问道："这个问题请郭富城来回答。"话音刚落，全场一片哗笑，原来是崇拜郭富城的同学把自己的练习本上写上了歌星的名字！马老师见大家笑了起来，补充说："这个郭富城同学少交了三次作业，他来了吗？"同学们笑得更欢了。有一位捣蛋的男生接话说："老师，他不叫郭富城，他叫张学友。"没想到马老师也不认识张学友，他认真地说："以后不要把别人的名字写在自己的本子上。那就请张学友来回答吧。"下面早已笑得前仰后翻，大家不明白为什么大学音乐系的老师竟然不知道明星，难道大学老师都是学究吗？许多年后，我也成了大学老师。今天，当孩子们在我面前谈论 Emma、Ruel 时，我也愣愣不知所以。世界一直在循环着，转眼间我已经不再是以前那个听潮歌的"前浪"了！

　　大三我选修了马老师的竹箫课，全系就我一人选修，而且我是零基础。马老师一对一上课仍然很认真，从不着急。我因为小指天生短小，最下面的一个孔总是按不住。马老师说："咱们想想办法，你把这箫放我这里。"第二周再去上课时，马老师竟然把最下面那个孔用笛膜堵上，又在侧面重新开了一个孔，手指按上刚刚好。为了一个选修生，竟然对乐器大动改造！我又震惊又感动，却不善表达。接过这世上独一无二的箫，内心十分感谢马老师。

　　大礼堂的舞台也是我们音乐二系艺术实践的重要场所。那时艺术实践的机会有很多，有些是我们自己编排的节目。青涩的表演，热情的表演者，很是自嗨。最正式的一次演出是姬茅老师排的长征组舞，全系师生停课排练，参加了三四个节目。姬老师当时有五十多岁了，他潇洒又严谨，走着经典的外八字步。有时他也会讲述自己当年参加音乐史诗《东方红》的经历激励我们，排练时他很兴奋，不知疲倦，我们也真正体会到了累并快乐着。

承——琴房

琴房是音乐系师生的主要阵地。刚入校那几年，钢琴房和小琴房都是平房，与美术系的画室相邻。琴房也是所有学生社交的重要场所，上下几届的学生彼此都认识，如果有谁与大家比较陌生，那一定是因为他不常来琴房。这里除了上小课、练琴、唱歌外，还会发生很多大学生活内容：写作业、聊天、开会、默默流泪、情窦初开、恋爱、分手、吵架……琴房内外不知发生了多少青春的故事。

我们94级是一个比较特殊的年级，有一部分同学是专科，先毕业了。剩下的本科生阴盛阳衰，星同学是我们班的洪常青兼大熊猫。他主修吉他，在小琴房比较靠大马路一侧有一间专属琴房。星同学人长得清秀，经常留一个文艺范儿的大背头，他性情温和，言辞幽默。女生们喜欢跟他开玩笑，有时也会在他的琴房歇歇脚，聊聊天。他已经习惯了被动听女生们聊八卦，不参与也不撑人（可能是不敢，女生们人多势强）。实在不想听，他就自顾自地弹起吉他，很陶醉。女生们对他个人情感问题倍加关怀，嘘寒问暖，后来他干脆对女生主动交代，自己完全是个透明人。

小琴房对着大马路，马路的尽头就是宿舍区。星同学喜欢观察早上赶路上课和晚上回宿舍的熙攘人群中的女性，还经常会把一些感触与我们分享，我们也很喜欢听他从男性的角度谈论女生。有一次，他煞有介事地说原来自己喜欢的是恬静型的姑娘，有位刚入学的小师妹就是这个类型。我们赶紧偷觑那位小师妹，果然气度不凡，女生们表示同意。可这位星同学迟迟按兵不动，女同学们都急了，不断催促他。星同学说："现在是冬季，每天都穿着大棉袄、大棉鞋，校园里也光秃秃的，没有浪漫的氛围。等春天来了，我换上笔挺的西装、锃亮的皮鞋，再展开春季攻势,春天才是恋爱的季节。"此话听来虽有些滑稽,但人家说的是认真的。寒假过后,我见面急问他春季攻势如何了,星同学说再等等。再问时,他遗憾地表示小师妹已经名花有主。可惜了,这酝酿已久的春季攻势溃败于季节!

星同学的名言很多,有一次心理学考试结束之后,他说:"这回我复习的全是难题,可老师出的全是简单题,好多不会答啊!"开学补考前,我再三叮嘱他:"一定要复习简单题!"星同学现在在南方一所高校任教,近年来成果颇丰。洗尽铅华,他的坦荡、善良、浪漫、执着,铸就了他现在的成就。

转——图书馆

我入大学不久就发现图书馆是个好地方。借书的时候把书号抄在书单上,交给管理员老师,单子夹在铁丝轨道上传到库里,库里的老师找到书后,会用一个电动装置把书运出来,再由管理员交给借书人,整个过程有条不紊。一本书传出来多么不易,我拿到书时默默告诉自己不能辜负了大家的劳动。阅览室一定要早去,不然就会没有位置。我起初是去看《人民日报》,看小说,后来我很快熟悉了图书馆的布局,对一些学术性期刊和书籍也很好奇,不论是否能看懂,总是觉得里面都是宝藏。大约在三年级的时候,我对音乐的兴趣逐渐从技术练习转移到了读书籍、刊物。去琴房的时间少了,泡图书馆的日子多了。一动一静,一张一弛,是我大学生活的双主题。研究生期间,新合并的艺术学院聘来了著名音乐学学者修海林。修老师不仅开阔了我们的学术视野,更是引领我们几个研究生走上了求学问道之路。那一届,7位研究生中先后有4位读了博士,占了很高的比例。自从修老师来到河大任教,我对图书馆更加依赖了。因为太多的缺陷需要补充,太多的选题需要思考……图书馆成了我的思想加油站。从此，我转变了人生的规划，仿佛找到了另外一把开启艺术大门的钥匙。

图书馆有位姓冯的老师，他喜欢音乐，会演奏小提琴。我经常去借书，他记住了我的名字，还经常给我推荐一些专业书。他是真正懂书、爱书的图书管理员。据说后来他会给音乐系去借书的同学介绍我，说那个爱读书的冯同学考上研究生了，留校当老师了。回忆过往，我庆幸自己在最好的年龄，走进了最好的图书馆，遇见了对的领路人。

合——群师谱

记得当初高考填写志愿时，师门多数考生都选了南方的大学。90年代无论是上学还是就业，都流行"孔雀东南飞"。我选择河南大学音乐二系，是因为老师的一句话：河大的老师比较厚道，有中原古风。进入音乐二系，正好赶上一批新老师上任。一入校，我就被年轻老师的艺术水准折服。留校的这批歌剧班毕业的老师，个个身手不凡，他们入校前多是剧团的戏曲演员，歌、舞、念、表样样都强。宋宗然、原淑静、黄慧慧、王凯歌老师先后教授我专业课。不知从哪里修来的福分，我的老师群英荟萃。老系主任武秀之老师为振兴中国歌剧，在国内高校率先开办了民族歌剧班，探索"三结合"唱法，她是所有师生心目中的女神。

研究生时的导师张永杰，她对我既是严师，也是慈母，有时又是无话不说的朋友。张老师业务精湛，爱思考，常常从声乐技巧中提炼哲理：人活一口气，气息是唱歌的基础。最好的气息是不多不少，自然顺畅。每次我遇到困难，张老师总是鼓励、宽慰我，她乐观豁达的人生态度深深影响着我。研三那年，张老师说我的培养经费中还有些结余，专程带我一人去了趟上海，观摩文艺演出，令我大开眼界。90年代的中国还不富裕，但河南大学对我的培养是精英教育式的，幸事！

我在河南大学的青春之曲

没有太强烈的涨落

是一首起承转合的平实之歌

我从大礼堂的舞台出发

走向了人生大舞台

今蓦然回首

少年不再,华发早生

感念,我的大学

不舍,我的青春骊歌

文字 / 冯亚

(2020年11月03日,发表于河南大学官微)

 **精选留言**

@装装文化人儿:冯老师文字细腻,娓娓道来,一幅幅场景就像电影一样从眼前掠过,毕业多年的母校,在老师文字的带领下,又重走了一遍,虽然时间点不一样,但一点都不妨碍与我记忆中的大学生活结合!感恩我的导师!

@知性山水:拜读了!我是1978—1982年在中文系就读,对文中描述的大礼堂教室(偶去自习)、平房琴房(与我们宿舍相邻,房间里可俯瞰,去10号楼教室每天路过),十分熟悉,十分亲切!就读期间,在艺术系有好友,常去艺术系看画展,听讲座,观赏艺术系学生练习演出,对不少艺术系尖子学生比较熟悉。

@五棵柳:通过起承转合,作者把在河大求学的经历、感受,以及受到的诸多良师的教导,通过文字传导给读者。通过文字能感受到作者是一个勤劳的幸运儿,也是一个快乐执着追求的人,青春绽放的美丽,努力刻苦的孜孜不倦,仿佛放电影一般,给我们展示一个美丽女子的人生历程,从青春靓丽到中年的知性温暖。

我的女儿现在在河大读大三,河大大礼堂那厚重的文化沉淀,一如静谧校园里默默无闻的柏树,经历了风雨沧桑,见证了一代又一代河大儿女的成长。

@云朵:知性、优雅、聪慧、勤奋的冯亚师姐是我的偶像!师姐每天风雨无阻、天不亮就在琴房门口背书的场景,至今仍历历在目。师姐的勤奋好学,我也多次对我的学生谈起……这篇文章勾起了多少河大音乐人及河大人美好的回忆……练声、练功、琴房、大礼堂、可亲可爱的老师同学们……一切如昨!

文章链接

"扛蒜男孩"柴世龙!

近日,河南出现大范围强降雨,郑州等多地降水量突破历史极值,发生严重内涝。无数党员干部和志愿者们奋勇争先,连续作战,投身救灾和恢复重建工作,打赢了防汛抗洪这场硬战。河南大学临床医学院2019级本科生柴世龙同学便是其中一员。

防汛救灾中,柴世龙的事迹被媒体捕捉到。其肩扛村民家一大袋生蒜,在齐腰深的洪水中艰难前行的图片,经教育部、省教育厅等官方平台报道后广泛传播,被网友称为防汛救灾中的"扛蒜男孩"。

柴世龙的家位于中牟县官渡镇，贾鲁河沿岸。官渡镇作为主要泄洪区，连续的暴雨导致其水位持续上涨，河堤溃口，农田被淹，房屋倒塌，灾情严重。洪水侵袭，柴世龙家中大棚被淹，但当他听闻盖寨张村一处数百吨的物资被淹泡，急需大量人员帮助抢救物资时，还是第一时间联系了同村的几位大学生一起赶到被淹物资现场，在村党组织的指挥下开始救灾工作。

由于地势低洼，水位较高，部分区域的水位已经没过胸口，加之砖头石块遍布，前行异常困难。柴世龙多次在夹杂砖头的淤泥里滑倒，大水瞬间淹没了他，他的脚上、腿上留下了很多被砖块儿坚石造成的伤口。脸上夹杂着汗水与雨水，身上是毒虫鼠蚁叮咬的包，水下是被泡肿胀的双脚。就是在这样的情况下，他与其他志愿者一起搬运物资，往返无数次，最大限度减少了群众的财产损失。"我也不记得跑了多少趟，当时心中只有一个念头，一定要多扛出来点，这可是人家一年的收入来源。虽然留下了很多伤口，但是看到乡亲们的物资被救出后脸上露出的笑容，我就觉得特别满足。对于村民们的赞扬与感谢，有些不好意思，我想我也只是做了其他大学生和预备党员都会做的事而已。"柴世龙擦擦头上的汗珠，深吸了一口气。虽然连轴转地忙碌着，他却精神奕奕，仿佛转运物资的过程，就是他治愈伤口、缓解疲惫的良药。舍小家为大家，柴世龙逆行出征、笃定前行，在暴雨中展现出攻难无畏的精神品格，彰显了"铁塔牌"学子的担当友爱。

在完成了物资的顺利转移之后，柴世龙又一刻不停地加入志愿者队伍，全力投入村里的排水排涝、清淤清障、防疫消杀、土体加固等灾后重建工作。"大灾之后防大疫"，在帮助近三千户人家进行消毒后，他又积极发挥医学生的专业优势，为大家详细讲解防疫和健康科普知识，为保障村民健康、营造干净居住环境、帮助群众复工复产贡献了青春力量。

"我是一名医学生，我也是一名入党积极分子，在突然而来的灾难面前，我能做什么呢？有多少次希望自己能像奔赴在一线的救援人员一样，在一线防洪救灾，但我深知自身能力有限，我能做的只是用大学里面学到的知识和年轻人的力气为家乡救灾做点实实在在的事。在村里协助村民自救，保障他们的生命财产安全，我觉得也是很有意义的。"

危难时刻显本色，攻坚克难当先锋。身处灾情之中，柴世龙没有选择安逸等待救援，而是奋不顾身、不惧危险地冲在前线，让青春在洪流中激扬。身在一线，对柴世龙而言，新闻中的灾情报道不再是一段简单的文字，而是切身的事件。参加抗洪救灾的日子里，他成长了很多，也更加坚定了自身信念。"丹心寸意，皆为有情；岂曰无衣，与子同裳。灾情发生后，广大党员干部冲锋在前，英勇奋战；人民解放军指战员闻令即动，勇挑重担；广大社区工作者、基层干部、志愿者不惧风雨，坚守一线；广大群众众志成城，踊跃参与。从国家到集体到个人，太多太多感人的事迹，让我震撼。同舟共济、守望相助的精神力量，来自亿万人民聚沙成塔、握指成拳的爱国之志，彰显了中华民族风雨同舟、患难与共的家国情怀。面对自然灾害，我们从不畏惧，因为我们拥有这样强有力的政府，拥有如此有领导力的政党，拥有人民群众的大力支持，我们有战胜它的信心和万众一心、团结一致的决心。"

洪水过后疫情又突然袭来，柴世龙同学没有停下志愿者的脚步，他的身影再一次出现在了疫情防控的工作中，引导村民做好防护，在核酸检测现场维护秩序，登记信息，为医务人员和村民提供力所能及的帮助。这位"00后"男孩用行动展现着"铁塔牌"志愿者的担当与力量。

洪水无情人间有爱，一方有难八方支援。柴世龙同学同万千党员干部、志愿者们一道，汇聚微光，散去疫情和洪水的阴霾。从抗洪到救灾再到防疫，他舍己为人、不怕吃苦、迎难而上、顽强拼搏的精神受到了当地干部以及人民群众的高度评价。他用实际行动践行了"健康所系，性命相托""遵守党的章程，履行党员义务"的誓言，诠释了新时代大学生昂扬向上的精神风貌和主动自觉的责任担当,生动彰显了铁塔学子"百折不挠、自强不息"的大学精神!

整理/赵雪　张紫源
(2021年8月7日,发表于河南大学官微)

 **精选留言**

@茗念:丹心寸意,皆为有情;岂曰无衣,与子同裳。同舟共济、守望相助的精神力量,来自亿万人民聚沙成塔、握指成拳的爱国之志,彰显着中华民族风雨同舟、患难与共的家国情怀。正是青春担当,有为铁塔少年。"扛蒜少年"柴世龙,好样的!!

@欢喜:真的很棒,是我们的榜样!!!

文章链接

河大被人民日报"点名",后续来了

近日,河南开封一则"6岁女童不慎落水 被两名小伙救上岸"的新闻引发网友关注,经过地方媒体多方寻找,勇救落水女童的两位小伙终于找到了,他们是河南大学的大三学生刘浩和陈玉龙。

12月5日下午两点左右,河南大学生命科学学院2019级植物科学与技术专业的刘浩与陈玉龙在路过河南大学金明校区北门与北苑学生公寓之间的景观河时,发现一名小女孩不慎落水,他们当即飞奔过去,下水救起女孩,避免了一场溺水事故。

"当时路过的时候我们就看到女孩在河边玩水,觉得非常危险,快经过小桥的时候我就下意识地回头看了看小女孩,碰巧看到了小女孩落水的瞬间。然后我和室友就迅速跑过去营救,由于河岸是用水泥砌成的,又湿又滑,我直接顺着河岸滑进了水里。"

据刘浩回忆,他在滑进水里的瞬间,内心也是比较恐慌的,因为自己并不会游泳。但幸运的是,在滑到深水区之前他终于站稳停住了,并顺利救起了落水的小女孩。河岸斜坡上满是苔藓,非常湿滑,陈玉龙同学便赶忙去折岸边的芦苇,协助刘浩将小女孩营救上岸。由于情况紧急,他甚至没有觉察到自己的手已经被岸边芦苇划破。

而在小女孩被救上来之后,两人转身默默离去。为了表示感谢,家长几经辗转,在河南广播电视台协助下,终于找到救命恩人。女孩家长带领女孩怀揣着激动的心情向两位同学表达了深深地感激之情,并为他们送上锦旗。在现场,小女孩激动地飞奔扑入他们怀里,不停地说着"谢谢哥哥"。

  危急关头，刘浩和陈玉龙这两名同学毫不迟疑，英勇救人。他们用双手为素昧平生的人托起了生的希望，用热血传承了见义勇为的传统美德，用一颗温暖又勇敢的心传递着社会正能量，践行了社会主义核心价值观，为当代青年树立了榜样。

  "这是作为一个河大人应有的担当精神，我们也希望这种精神继续发扬，永远流传！"刘浩、陈玉龙表示。

整理／赵雪 张紫源 房子瀚

（2021年12月15日，发表于河南大学官微）

精选留言

  @茗念：这个冬天并不是很寒冷，因为暖心善举总在身边悄然发生。两个还略带青涩的河大学子，在营救溺水女孩时，却表现得足够勇敢与坚毅。1分钟的时间很短，却可以挽救一个鲜活的生命；1分钟的时间又很长，足以让见义勇为、心怀大爱的善行熠熠生辉。明德新民，止于至善！精神传承，铁塔学子重践行；凡人善举，河大青年勇担当！

@Kilig.：河大学子见义勇为彰显青春本色！！！

@Нехорошосмерть：铁塔牌，学弟们，为你们感到骄傲和自豪，作为河大一员，倍感母校越来越好。

文章链接

（含新闻视频，时长为 2 分 59 秒）

看哭！一封信的背后……

"亲爱的爸爸……虽然您不能再坚守岗位了，但是今天也是我在您生前工作单位做大学生志愿者的第15天。这十几天里，我走了您走过的路，迎着您吹过的风，深深地感受到您留下的气息……"

1月25日，河南大学学生陈思霖给父亲写下这封信，短短数语，倾注了对已逝去的扎根基层抗疫一线父亲的敬爱与怀念，感动了身边的所有人。

"到抗疫一线是纪念父亲最好的方式"

> 新闻中，我看到了我们的医护人员和基层干部志愿者前赴后继，为打赢这场没有硝烟的战役逆风而行，他们每天奋战一线的画面，时刻在感染着我。
>
> ——《给爸爸的一封信》

陈思霖是河南大学国际教育学院的一名大二学生，他的父亲生前是安阳市甜水井街道办的一名基层工作人员。基层工作繁杂琐碎，敬业的父亲忙起来有时连家也顾不上，疫情防控期间更是带病工作。在陈思霖看来，父亲就是一名英雄。去年12月20日，陈思霖的父亲因病去世，而这恰恰也是安阳疫情防控最紧要的关头。

在处理完父亲后事不久，陈思霖主动联系当地社区，到父亲生前工作的地方做了一名社区志愿者。"回到家后看到大家都在为家乡忙碌,我自己也想去做些什么。安阳目前疫情情况比较严峻,纵使悲痛,我也要到抗疫一线去,到父亲曾经工作过的地方,替他完成尚未完成的工作,也许这才是纪念父亲最好的办法。"陈思霖略显疲惫的眼神中闪过一丝坚毅,岁月因青春慨然以赴而更加静好,世间因少年挺身向前而更加瑰丽,这是信仰的力量,这是榜样的召唤,这是使命的传承。

"父亲如同一束光,为我指引着前进的方向"

> 您曾经的战友中,有几位叔叔头发已经很长了,那是因为忙了十几天没有回家;有的阿姨连孩子住院手术都没有去看一眼,每当他们在寒风中冻得一直跺脚,我更加理解了您的辛苦与不易。
>
> ——《给爸爸的一封信》

防疫工作对身体和精神都是极大的考验,冬日寒风凛冽,社区情况五花八门,最忙碌的时候早上四五点钟就要到达工作岗位上,搬运防疫物资、上门核酸检测、分发生活用品、清扫路面积雪……有时候连午饭都顾不上吃,没有几天,20来岁的陈思霖身体就有些吃不消。

因为难,所以基层工作才更加不平凡。在陈思霖的记忆里,父亲是共产党员,面对大事小事都没有喊过苦叫过累。每当看到防疫服务点高高飘扬的党旗,每当看到街道办的同事擦一把汗就投入新的工作,每当走过那熟悉的充满烟火气息的街道,看到邻里街坊的笑脸……陈思霖感到,所有的疲惫、所有的付出都是值得的,他认为父亲一直都在,从未离开。

我跟社区主任一起，挨家挨户为困难居民分发生活物资，我扛着一袋袋沉甸甸的蔬菜，搬到居民家里时，虽然很累，但当看到白发苍苍的老人，露出温暖的笑容时，我瞬间明白了大爱无疆的真正含义。

——《给爸爸的一封信》

陈思霖所在的卜府巷社区主任刘霞曾说："原本在我眼里，很多'00后'志愿者还是一群孩子……"后来，慢慢地，她发现陈思霖似乎不一样：不管是维持现场秩序还是装卸防疫物资，不管是入户核酸检测还是分发生活用品，只要她把工作交代下去，他说干就干，绝不拖泥带水。早7晚7按时上班下班，中午在社区吃方便面，到防疫执勤点上执勤，寒风里头带头铲雪清雪，冷得双脚乱跺也不喊苦。每次核酸检测，128户老弱病残孕都要上门去做，要求3个小时内必须完成，陈思霖累到腰酸背痛腿抽筋，一个"累"字也没说过……尤其让刘霞记忆犹新的，是几次去小区分发生活物资，"几十斤重的编织袋子，别人都是两个人抬，他一个人扛起来就走……"

"父亲如同一束光，为我指引着前进的方向。"在被问起未来打算时，陈思霖说道，"在经历了基层社区工作之后，我更想成为像父亲一样的人，继续为社区服务。"

"志愿活动沉淀了我生命的厚度"

"披星戴月，任劳任怨，这一点跟他爸很像！"陈思霖的妈妈张蕊，还没有完全从悲恸中走出来，"说实话，孩子很敬佩他的爸爸！尤其到父亲生前工作过的地方做志愿者这段时间，似乎让他一夜之间变得更加成熟。"

"他讲原则，是一个有理想有目标的人，是我们学习的榜样。"在朋友眼中，陈思霖是一个乐于助人、开朗乐观的人。在平时的交往过程中，会积极地帮助他人解决问题。陈思霖的同学们都很敬佩他在困难中还参加志愿服务的行为。

在写给父亲的信中，陈思霖这样说道："人生天地间，若白驹过隙，忽然而已，我们无法决定生命的长度，但可以决定自己生命的宽度，我参与志愿者活动的过程中，也沉淀了生命的厚度。"

迎风追光，延续父志。薪火相传，坚定信念将使命扛肩膀；使命接力，用双重爱擎聚城市之光。努力尽今夕，少年犹可夸。向阳而生，向光而行！让我们为陈思霖点赞！

整理/赵雪 张紫源 朱乐依

（2022年1月29日，发表于河南大学官微）

精选留言

@茗念:"人生天地间,若白驹过隙,忽然而已,我们无法决定生命的长度,但可以决定自己生命的宽度",陈思霖在这个与众不同的假期,用他的实际行动诠释了爱和责任,用他的担当传承了父亲的遗志,用他的莹莹之火汇聚了万丈光芒!这一刻少年成长为男人——给父亲写一封没有回信的信:您放心,您如一束光指引我前进!少年心事当拏云,谁念幽寒坐呜呃。"铁塔牌"的精神念于兹,生长于兹,传承于兹,让我们为迎风追光的"铁塔牌"学子点赞!愿疫情阴霾早日散去,愿春和景明人间皆安!

@帅:宽胸怀,有勇气,敢担当!优秀的青年学子,河大人的榜样!

@梦想参天:抗击疫情父子兵,薪火相传光亮长!

文章链接

百十学人：
彩云长在有新天

为大不易　厚道有加
——且说大师兄关爱和

去年5月是五四运动一百周年纪念，我也未能漏网，被逼着写了一篇小文《蒙冤的"大哥"及其他——〈狂人日记〉的偏颇与新文化的问题》，乃借机对鲁迅过甚其词的反传统论调和自以为是的立人之道有所反思。随后的8月，母校河南大学文学院召集高校近代文学研究生开办"中国近代文学第一届暑期青年讲习班"，也要我讲一次课。我对近代文学毫无研究，能讲什么呢？可是母校之命、师兄之令，不能不去。于是便拿这篇关于《狂人日记》的小文做引子胡乱敷衍一通。其中为"大哥"鸣冤时，却不由自主地提到了我的大师兄关爱和——

《狂人日记》那种写实与象征的分裂描写，那种宏大的新人学主题，尤其是对仁义道德的凌厉攻击，就把那个狂人的大哥给丑化了。其实我们看看，狂人的大哥并没有多少问题是吧？一个弟弟出了心理上的毛病，大哥还是尽心尽力地照顾他。可是小说却借助象征的写法，把那个大哥漫画化以至丑化了，隐含作者最后跟读者达成一种共谋，把那个大哥变成一个莫须有的吃人者，一个没有人味的封建家长，这真让大哥蒙冤了！其实，以我对中国传统家族和礼教的了解，包括我个人的生活经验，我知道这些描写并不具备普遍的真实性。中国传统文化尤其是儒学礼教，其实是很讲人情、很有人情味的，并不是人吃人的，比西方要好多了,有人情味多了,所以鲁迅对大哥的描写其实是不公道也不人道的。鲁迅自己也是封建大家庭长大的,他从小为什么那么孝敬,对弟弟们那么友爱呢?那都是传统文化教育出来的。可是,恰恰在鲁迅和周作人获得新观念、成为新人学的鼓吹者之后,两兄弟却闹得不可开交了,以至成为不相谋面的长庚启明,从此分道扬镳了。……其实,在中国大家庭里大哥最难当,大哥是要仁义的,我自己都能体会到啊。我常对关爱和老师开玩笑说,谁让你是觉新呢?我就是觉慧,我是师弟我就可以耍赖呀。他就一直让着我,一直照顾我,那是很有人情味的。你们能相信关爱和老师是一个吃人的封建大哥吗?绝不能那么说吧?我自己的亲哥哥也是一个仁义的大哥。鲁迅当然也是传统的人文观念培养出来的嘛!他是那么好的一个长孙长子长兄,那么负责任,那么孝敬,那么照顾弟弟,这不挺好嘛!你怎么在小说里把大哥写成那样呢?以莫须有的罪名与读者共谋,最后把这大哥糊弄成了一个吃人恶魔。我所谓"蒙冤的大哥",广义上是说整个传统文化都是蒙冤的,新文化人的批判是不公道的。同时他们提倡的那种新人学太简单化了,

是缺乏道德灵魂的新人学,那是有问题的。这是我借着评论《狂人日记》进而对"五四"新文化提出的一点小小的质疑。(《关于鲁迅、〈狂人日记〉与新文化的反思》,2019年8月19日晚在河南大学讲,许萌据录音整理,解志熙订正)

在讲鲁迅和新文化的严肃场合,我却说起自己的大师兄关爱和,这委实有点唐突。推究起来,我这样说,一则大概因为讲习班上要么是关师兄的学生,要么是读过他论著的外校研究生,便拿关师兄作为好大哥的典范,与苛严的鲁迅开个玩笑,活跃一下课堂气氛;二则关师兄刚从领导岗上退下就召集研究生开班论学,我们老哥俩因此得以重聚开封,真是分外亲切,而窃念鲁迅的仁义吃人、兄弟相害之论,或许是鲁迅当大哥当累了,想卸担子也未可知也。

关师兄则是永不言累的大哥,遇到他是我一生的幸运。我们初识是1983年。那年五一,正在家乡中学工作的我,突然接到河南大学的研究生复试通知,到校后接待我的就是关师兄。关师兄言语不多,却体贴地安排我寄居在研究生宿舍,省去了住宿费,每天带我去吃饭,领我去参

加复试……我相跟在他后面，对厚道的他很自然地信任，像在异乡遇到了大哥。复试完了，我不大自信，心想也许再无机会来开封了，默默准备回乡。关兄前来送别，不爱言语的他似乎无意地说了一句"任先生说小解基础不错"，那其实是让我放心。不久，果然接到了录取通知书，9月到开封报到，又与关兄聚在一起，从此成为永远的师兄弟。

说来，关师兄与我都是77级的大学生，只是他在河南读本科，我在甘肃读本科，真是有缘千里来相会啊。关师兄大我五岁，在77级同学中也不算大的，但他天生一副大哥心肠，并且家教又好，为人仁义谦和、稳重厚道，所以读本科时就是他们那个班的班长大哥。1981年底毕业时关师兄考上了任访秋先生的近代文学研究生，以后两年再没招生，所以任访秋、赵明、刘增杰三先生门下就他一个"独苗"。到我们这一届四个人1983年秋天入学后，同门多了，任先生才开起了专业课"中国新文学的渊源"。于是关师兄也便与我们四个师弟，加上从天津社科院文学所来进修的张宜雷兄和任先生的助手李慈健兄，七个人一块上课，从此朝夕与共。关师兄和李慈健、袁凯声三个原本就是本科的同班同学，加上我这个外省来的77级小兄弟，四个人尤其要好，稳重厚道的关师兄是当然的大哥。我是外地人，三位师兄对我绝不见外，尤其是关师兄与我性情颇为相契，很谈得来，他一直把我当弟弟看待。关师兄毕业留校后在校西门外分到一小套房子，他的小家在郑州，此间就他一人独居，我便常常去聊天，顺便也蹭蹭饭，有时晚了便联床夜话，谈论学术和人生，早晨则相跟着他到西门外喝羊肉汤。不待说，每次都是关师兄买单，我是只管吃的吃货，至今依然。此后多年来，小到衣食住行，大到恋爱结婚，关师兄都像长兄一样对我关怀备至，给我留下了难忘的记忆。

任访秋、刘增杰、赵明三先生与众弟子（前排右一为关师兄）

关师兄人如其名，是个特别温厚的暖男，从不摆师兄架子，偶尔的严厉，我也只经见过一次，那还是为了我的婚恋问题。我是个家乡观念很重的人，1990年读博结束后回到开封，想着工作几年略报河大和老师的恩情，就回甘肃兰州工作，好就近照顾老家，所以便回避婚恋，不想惹麻烦。这样拖了两年多，三十过头了，老师们不免着急，好性子的关师兄也看不下去了。有一天傍晚，他敲开了我的屋门，虎着个脸严厉地说：托人给你找了一个，已经在某某女老师家里等着了，你去也得去，不去也得去，再要推托，我叫了师兄弟们在门外伺候着，拉着打着也得让你去，你到底去不去？！见师兄发威，我哪能不去呢，只好俯首帖耳地跟着他去，想着敷衍一下就回来，没料到倒是与对方很有眼缘，交往了一年多，准备着成家了。关师兄那时已经担任了中文系主任，对我说："知道你穷，就派你出去讲一个月的自学辅导吧，可以挣三千元，系里再借你五千元，凑合着结婚吧！婚礼的事就别操心啦，我和李慈健看着办！"于是在两位师兄的操持下，我终于有了自己的小家，至今已二十五年矣。

在学术上关师兄更是为我们一帮小兄弟树立了好榜样。他出生于教师家庭，是地道的读书种子，读书好学深思，一马当先地走在前面，为学又宁静致远，很有耐性。在那时——20世纪80年代中期，思想解放、学术解禁已成为不可阻挡的大势，许多在过去不能研究的问题可以研究了；同时，崇尚新思维、热衷新方法的创新冲动，也日甚一日地激荡着学术界。这种解放和创新的热潮也传到古都开封的河南大学，让我们一帮年轻学子跃跃欲试。关师兄在学术上起步甚早，本科时期就曾撰写发表过关于柳亚子的学术论文，毕业后师从任访秋师，对近代文学以至于古典文学狠下功夫。他的硕士论文选择长期被否定的曾国藩及其影响下的中后期桐城派为研究课题，于是苦读桐城派古文，联系晚清时势演变和士人心态的变化，撰写出洞察中后期桐城派"文心""义法"与"辞章"之蜕变的出色论文，1984年末答辩时深受诸先生的赞许，其核心部分《桐城派的中兴、改造与复归——试论曾国藩、吴汝纶的文学活动与作用》，随即投稿于著名的《文学遗产》杂志，次年第3期就刊出了。这在当年的河大中文系是非常振奋人心的大事。其实就我所知，整个80年代全国的文学硕士生能在《文学遗产》上发表文章的，关师兄即便不是绝无仅有之特例，也是凤毛麟角之少数。但谦和的关师兄并不自得，他默默不动声色地继续拓展，此后广泛而且深入地探讨近代新旧体文学诸面向、各文体之难题，不断有扎实厚重的论作发表，让我这个师弟敬佩不已。

一马当先的关师兄，也不忘鼓励我这个小师弟在学术上努力奋进，更及时提醒我沉潜自制。那时见关师兄知难而上，我也向他看齐，选了一个比较难的题目——《中国现代散文化抒情小说的艺术优长问题》——做硕士论文，凭着一点阅读感受和刚刚学得的新理论新方法，胡乱鼓捣出了一篇冗长的毕业论文，心里其实并不自信，关爱和及袁凯声两师兄却鼓励我大胆投稿给《文学评论》。我觉得自己一个无名小卒投稿，人家不会看啊。关、袁两师兄就"慨尔慷"地激励我说："咱就是个无名小卒，投不中也不算丢人，你有什么好担心的！"于是，我在1986年6月末给《文学评论》投了稿，但估计人家不会看，所以只寄了简短的提要。随后，我也被留校工作，旋即又受刘增杰师之命北上参加博士生考试,于是借机在北图看了一个月的旧刊物,而将投稿的事完全忘在了脑后。7月末返回河大,准备回乡探亲,打开房门却见门底下塞进一封信。信是《文学评论》的编辑邢少涛兄写来的,他说看了我的论文提要,对其中分析抒情小说艺术的部分"感兴趣",希望"在《文评》上发表"。这完全出乎我自己的意料。信早已拆开了,是关师兄拆的——他知道我在外地,便替我收信,先我看到《文学评论》的薄薄回信,估计是用稿函,便拆开看了,信封的背面则是他谆谆的附函叮嘱——

小解:

不知何日归来,合作的文章前两部分在李慈健处,你务必将后一部分写好再回甘肃。我们八月中旬即回修改、打印,你不写好,前功尽弃,将失去一个好机会。务必不要被胜利冲昏头脑,写好后交给李慈健,我们回来后去取!

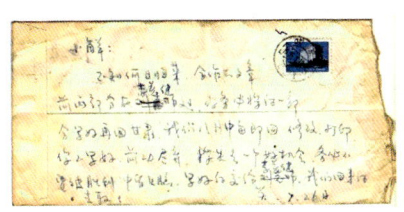

所谓"合作的文章",指的是关师兄、袁师兄和我三人6月间讨论合写的一篇关于中国近现代文学史分期问题的论文。那是因为1986年秋季中国社科院文学所要在北京召开中国近现代文学分期问题的学术研讨会,也接受了我们三个的选题,这对我们这样的外省青年学子的确是难得的"好机会",而文章只缺我负责的最后一部分了,所以关师兄再三叮嘱,希望我"务必不要被胜利冲昏头脑"——所谓"胜利"云云指的是《文学评论》的用稿和北上读博之事。那时的我是很可能被这些"胜利"消息弄得沾沾自喜的,幸好关师兄及时发出告诫,让我清醒下来。我一直保存着这个有他附函的信,今日翻出来重看,仍感念师兄的苦心。

这样的好师兄、好大哥，也只有中国的人文传统才会有吧，这是中国人的福分。并且，像关师兄这样的好大哥，对所有师弟师妹都是尽心照拂的——从20世纪80年代以来，河大近现代文学学科点走出了多少学弟学妹啊，关师兄则是迄今唯一长年留守看家的辛苦大哥！

然而，"为大不易"。比如，当大哥的就得宽容无赖的小弟，甚至像《狂人日记》里的大哥那样还得百般宽待发狂的弟弟。所以我去年在河大讲《狂人日记》里"蒙冤的大哥"时，就举了我自己如何无赖地为难关师兄的事例，说明大哥是多么难为。这里再摘引一段吧——

我没想到那个关于近现代文学史分期的合作文章，还带来一个更严重的后遗症。到了1987年的冬天，我的大师兄关爱和，那时候他已经出任河大中文系的副主任了，他叫我赶快从北京回河大来，有紧急事情。我回来才发现面临一个严峻的任务——为一本文学史写绪论。那时河大中文系邀请全国的学者编了一本《中国近代文学史》，任访秋先生担任主编，1988年由河南大学出版社出版，后来由中华书局重版了，现在又由河大出版社修订重版，你们应该都看过吧？那书的前面有一个很长的绪论。那就是关爱和、袁凯声和我三个年轻人不知天高地厚、自作主张写出来的。当决定要联袂写作之初，我不想参与，再三抵抗。可架不住两位师兄的"大义"劝说，只得从命。三人在河大商量出一个大纲，然后从开封来到郑州关爱和老师的家里，准备分头写文章，然后合改。我当时想伺机撒腿回北京，可是没有跑脱——关爱和老师说不行，你得把它写完才能走，我就故意刁难他，说那我就得吃黄鳝才写。1987年的寒冬腊月天，郑州市场上黄鳝很少，关爱和老师骑着一个破自行车，在全郑州跑了大半天，终于买到几条黄鳝，回来气愤愤地说："给你个吃货，做了给你吃，吃完就写文章！"我吃了黄鳝就没办法了，只得硬着头皮写。……勉强地写了几页纸，就撇下不管啦。你们看，当师弟、当弟弟有个很大的好处，就是可以在师兄和哥哥面前耍赖。我撒腿就走，把任务丢给了两位师兄，随你们怎么办吧！他们就辛苦地把这个文章完成，成为那个《中国近代文学史》的绪论。据出版后的反馈说，这个书受到好评，而最受好评的就是这个绪论。这侥幸得让我暗自惭愧，很不好意思啊，后来一直不敢提这个文章。（《关于鲁迅、〈狂人日记〉与新文化的反思》）

这其实还是小事。"为大不易"的更大难题是，作为当家大弟子、师门大师兄的关爱和，命定了不能像师弟一样自由任性而为，因为他上承着难违的师命——当专业的"守家人"，必须始终坚守在学科点上"当家理事"，为此他不得不付出牺牲个人生活和个人学术的代价。关师兄读硕士期间成婚，妻子在郑州一所大学工作，不久就有了宝贝女儿。按说，硕士毕业的关师兄是理应也很想回郑州与妻女团聚的，那时郑州也有大学欢迎他去。可是，正因为关师兄在学术上过于出色，他又是河大学科点的大弟子、大师哥，导师们理所当然地命他留在本系工作。关师兄虽然不很情愿，可他是个非常尊重师长的弟子，只能委屈自己，接受导师的安排，从此与妻女两地分居至今，独自在郑州与开封之间来回奔波近四十年。并且，关师兄弟兄四人中也数他最孝顺，所以父母三十多年前退休后就来开封依靠着他，他无法独善其身。

于是，作为孝子仁兄的关师兄只能负重而行。为了学科点和中文系的发展，他不得不辅助着导师、带着学科点去做大项目……集体大项目一个接一个，他的个人研究被压缩，真是苦不堪言；并且他又接连被任命为中文系的副主任、主任，直至河南大学的副校长、校长和书记，学术研究被行政事务严重挤占，在"官位"上的他其实寝食难安、备受煎熬。自然，在有些好上进的学人看来，一个学者如此被重视、被重用岂非大佳事？可就我所知，关师兄实在无心于此，他最想当的乃是一个单纯的学者教授，可是为了保护本学科的发展，老师们命令他去做行政，他不得不如坐针毡地处在那些位置上，而且从此"仕途顺利"。三十年来我一直从旁看着他"步步高升"地负重而行。如此这般，先是中文系（文学院），后来是学校各系科，几乎把一切棘手的人事问题都推到"关主任"、"关校长"、"关书记"那里，让他备受各种"考验"，苦心"安抚"各种人物。其实，作为地方院校的河南大学资源有限，僧多粥少，关师兄无论如何尽力而为，也不可能让每个人都满意，更不可能把什么事都处理得宜。如此负重难歇，实在非常累人啊。到2017年关师兄终于退下来，我也为他松了口气。

最感念的是关师兄对我这个师弟的决然放行。我得老实招认，看着关师兄负重累累，给我深刻的教训，我因此一直谢绝老师和学校的好意安排，而那时河大也很缺现代文学原始文献，这让我非常苦恼，于是在1994年5月接受了清华人文学院的邀约，准备河大博士点申请过了就赴清华工作。可是，稍后河大申报博士单位的时候，省里却只保省会的一所大学，让河大不要报。在这种情况下我心不自安，难以一走了之，只得放弃调离之念，电告清华人文学院的徐葆耕先生："此间事未了，请另找贤能。歉甚。"北京的师友知道了不免着急，有一天我甚至收到了老前辈樊骏先生促行的长信，恰巧关师兄在旁，也看了樊先生的信，于是陪我到医院边的小摊上喝酒聊天。见我默然无语，关师兄说："为了学科点，坚持几年吧！"后来河大的博士点在1997年末通过了，清华文学院又约我去工作，河大领导让我再等两年。如此等到1999年暑期，徐葆耕先生决意来开封与河大商量我的调动事宜，但此时河大的主要领导表示不便与徐先生见面。这让我很为难，不知怎么回答徐先生，只能求助于正在郑州度假的关师兄。他立刻回开封接待了徐葆耕先生一行。随后学校终于同意放行,让我在2000年初顺利办理了调离手续。新世纪初的一天,我在清华园接待了前来开会的关师兄。他对我说:"真希望也能像你一样,只当个老师和学者,安心做点自己想做的事。"我知道他说的是真心话,可此时的他已是河大校长,委实身不由己,所以我只能开玩笑说:"谁让我是觉慧,可以任性呀,还有大哥照顾,你是老大觉新,谁能放你呀,你总不能自己放自己吧!"

毫无疑问,学术才是关师兄的真心所爱。尽管多年来他一直庶务缠身,但此心从未动摇。记得2001年关师兄接任河大校长,我不免担心他从此疏远了学术,便建议严家炎师邀请他加入《二十世纪中国文学史》编写组,担任晚清民初文学史的主撰。严先生本来就很欣赏爱和兄的治学,欣然发出了邀请,关师兄高兴地接受了,说是借此可以不脱离学术。于是我们师兄弟又一起商略学术、斟酌文辞达八年之久,其间聚会讨论或互阅文稿,诚所谓疑义相与析,得意互欣赏,愉快与焦虑兼有,一如当年读研究生的时候。事实上,新世纪以来的二十年,关师兄长期担任着校长书记的职务,却从未放弃个人的学术研究,其治学且更为沉稳从容,每一两年总有重要的学术专论发表。举其要者,如《守望艺术的壁垒——论桐城派对古文文体的价值定位》(刊于《文学评论》)、《嘉道之际的文学精神与创作主题》(刊于《中国社会科学》)、《二十世纪初文学变革中的新旧之争——以后期桐城派与"五四"新文学的冲突与交锋为

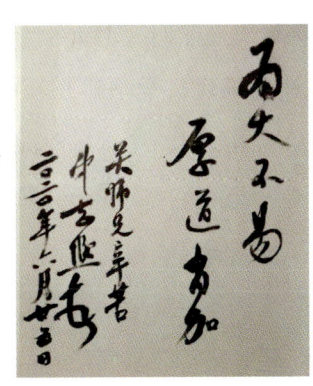

例》(刊于《文学评论》)、《义法说:桐城派古文艺术论的起点和基石》(刊于《文艺研究》)、《别创诗界的黄遵宪》(刊于《文学遗产》)、《梁启超与文学界革命》(刊于《中国社会科学》)、《同光体诗人的诗学观与创作实践》(刊于《文艺研究》)、《但开风气不为师——龚自珍的诗文与嘉道文学精神》(刊于《文学评论》)、《眼底人才倏新旧,苍茫古意浩难收——晚清古文大师吴汝纶的文化文学选择》(刊于《文学评论》)、《甲午之诗与诗中甲午》(刊于《文学遗产》)、《中国文学的"世纪之变"——以严复、梁启超、王国维为中心》(刊于《文学评论》)、《梁启超"新民说"格局中的史学与文学革命》(刊于《文学评论》)以及《晚清与"五四":从改良文言到改良白话》(刊于《中国社会科学》)……足见关师兄不仅没有疏远学术,而且更进一步更深一层了。我过去一直以为"勤靡余劳"地从事管理工作,便很难"心有常闲"地从事学术。其实事在人为——看来师兄还是师兄,我由衷地感到钦佩和欣慰。

最近,读到人大报刊复印资料《中国古代、近代文学研究》2019年第12期,打头的栏目收录了中国文学研究的回顾与前瞻之论五六篇,其中也有关师兄的《中国近代文学研究七十年》。这一系列文章大概是2019年5月中国社科院文学所召开的"中国文学研究70年"学术研讨会组织的吧。文章作者都是各学科各时段研究的代表性学者,所以多是高瞻远瞩的议论,显现出指点江山的理论高度和提点学术范式的热情。相形之下,关师兄的《中国近代文学研究七十年》则如一个当家老大哥细数家底一样,亲切地叙述了近代文学学科在新中国成立以来的艰难历程,热忱地评点了近代文学学科在新中国各阶段取得的重要成果和代表学人,而后欣然推介业已形成的近代文学研究基地,如北京基地、苏州基地、上海基地、广州基地的情况,对各基地不惜浓墨重彩地宣讲之不迭,而对自己所在的河南大学开封基地则着墨甚少,对自个的学术贡献几乎不着一字;最后,则是对那些准备"接着讲"的年轻一代学人语重心长地叮咛:"在近代文学学科确立、思想藩篱不复存在的新时代,我们需要阅读史料,更需要独立思考,我们需要大开大合的宏大叙事,也需要步步为营的细心考证;我们需要与其他学科共有的价值取向,也呼唤中国近代文学独特的学术话语。"是的,近四十年辛勤不息的学术耕耘,已使关师兄成为近代文学研究界当之无愧的学术大哥,并且也众望所归地接任了近代文学学会的会长,但谦虚厚道的他不可能也没有必要高自标置,而推心置腹地向学科同行细数家底,叮咛周至地鼓励年轻学人黾勉从事——这才是一个学科的当家大哥应有的态度。

关师兄今年64岁,这还不算老,且已从领导岗位上退了下来,正所谓"无事一身轻",而在学术上恰当成熟老练之时,则专心治学、一偿夙愿,是可以想见的。说来,以前的关师兄为了学科点的发展,一直领着大家做集体项目,个人的学术兴趣其实是自我压抑的,我常常为之惋惜。前不久,关师兄转来他的个人学术计划,决意集中精力探讨"晚清文学界革命与五四文学革命的历史关联"——这正是他的学术强项,而此前的集体研究往往让他难以尽兴,所以他如今打算尽一己之力来完成。对此,我举双手赞成。祝福关师兄,文章老更成!

文字 / 解志熙

(2020年7月15日,发表于河南大学文学院官微)

精选留言

@子是瑜:一口气读完解志熙前辈的文章,不知不觉泪流满面。为大不易,厚道有加。解老师对河大对师长对师兄的感情用朴素、真挚的语言娓娓道来,一气呵成,酣畅淋漓,不拖泥带水,不文饰夸张,用情至深,用心至真,用文至臻,堪为我辈楷模。作为开启新世纪的一届(2000级)学子,斑驳的铁塔已经深深地烙在我心灵的最深处,工作和生活中时时处处都有河大的印迹，铁塔牌也成为社会交往中一条无形的纽带。看着儿子正在成长，我甚至会想：自身本为河大人，生子继续读河大。身为河大人，向前辈们学习致敬；生子读河大，为继往开来接续！

@刘光耀：看了解老师的大作，方知关老师、关主任、关校长如此君子。当年关老师为我们91级讲近代文学史，朝气蓬勃，激情满怀。一别十几年，在河大百年校庆的资料上，看到关校长相片，人苍老得让人心痛，有点不敢相认，不敢相信。看了此文方知这苍老憔悴背后是什么，关校长为河大为学术付出太多！我在南粤衷心祝愿关老师身体健康！

 文章链接

亦师亦友亦长者
——我所认识的耿明斋教授

年前,王理博士从广州打来电话,说今年是耿明斋教授七十寿辰,他们几位同学想发起组织召开"耿明斋教授学术思想研讨会",想约我从其他视角写点东西,以利于更全面地了解耿教授。因为我和耿明斋教授的特殊关系,便欣然接受了任务。

首先,耿明斋教授是我的授业恩师。他1978年考入河南大学(当时校名为开封师范学院)政教系,后师从著名经济学家周守正先生攻读硕士研究生,1985年毕业留校任教。我是1983年考入河南大学(当时校名为河南师范大学)政教系读书,有幸成为耿老师的学生。他当时给我们年级讲授《西方经济学》课程,上课的地点就在明伦校区十号楼。特别要提出的是,我们这届学生是耿老师留校工作后教授的第一届学生。我毕业后,留在学校人事处师资科工作,因为工作原因,我和耿老师交往颇多。

同时,耿教授曾经是我工作中最亲密的搭档。2004年4月,经组织安排,我出任经济学院党委书记,和时任院长的耿明斋教授一起,共同负责学院的建设与发展。我们朝夕相处,精诚团结,并肩战斗,密切配合,共同见证了学院的快速发展和质量提升。几年间,经济学院在党的建设、思想政治工作、人才引进、师资队伍建设、学位点建设、学科发展、学术交流、校企合作、服务地方经济社会发展、对外开放、内部管理、学院文化建设等方面都取得了突破性的成绩，跻身于国内地方综合性大学经济学科的第一方阵，在省内高校中始终处于领先地位。

光阴荏苒，日月如梭。世界上最宝贵的东西就是时间，你无论花多少金钱都无法把它留下。转眼，我离开经济学院已经十个年头了，期间又调整了三个岗位。不知不觉，我也到了花甲之年，已临近退休。耿老师大我十二岁，今年已经是古稀之年。想起最初他给我们上课时风华正茂、侃侃而谈的情形，想起那时才过而立之年的他和大学时代青春年少的同学，不由得心生感慨：是谁把流年暗换，转眼便是三四十年！离开经济学院后的近十年中，虽然我很少回去，但视线和情感从未离开。闲暇之余，我常常思考和回忆与耿老师合作时的经历与成长、付出与收获、成功与喜悦。

作者与耿明斋（左）合影

在经济学院与耿教授相处期间，我们的合作是默契的、愉快的，在涉及学院发展的一系列问题上，我们的认识也总是一致的。虽然有时候也有分歧和争论，但我们两个从没有因为工作红过脸，伤过感情，往往是经过坦诚沟通和充分讨论交流，最终会达成谅解与共识。因此，我总觉得那段时间过得特别快。得益于有一个团结和谐的领导班子，有一个充满民主、平等、宽容的人文环境，河南大学经济学院在很短的时间内快速发展，各项事业蒸蒸日上。曾经有很多人问我，为什么和耿院长配合那么好？为什么经济学院发展那么快？其实这些问题不难回答，一方面是因为耿教授是我的授业恩师，我像对待长辈一样尊重和爱戴他。更重要的方面是他对学院建设发展的科学判断，对学科和专业建设的深谋远虑，对师资队伍建设的坚定态度和对学生成长成才的培养理念，以及对融入国家和地方重大发展战略、服务地方经济社会发展的宏观布局等。例如，当时他力排众议，大规模引进青年博士人才，不惜重金投入学位点建设。刚开始大家觉得不可思议，但随着后来学院发展不断加快，大家也纷纷点头称赞。可以说，是耿明斋教授以前瞻的眼光、独特的判断和果断的措施，为经济学院后来的发展赢得了重要的战略机遇期。

与一般的大学教授相比，耿明斋教授无论是在业务工作、管理工作还是为人处世方面，都具有独特的个人魅力。细细梳理起来，我对以下几方面的印象特别深刻。

耿教授是一位具有超前战略思维的大学院长

担任河南大学经济学院院长期间，耿教授十分重视谋划学院发展战略，先后在开封、濮阳等多地召开"经济学院发展战略研讨会"，邀请学校领导、相关职能部门负责人和省内外同行专家，与学院副高职称以上教师代表坐在一起，就学院发展的重大问题不断碰撞思想，启发智慧，形成共识，凝聚力量。面对发展规模小、力量弱的现实，耿院长果断提出了"做大做强经济学科，服务地方经济社会发展"的大胆设计。经过十多年的发展，学院教职工队伍已经达到140人左右，本科专业由2个增长为6个，获得了经济类全部的一级学科硕士点、2个一级学科博士点，

3个博士后科研流动站,本科生数量多年位居全校专业学院第一位,达到了3400人左右。与此同时,在学校的支持下,与河南省人民政府研究室、发改委联合成立"中原发展研究院"。时任省长的郭庚茂同志来校揭牌祝贺。目前,中原发展研究院已发展成为雄踞河南、辐射全国的高端智库。

耿院长重视提高广大教师的科研积极性,营造浓厚的学术氛围,树立学术标杆,提出"崇尚学术,尊重学人"的口号,并号召大家向周守正、许兴亚、于金富、宋丙涛、彭凯翔、郑祖玄等老中青学术领军人物和学术骨干学习,把学术标准作为最高价值标准,给学人以最高的尊重和地位。经过十余年努力和积累,经济学院的科研工作后来居上,在全校各学院中的排名一直位居前列。

不同学科之间如何协调发展顺序,如何合理分配资源,面临着个体利益与集体利益的选择。这也恰恰是最能考验院长胸怀和格局的地方。当时,经济学院拥有理论经济学、应用经济学、统计学三个一级学科。其中,在周守正、许兴亚两位先生的苦心经营下,理论经济学奠定了很好的基础,是改革开放后全国第一批政治经济学硕士点,在全国影响力较大,并已有政治经济学二级博士点。应用经济学也拥有区域经济学二级博士点,拥有一批年富力强、学术基础较好的中青年才俊,在改革开放浪潮下,应用经济学科得以快速发展,经济社会发展急需相关学科人才。而统计学科人员最少,基础最弱,还需要和数学学院联合建设。面对这种情况,为统筹协调三个学科的建设与发展,耿院长提出了"多元发展、合作共赢"的学科发展思想,倡导、鼓励三个学科交叉融合,合作共建。在全体教师的共同努力下,经过十余年的密切配合,三个学科之间优势互补,齐头并进,先后都获得了博士学位授予权和博士后科研流动站。

耿教授是一个善于抓大事、抓主要矛盾的大学院长

他在任期间，河南大学经济学院取得了许多突破性的成绩。在学院各项工作中，他最重视人才引进。他经常说，办大学，最关键是要有一流的师资队伍。有了一流的师资，科学研究、平台建设、学科建设都会发展起来。他对人才的评价判断和选拔使用从来都不拘一格，重在考察其学术水平和专业态度，这从引进海归博士齐玲女士和青年学者彭凯翔先生就可见端倪。那些年，尽管经济学博士十分抢手，引进难度很大，经济学院还是接收了几十位博士，其中，一些博士其实是被耿院长求贤若渴的诚恳态度所打动才选择了河南大学。目前他们大都晋升了高级职称，成为学院发展的中坚力量。另外，耿院长十分重视学术交流。当时，经济学院每周都有不止一场名家学术报告，曾经邀请到北大的刘伟，清华的蔡继明，人大的卫兴华、林岗、袁卫，南开的洪银兴，武大的顾海良，厦大的庄宗明，西财的刘锡良，中国社科院的程恩富、王振中、刘迎秋、高培勇、张宇燕等大批国内著名的经济学家，在学院举办学术研讨会或进行学术报告，使广大师生开阔了学术视野，激发了研究兴趣，明确了学术方向，与国内著名高校和研究机构建立了广泛的学术联系，在学院营造了浓厚的学术氛围。

耿院长高度重视科研工作，始终强调科研工作是高校教师发展、学院学科建设最核心的竞争力。当时，作为新建的学院，经济学院引进了一大批年轻教师。针对这种情况，耿院长高度重视对青年教师科研兴趣的培养，想方设法提高他们的科研积极性。每年申报国家社科基金项目，他都亲自动员，亲自组织，经常帮助年轻教师论证选题，修改申报书。在他的带动下，经济学院当时申报国家社科基金项目的人较多，加之重视前期论证，对填写材料精益求精，所以每年都会获批国家社科基金项

目，最多的一年好像是获得七八项，在全国高校经济学院中名列前茅。耿院长还经常邀请《经济研究》《经济学动态》《财政研究》《金融研究》等国内经济学权威期刊、中国社科文献出版社等出版社的主编、副主编、编辑来学院讲学，帮助青年教师遴选科研题目，规范学术方法和科研路径。受此影响，广大青年教师的科研水平迅速提高，不少人陆续获批国家级科研项目，在A刊或B刊上发表了学术论文，进步很快。

学院通过引进大批青年才俊，加强师资队伍建设，营造浓厚的学术氛围，建立广泛的学术联系，广大教师的科研水平日渐得到提升，产出了一批高质量的科研成果。那几年，经济学院发展可谓捷报频传：相继收获三个一级学科硕士点、两个一级学科博士点、三个博士后科研流动站，还获批了教育部经济学专业人才培养模式国家级创新试验区。学院一系列突破性的成绩，在全国地方高校经济学科中产生了较大的反响。实践证明，耿院长关于学院建设发展的一系列思想理念、办法措施是科学的、合理的，更是管用的、有效的。

耿教授是一位真正能够打通政、商、学三界的大学教授

耿教授不是一个死读书、读死书的人，而是一个十分重视社会调查、坚持以问题为研究导向的经济学专家。在考入大学之前，他曾在老家担任过生产队长，对中国的"三农问题"有深刻体察，所以几十年来他的学术兴趣和研究领域始终聚焦于农业的工业化之路、农村劳动力转移、城市化建设、城市群发展等方面的问题。他多次组织师生，利用暑假进行"千村万户"农业调查，得到各级政府和社会的关注与好评。他为省、市、县各级政府提供有价值的理论政策咨询，被省政府及多个城市聘为经济社会发展理论顾问，是各级政府信得过的理论咨询专家。

加强校企合作，广泛与企业家打交道，为企业发展提供理论政策咨

询服务，为学院发展争取外部资源。当时，宇通客车集团总裁汤玉祥先生、肯同国际集团总裁宋海聚先生、深圳海王生物总裁刘占军先生、中国工商银行河南省分行刘卫星行长等一大批企业家、金融业高管，都是经济学院的常客和兼职教授。他们与经济学院签订合作协议，设立奖学金和研究基金，资助学术活动，并为师生提供调研、参观、考察和实习机会。通过加强校企合作，促进产学研结合，使经济学这个应用性极强的学科始终和经济社会发展深度融合，开阔了师生的视野，服务于经济社会发展的现实需要。

和学术界同行打交道，耿教授更是得心应手，游刃有余。十余年的院长经历，让他在全国的经济学院、经济学科的知名度、影响力甚至都超过了学校本身。我们曾多次外出拜访同行，一些经济学界的前辈泰斗，如宋涛先生、卫兴华先生、谷书堂先生，听说耿院长来了，再忙也要高兴地见面聊一聊，十分关心地询问河南大学经济学科的发展情况，并表示给予全力支持。有一次，我们邀请对外经贸大学副校长林贵军教授来校参加学术活动，他竟然亲自驾车沿大广高速直奔开封，让我们倍感意外和激动。耿院长当即安排时任副院长的宋丙涛驱车到濮阳迎接。双方相见甚欢，传为佳话。河南大学经济学院那些年得以快速发展，得益于耿院长营造了一个在全国范围内友好相助的经济学人朋友圈，让全国的同行专家对我们经济学院高度认可，进而对学院的发展给予大力支持和帮助。

耿教授是一位没有烦恼、不知疲倦、永远在路上的优秀学者

他始终特别勤奋，惜时如金，总是有干不完的工作。他总是在完成一个重要任务后，来不及休息就又开始考虑下一个目标。在紧张的节奏中，他忘却了工作中遇到的困难和问题、失败和挫折、麻烦与苦恼，总

是精神饱满、信心十足地投入到工作当中。

我曾经问他："耿老师，工作这么忙，困难这么多，你有没有烦恼，觉不觉得疲倦？"他哈哈一笑，轻描淡写地说："过去的就过去了，想那些有什么用呢？"正是靠着这种积极乐观、豁达开朗的性格和敢想敢干、知难而上的勇气，他带领全体师生，以十多年坚韧不拔的努力，使经济学院由小到大、由弱到强，从省内走向全国、全世界，各项事业均取得了巨大成就，在全国高校经济学科激烈的竞争中脱颖而出，走在前列。

耿教授于2013年1月卸任经济学院院长，仍担任中原发展研究院院长。他把办公地点搬到中原发展研究院，将更多的时间和精力转移到对河南及周边省份经济社会发展问题的研究上，就郑汴一体化发展、中原城市群、中原崛起、河南小城镇建设、中原经济区建设进行系统的研究。他带领中原发展研究院，为省委、省政府制定河南经济社会发展战略、调整产业结构提供了理论依据和科学咨询，中原发展研究院也迅速成为在全国有重要影响的高端智库。

几年后，耿教授倡导发起了"两宋论坛"，旨在促进开封和杭州两市经贸和文化交流，首期便组织得风生水起。自此，从杭州到开封，宋代两个古都南北呼应，同气连枝。"两宋论坛"的举办，引起了杭州和开封两座城市党政领导的高度重视，每届都有重要领导参加，不仅深化了开封与杭州的经济文化交流，也推动了河南与浙江的多方面合作。前不久，通过关注耿教授开通的微信公众号"明斋观察"，才了解到如今的他兴趣更加广泛，视野更加开阔，关注的领域更加多元。他不仅在经济研究方面成果丰硕，而且对人类文明演进、世界历史发展等颇有心得。河南省十一次党代会召开后，他很快便对会议提出的河南发展十大战略进行了系统的理论解读。

耿明斋教授生于河南，长于河南，是土生土长的河南人，是河南大学培养成长起来的经济学家。他的经济思想和理论思考，深受中华民族传统文化和中原文化的浸润与影响。

作为一位具有独立思想的学者，他无时无刻不在思考，从不人云亦云。无论在任何人面前，他始终不卑不亢，永远充满自信。他以高度的责任感、使命感和紧迫感，用自己的理念、智慧和能力，把河南大学经济学科带上了一个高峰，创造了学科发展的奇迹。作为耿教授的学生、同事、战友和搭档，我发自肺腑地敬佩他。

祝耿教授身体健康、工作顺利、阖家幸福！

愿耿教授思想之树常青，理论之树常青！

文字 / 李庆春

（2022年3月3日，发表于河南大学官微）

 **精选留言**

@王牛：2004年入学的我在读老师的文字时，回忆也涌上了心头，熟悉的名字，熟悉的场景，经济学院阶梯教室的讲座也是时常去听……跟您一样感慨一声，是谁把流年暗换，眨眼间离开经济学院已经14年了，不变的永远是看到听到母校的人和事的激动和感慨，祝福耿教授，祝福李书记！

@霞光：读到老师的文字，娓娓道来，情真意切，温暖而感动，老师和蔼的笑脸闪现在脑海中。学高为范，德高为师，高尚的师德本身就是一本好的教科书，想念老师，感谢老师，祝福老师！

 文章链接

中原学人风格的典范

——我心目中的耿明斋教授

初次认识耿明斋老师大抵上是在1987年下半年,当时我在濮阳做监考工作。有一天晚上,耿老师几人到我们住的地方看望我们几位年轻老师,以示慰问。当时并没留下什么印象,只记得有人介绍说耿老师是学校为数不多研究生毕业后留校的老师,我对他的崇敬之心油然而生。我们不在一个工作单位,接触的机会并不多,却常能听到耿老师的事迹。直到20世纪90年代末学校将我们几个经济管理类的系所整合成立经贸管理学院,耿老师出任副院长,我们的接触机会开始慢慢变得多起来了。

经济学思想

1. 开阔的经济学思路

耿明斋教授师从我国著名的资本论专家周守正教授,受到过严格的马克思主义经济学训练。然而耿明斋教授不囿于既有的专业学科知识、见解和研究范式,不断学习新的经济理论,具有更为开阔的社会科学理论与应用研究视野。作为马克思主义经济学的正宗学人,他尤其注重西方经济学也就是后来流行的现代经济学的学习与研究,这使得他的经济学理论功底十分宽厚,分析社会经济问题的视角也更为开阔，为他后来研究中原经济社会问题，尤其是创立中原崛起理论打下坚实的基础。这种不囿于先入为主的学人素养弥足珍贵，尤其值得我辈学人学习与敬仰。

2. 学以致用的经济学思想

"经济学是致用之学"，这是耿明斋教授的经济学座右铭。20世纪八九十年代以来，中国社会一直处于转型过程之中，区域经济社会的发展出现一些新问题，由此而派生中央和地方政府政策制定、实施路径等诸多现实需求。这些问题涉及体制、历史和现实等诸多方面，研究颇具挑战。而耿老师不畏险阻，深入社会前沿调查研究，独辟蹊径进行思考，常有创新实用政策建议呈现于世人。郑汴一体化方案、中原城市群建设与中原崛起政策建议等就是很好的例证。

3. 倡导"百花齐放，百家争鸣"的学术精神

经济学研究领域繁多，方法不一，彼此之间难免存在差异与争论，耿明斋教授在坚持自己的学术观点、研究方法和研究领域的同时，还常常以欣赏甚至学习的态度来看待一些不同的经济学研究方法和理论流派，倡导"百花齐放，百家争鸣"的学术精神。

学院治理

1. 不拘一格，访贤求才

学院学科发展，人才始终是第一位的要素。2001年，新成立的河南大学经济学院人才发展遇到诸多瓶颈。耿明斋教授临危受命主持大局。他上任伊始就提出"崇尚学术、尊重学人、多元发展、和而不同"的办学治院理念。经过认真思考与调研，他提出"做大做强"的经济学院发展战略，即先做大，然后做强，目标是进入国家一流经济学院行列。为了实现这个目标，耿老师不拘一格，广招贤才。

齐玲博士的加盟就是一个很好的例子。两人是在机场偶遇结识的，从日本留学归来的齐玲，为耿老师干事创业的真诚、热心和理念所打动，欣然接受耿老师的邀请，加入经济学院团队。她学术功底深厚，倾心学术，为人单纯，作为引进的第一位海归博士，她的加入迅速改变了学院的学术视野与学科结构，对于学院的学术发展，尤其是对于博士学位点建设具有突破性的里程碑意义。

彭凯翔教授的延聘则是另一个绝佳的案例。彭凯翔是北京大学肄业的博士研究生，学术功底扎实，研究特点鲜明，学术人品俱佳。但是由于特殊的原因，他没有获得博士学位，只想寻找一个适合其做学问的单位工作。耿老师得知此事后，没有因为他的学位问题而犹豫不决，而是迅速向学校汇报情况，为他争取特殊的工作环境和待遇，吸引他加盟入职河南大学。事实证明，彭凯翔教授的引进对经济学院的学术研究和学术氛围的构建，对河南大学学术影响力的提升产生了重要而深远的影响。彭凯翔教授关于中国传统社会市场经济与组织结构的研究奠定了中国近代市场经济史研究的基本框架，获得了国内外学术界的一致好评，极大地提升了经济学院的国际学术影响力。

2. 重点突破，均衡发展

除人才问题外，面对学院发展错综复杂的各类矛盾，耿老师主要做了以下几个方面的工作。

第一，以博士点建设为重点，各学科均衡发展。尽管历史上河南大学经济学科独领风骚，但由于固守既有的专业学科领域，对新兴学科跟踪不紧，学科建设逐渐呈现落后趋势。耿老师整合全校资源，首先健全了一级学科硕士点。在建设博士点时，耿老师通过仔细分析国内的博士点建设形势，尤其是分析了省内学科现状和学位点建设的战略布局与发展趋势，结合我校当时的相关学科支撑等校情，提出河南大学经济学科博士点先在应用经济学领域进行突破，然后带动其他学科的发展的观点。实践证明，耿老师既具有战略眼光，也同样具有高超的战术能力，使得学校的经济学科博士点建设，从应用经济学一点突破，到全面开花、欣欣向荣的局面。

第二，提升待遇，稳定人心。耿明斋教授除了操心对教授、博士们的工作、学术和生活安排照顾之外，在他们的晋职提升方面也可谓是关怀备至。像齐玲、彭凯翔这样的特殊人才，尽管研究水平很高，学术影响很大，但是按照既定的途径进行评审排序难免会有一定争议。耿老师力排众议极力向学校推举学术水平真正优秀的人选，采取灵活多样的办法来解决他们的职称与待遇问题。这些做法不仅得到了学校的认可，而且也对学校后来的职称评审改革产生了深远的影响。他还曾积极斡旋学校，开拓市场，多方奔走，与政府部门、企事业单位进行不同层次的横向联合人才培训与培养，大幅改善了经济学院的经济状况。

第三，建立健全科研奖励政策。经济学院的学术研究以往都是自发的，几乎没有任何组织，更没有任何制度性保障。这就导致研究完全依赖于个人兴趣爱好，研究方向零星分散，团队能力不足，学科专业凝聚力不强。耿老师组织大家讨论凝聚专业研究方向，成立若干个研究机构，制定有关科研管理与奖励办法，极大地刺激了教师们的合作研究积极性，浓厚了学院的学术研究氛围。

3. 用人选人的领导艺术与历史担当

付雪成当时是经济学院的主管教学副院长，工作勤勤恳恳。但是由于学院教学任务十分繁重，加之相当数量的年轻教师在外攻读博士学位或进修学习，导致有时候教学工作很难均衡安排，任务较重的教师时有怨言。耿老师不仅亲自做有关教师的工作，减轻教学院长的压力，而且调整政策，加大对教学工作的政策倾斜力度，提高教师授课的积极性。更有甚者，他在不同场合公开地讲："学院可以没有我，但是离开付雪成，学院将无法运行。"这给擅长教学管理工作的付雪成以极大的精神鼓励与慰藉。

2012年，按照规定年届六旬的耿老师要退居二线了。耿老师主政河南大学经济学院十余年，将学院带到了一个空前的高度。但是在既有高水平的平台之上，如何夯实经济学院内涵发展的基础，迎接更高更大的新的一轮竞争与挑战，新院长人选无疑成为关键。后来耿老师他们极力推荐宋丙涛博士做院长，我心头一震："丙涛还不是教授啊！"但随后我就明白耿老师他们的苦心了。除去学术领导力需要在今后的工作中进行检验之外，其他条件丙涛博士一样不缺，而且还具备弥足珍贵的学术纯粹品格，经济学院后来的发展说明了一切。耿老师和他们这一届的领导班子的历史责任感彰明较著。

为人处世二三事

1. 容人之心的耿老师

大抵是1999年，我刚刚当上副系主任（副所长）就参加了学院领导召开的有十人左右的小型会议，会上就某一个问题争执不下。由于是第一次参加这样的会议，我认真听取每一方面的意见与看法，尽管有自己的判断与看法，却一直没敢发表。最后实在是忍不住了，抽空准备发言，却被反驳打断了。当时还是副院长的耿老师却坚持说道："还是听新顺讲完再说呗。"于是我按照所学的数学逻辑范式整理了一下自己的思路，尽量完整地表达了自己对该问题的判断与处理办法。讲完之后自我感觉额头上有些许虚汗冒了出来，很紧张地等大家的批评。会议一阵沉默之后，还是耿老师打破了平静说道："看来刚才我们都忽视了这一点……新顺讲得很有道理，我看就按新顺的建议处理这事会好些。"这一幕不时出现在我脑海中，鼓励我要大胆地讲出自己的看法。不论别人如何看待，做好自己最为要紧。

2. 有思想、有方法的耿老师

中国的大学就是一个小社会，除了纯粹的人才培养和学术研究之外，还涉及许多社会性事务与问题，而后者往往令学校非常头疼。宋纯鹏校长是国际知名的生物学家，在一次谈到学术研究与社会实践及学校管理等问题时深有感触地讲："中国的大学管理非常复杂，涉及方方面面，需要全才才可胜任。我们不缺乏能说会道有思想的人，缺乏能将理论思想变为现实的操盘手。耿明斋老师做过生产队长，读过研究生，培养过博士，执导过企业股份制改造，经常到社会基层考察调研指导工作，是不可多得的理论与实践能力全才。我们学校这样的有思想有方法的专家太少了！"

补记

耿明斋教授出生在中原，生长在中原，事业起步于中原，发展于中原，所从事的主要研究也是基于中原，可谓是为数不多扎根于中原并研究中原问题的本土著名经济学家。尽管耿教授在全国经济学领域具有很高的影响力和知名度，但我还是愿意将本文命之为《中原学人风格的典范——我心目中的耿明斋教授》。今年是耿明斋教授从研从教四十周年，谨以此文以示纪念。

文字 / 赵新顺
（2022年3月7日，发表于河南大学官微）

 精选留言

@茗念：耿明斋教授对于学院发展的超前视野，对于治学办院的不知疲倦，对人才培养的热诚支持，带领河南大学经济学科乘风破浪，

一往直前,创造了经济学科发展的奇迹。如今的他年近古稀,依旧兢兢业业,永远在前进的路上。对于这位"中原学人风格的典范",我们怀着敬佩之心!祝耿教授,古稀之年,松鹤长春!点赞河南大学师者!!

文章链接

数学大师河大情

陈景润先生是中国著名数学家、中国科学院院士。1953年7月厦门大学数学系毕业，先后在北京四中和厦门大学任教。在华罗庚先生的奔走努力下，1957年10月调入中国科学院数学研究所。1973年发表了（1+2）的详细证明，被公认为是对哥德巴赫猜想研究的重大贡献。1981年3月当选为中国科学院学部委员（院士）。1996年3月19日在北京去世，年仅63岁。2019年9月25日入选"最美奋斗者"个人名单。陈景润先生生前情牵河大，非常关心河南大学数学学科的发展建设，并给予学校大力支持和无私帮助。

1978年1月，《人民文学》发表了著名传记文学作家徐迟先生的长篇报告文学《哥德巴赫猜想》，文章详尽描述了陈景润先生不畏艰苦，勇攀科学高峰的先进事迹。随后，《人民日报》《光明日报》破例用三大版的篇幅转载了这篇文章。中国大地迅速刮起了"陈景润旋风"，他成了科学的代名词。科学家一夜之间成了最时髦的职业,"学好数理化,走遍天下都不怕"的俗语挂在人们的嘴边。陈景润先生的美名飞扬神州大地,几乎家喻户晓。

为加强对河南大学教学、科研工作的指导,1983年10月16日,中国科学院数理部学部委员、国际著名数学家陈景润先生应邀到河南大学讲学,并被聘为该校名誉教授。这位数学家的到来,轰动了校园内外和整个开封城。人们都想争先目睹先生的风采,亲耳聆听先生的教导,深入了解先生的事迹,学校也准备盛情接待一番。然而,这位令全球瞩目的数学家,却有一颗超乎寻常的平常心。他注重实际,珍惜时光,讨厌俗套。陪同陈景润先生来校访问的中国科学院计算数学研究所张锦文教授解释说,陈教授不善社交,这次接受河南师大(河南大学当时的称谓)邀请时,就定下了三条:一不住宾馆,二不参加宴请,三不会见新闻记者。这样做一是为国家节约开支,二是节省大家的时间。这也是他长期以来的作风,据说在国外讲学期间,他节衣缩食,将节省的外汇上缴国家,在国内出差坚持不坐软卧,不住宾馆,不参加宴请。

为维护陈景润先生的"约法三章",学校负责接待的同志真是左右为难。厉兵秣马,摩拳擦掌,准备全方位宣传报道盛况的校报记者们也因"不会见新闻记者"这条犯了大愁。在河南大学访问期间,陈景润先生真的没住宾馆,连招待所也没去,就住在学校小礼堂的会客厅里,吃饭就是简单饭菜,有人专程给他送去,陈教授本人对此却很是满意。他说:"反正得得罪一次人,不过这样做很有必要,大有好处。"他的"约法三章"使不少来访者吃了闭门羹。著名拓扑学专家、河大数学系刘亚星教授当时说:"为中国科技事业捍卫他的时间。"张锦文教授也说:"陈景润的这个坚决措施我们支持,坚决捍卫。"

刘亚星教授是张锦文教授的老朋友,为尊重陈教授的"约法三章",就取消了学校的宴请和校报的人物专访,改由他出面请陈、张二位教授一起到家中吃顿便饭，以示欢迎之情。陈景润先生开始对这"到家吃便饭"的说法也坚决反对，好像过去曾上过当似的对张锦文教授说："什么便饭，其实比在美国吃得还好。"张教授忙解释道：河南人比较实诚，说一是一，刘教授热情相邀，咱就去家里吃碗家常面还不行吗？最后陈景润半信半疑地说：那好吧，就吃碗家常面。在刘亚星教授准备的家宴上，陈景润先生除尝了几片莲菜外，真的就只吃了一碗家常面。饭后他连声说："好，好，这顿面条好！河南师大的同志办事实在，守信，我喜欢。"此后，先生在河大期间说话做事的确少了几分戒心，多了许多信任和理解。

10月17日下午，陈景润先生在河南大学大礼堂做了一场组合数学的学术报告。据当年有幸到现场聆听报告的老师们回忆，报告会吸引了校内外大量热情的听众，大家争相目睹国内最闪亮的学术明星，大礼堂人山人海，座无虚席，真是一票难求。报告会结束后，学校领导意犹未尽，又安排数学系的部分教师及相关人员和陈教授一起召开座谈会。在热烈的发言中，与会同志谈道：河南地处中原，人口有7500多万，土地有16万平方公里，竟没有一个学部委员，也没有一所全国重点高校！我国数学学科学术刊物很少，一般数学期刊发表的文章又要引证大量文献资料，使不在京沪的学者查阅资料很不方便……陈先生听后非常同情地说：要振兴中华，首先要振兴中原。他还主动提出，要酝酿创办一个全国性的数学期刊，主要发表"自封"式的文章。

经过陈景润先生及各方面一年多的积极努力，1986年，一本名叫《数学季刊》的综合性数学专业期刊在河南大学正式创刊（我国数学界委托河南大学承办）。1986年初，陈景润先生再次莅临河大，参加了在学校小礼堂举行的《数学季刊》编委会首次会议。该编委会由名誉主编华罗庚院士、苏步青院士、吴文俊院士和程民德院士，名誉编委丁夏畦院士、谷超豪院士、潘承洞院士、王元院士、冯康院士及陆启铿、龚升、王梓坤、吴祖基、张广厚等著名数学家组成。陈景润院士为首任主编，副主编刘亚星教授、张锦文教授，编委由李大潜院士、李邦和院士、张景中院士等40多位数学家组成，河南大学孙荣光教授担任编辑部主任。《数学季刊》以推进数学研究、介绍和刊登国内外创造性研究成果、指导青年数学工作者进行数学研究为宗旨，登载具有创造性的研究论文、研究简报和专题研究综述等3类文章。

从1994年开始，《数学季刊》进入中国北京图书馆核心期刊，是较早进入核心期刊的数学刊物之一。《数学季刊》是美国《数学评论》、德国《数学文摘》、俄罗斯《文摘杂志》，以及国内的《中国数学文摘》《中国科学文摘》《中国科学引文数据库》等的文献源或源泉期刊，影响因子逐年提高。1996年以前该刊一直是中文核心期刊，改为全英文版后，成为国内出版的外文类核心期刊，在数学类科技期刊中一直占有十分重要的地位，对促进数学成果交流，特别是对促进河大对外学术交流，提升河南大学知名度、美誉度起到了重要作用，对加强河大数学学科的发展建设做出了应有的贡献。

另外，为提高河南大学数学学科师资队伍的学术水平，学校曾经将基础数学专业85级研究生王天泽同志选送到中国科学院数学研究所，跟随陈景润先生攻读硕士学位。1988年6月硕士毕业后，王天泽继续跟随陈景润先生攻读解析数论方向博士研究生,并于1991年6月获博士学位返校工作。王天泽教授曾担任河南省特聘教授、河南大学数学与信息科学学院院长、《数学季刊》副主编、基础数学学科带头人、河南省数学会副理事长等职,现任华北水利水电大学副校长。

今天的河南大学已经作为"双一流"高校重返国家队,肩负着打造河南高等教育"双航母"、努力在中原大地起高峰的历史重任,河大数学学科作为支撑河南大学"双一流"建设的基础学科,发展建设情况也已今非昔比。在学校110周年华诞即将到来之际,抚今思昔,我们不能忘记一代代为河南大学的发展建设做出贡献的老领导、老专家、老校友,更不能忘记像陈景润先生那样默默支持和无私帮助过学校建设的各位专家学者、社会名流。河南大学今天的辉煌,是大家齐心协力、前仆后继、筚路蓝缕、接续奋斗的结果。

文字 / 史富强

(2022年5月3日,发表于河南日报客户端)

文章链接

燃尽烛心照后学
——记环境与规划学院李克煌教授

2021年1月11日,当全国尚笼罩在新冠疫情的阴霾与寒意时,河南大学环境与规划学院二楼报告厅内,所有师生的心里都充盈着温暖与感动,很多人的眼里闪动着泪水与崇敬,这里正在进行的是"李克煌地理学创新奖学金"发放仪式。

没有长篇大论,没有豪言壮语,李克煌教授的遗孀赵家珍女士简短表明了老先生决意设立这项奖学金的初衷:"吃水不忘挖井人""为地理学人才培养尽最后一份力"。

一位享誉全国地理学界的资深教授、教育系统的劳动模范,几十年兢兢业业、勤勤恳恳,把自己最美好的人生全部留在了河大园;弥留之际又拿出了毕生积蓄,资助后学,鼓励创新,把最后的一点光和热也献给了他所钟爱的地理学科。李克煌教授用自己的一生注解了"矢志立德育桃李,燃尽烛心照后学"的意义。

一个学者的信念

李克煌教授出生于鄂东南山区贫困的农民家庭。1953年考入河南师范学院地理系(现河南大学环境与规划学院)。进入校园后,他对知识如饥似渴,对科研如痴如醉,不仅所有科目成绩优异,还于1955年11月光荣加入了中国共产党。毕业后留校从事自然地理教学与科研工作。

他毕生立志为学，信念如炬。1959年被选送到北京大学苏联专家讲习班学习，1965—1966年到河南农学院进修，1976—1977年到中山大学气象专业进修。为了科学研究，他曾与同伴到豫西山地考察，步行逾千里，历时一个多月，风餐露宿，蓬头垢面，以至于被当地民警误认为"美蒋特务""逃亡地主"；1960年初，他受命参加中国科学院西藏综合考察队，为了搞清冰川舌的高度，他在藏胞向导的指点下，克服高原缺氧反应和高山紫外线照射所带来的困难，独自一人徒步在高山悬岩、深谷丛林之中，最终登上唐古拉山7200多米的一处尖峰，测定了珍贵的一手数据。

他十分崇敬那些"自强不息，埋头苦干，有真才实学"的人，并时刻以他们为榜样，警醒自己，鞭策自己。他搞起科研，总是心无旁骛，如痴如醉。有一次深夜里聚精会神审核计算成果，烟头烧透了棉裤，煳味弥漫，他竟丝毫不觉，直至火星灼烧皮肤，他才手忙脚乱地一顿扑打。每次外出开会的空闲时间，他从不逛繁华街道或商店，总是到书店看书购书。书越购越多，致使不宽敞的居室也成为他的图书馆和办公室。

一个师者的严厉

环境与规划学院秦耀辰老师曾上过李克煌教授的课，也曾在李克煌教授领导下工作多年，他对李克煌教授的评价只有一个字"严"，严谨、

严厉加严格。

他的工作作风十分严谨，甚至让人觉得有点"别扭"。有老教师回想起他当系主任时的工作习惯总说他"抠"，为了节约开支，无论是学术交流还是野外考察，他都和师生一块儿坐火车硬座，住便宜宾馆，并对同行老师三令五申，计划好每一笔费用，绝不多花一分一厘经费，因为在他看来"好钢得使在刀刃上"，节约的经费要优先购置实验仪器，邀请专家来校讲学。很多人的印象里他总是拎着黑色小提兜，自带茶水，三伏酷暑烈日炎炎也舍不得买一根冰棍儿。他曾经唯一的奢侈爱好便是抽烟，大抵因为抽烟可以提神，有利于苦思冥想。但有一次在北京火车站被志愿者罚款十元，自此坚决戒烟，再无染指。老师们都以为抠门的李主任心疼罚款，他却说出门在外代表的是河南大学形象，教书育人为人师表，决不能给集体抹黑。李克煌教授对自己要求之严可见一斑。

他不仅对自己要求严格，对学生的要求也十分严格，甚至可以说是严苛。许多当年的学生都说，见了李克煌老师要躲着走，生怕被他抓住询问学习情况。其一，他认为传统地理学在向现代地理学转变，学生必须学好高等数学。很多学生认为毕业后主要从事地理教育，不必再为数学劳心伤神，但他坚持要求为地理专业本科生开设高等数学。目前，河大地理学科在计量地理、地理信息系统等方面居于全国前列，这与他的超前眼光和严格要求密不可分。其二，他主要讲授气象气候学课程，这门课中包含很多数学计算，学起来枯燥艰深，有学生想逃课或找理由请假，他总是一口回绝："在我这里只有旷课，没有请假。"但其实他对学生的生活是非常关心的，碰上学生生病住院他总会亲自前去探望。其三，他对科研总是一丝不苟。80年代他作为系主任组织大规模联合科学研究——西峡县自然资源综合开发利用科学论证，编制的投入产出表涉及从几十个部门搜集到的海量数据，需要夜以继日用笔和计算器统计计算。他不仅要求反复核算，还亲自帮大家检查小数点，因为他认为"关系到地方生产工作，可不能闹笑话耽误事"。

88级校友张占武曾在追忆李克煌教授的文章中写道，在校时李老师讲话做事一板一眼，系里的师生都怕他。作为系主任，他无论做什么工作总是高标准、严要求，兢兢业业，一丝不苟；如果学生或青年教师犯了错误，他也毫不留情面，总是一顿暴风骤雨式的批评。但若干年后，大家才认识到李克煌教授的严爱才是"真爱"，正是他的严苛塑造了河大地理学科脚踏实地、求真务实的风气，为学科的厚积薄发奠定了坚实基础；正是他的严厉让众多河大地理学子形成了严以修身、严以治学的习惯，为勾画人生蓝图铺就了浓厚底色。

一个党员的情怀

李克煌教授担任地理系副主任、主任的13年间，为推动地理系科由近代向现代转型做出了杰出贡献！1982年，李克煌教授组织创建了地理系第一个自然地理学硕士研究生专业；1984年创办国土整治本科专业，开启了河南大学非师范专业建设先河；同年，组织开办全国"数量地理学和理论地理学"研讨班，学员涵盖国内40余所高校。1985—1986年，组织开办两届自然资源综合开发与利用研究生班，为国家培养了一批自然资源教学、科研和管理人才，在全国引起很大反响。李克煌教授也先后被评为全国教育系统劳动模范、国务院政府特殊津贴获得者、河南省优秀专家。

1999年，李克煌教授光荣退休，但他依然十分关心河大地理学科建设，利用各种机会为学院和学科发展鼓与呼。2003年以来，病魔不断侵蚀李克煌教授的健康，他逐渐失去了生活自理能力，走路靠双拐，外出靠轮椅，行动十分艰难，但他却依然惦记河南大学和地理学的发展。后来卧病在床的他学会了使用微信，关注了学校和学院的公众号，经常通过公众号了解学校、学院建设发展的新消息。每当看到学院获得了新荣誉、学科增设了新平台,他总感到欢欣鼓舞。2017年12月,"双一流"建设名单公布后,得知地理学科未能进入,他一夜辗转反侧难以成眠。第二天,他还专门给秦耀辰老师打电话,在询问情况的同时反复表达自己的内疚,因为他总是认为自己做系主任期间没有将学科基础打牢,没有将发展的思路梳理清楚。

2020年4月底,他再次因病住院。秦耀辰、马建华两位老师前去探望,李克煌教授虽已住进ICU,但临别之际仍反复叮嘱,河南大学地理学未能闯入"双一流"建设学科行列,还要继续努力。他说:"我作为一名老党员,今天所拥有的一切,都是党和人民给的,是党培养我成人成才;我退休后屡遭病痛,所积存款不多,经与家人商议,将能拿出的50万元全部捐出。"每每回忆起这一幕,秦耀辰老师总是热泪盈眶,难以自已,这位躺在病榻上的清瘦老人真正把自己的一生都毫无保留地献给了河南大学,献给了地理学科。在生命的最后,他就像暗夜中将熄的蜡烛,用火焰最后的跳动诠释了"春蚕到死丝方尽,蜡炬成灰泪始干"的情怀。

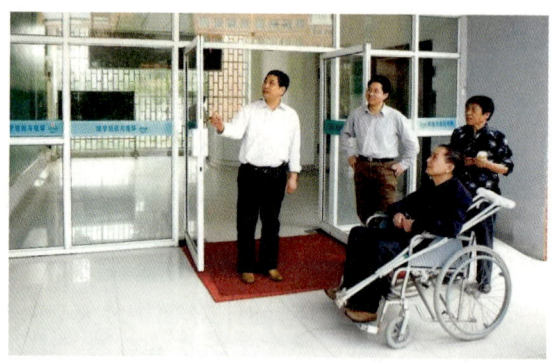

守得一世清贫,甘做一生奉献!50万元,并非一笔巨资,也许还付不起一线城市房子的首付,然而这却是李克煌教授一生克勤克俭的全部积蓄,寄托着他对河大地理学科、对后辈同侪沉甸甸的期待。

时光荏苒,岁月如梭。环境与规划学院楼前的小花园内已是绿意盎然，花团锦簇，海棠花下的小径上落英缤纷，一片洁白。"落红不是无情物，化作春泥更护花。"这也许就是对"严"师李克煌教授最生动的诠释和纪念吧。

未来的路还很长，但一代人的青春和生命却很短。国家正朝着民族复兴的中国梦目标迈进，河南大学正向着世界一流大学的方向奔跑。我们，生逢其时，也重任在肩。让我们在李克煌老师精神之光的烛照下，把自己的理想同祖国的前途、把自己的人生同民族的命运紧密联系在一起，扎根人民，奉献国家，把好人生的"方向盘"，在逐梦的路途上脚踏实地，行稳致远，在为人民服务的实践中放飞青春梦想，在为人民利益的不懈奋斗中书写人生华章！

文图 / 朱文博　潘少奇　李克煌

（2021年5月27日，发表于河南大学官微）

精选留言

@吃豆人：河南大学李克煌教授一辈子勤勤恳恳，他对党忠诚、不忘初心的坚定信念，爱岗敬业、立德树人的执着追求，淡泊名利、无私奉献的崇高品格，鞠躬尽瘁、死而后已的奋斗精神，值得我们后辈一脉传承，发扬光大。我们作为河南大学的后辈，更应不负李克煌教授的期待，勇攀高峰，为河南大学建设"双一流"高校贡献力量！

@何方：多么纯粹和纯朴的老师呀，诠释了春蚕到死丝方尽，蜡炬成灰泪始干，老师如此奉献，后辈岂能庸碌！

文章链接

中国教育电视台报道河大"黄大年式"团队!

在第37个教师节来临之际,习近平总书记给全国高校"黄大年式"教师代表回信,对全国高校"黄大年式"教师团队寄予殷切期望,向广大教师致以节日祝贺和诚挚祝福。习近平在信中指出,广大教师要立德修身,潜心治学,开拓创新,真正把为学、为事、为人统一起来,当好学生成长的引路人,为培养德智体美劳全面发展的社会主义建设者和接班人、全面建设社会主义现代化国家不断做出新贡献。

习近平给全国高校黄大年式教师团队代表的回信

全国高校黄大年式教师团队代表:

你们好!来信收悉。你们以黄大年同志为榜样,立足本职岗位,凝聚团队力量,在教书育人、科研创新等方面取得了可喜成绩,我感到很高兴。

好老师要做到学为人师、行为世范。希望你们继续学习弘扬黄大年同志等优秀教师的高尚精神,同全国高校广大教师一道,立德修身,潜心治学,开拓创新,真正把为学、为事、为人统一起来,当好学生成长的引路人,为培养德智体美劳全面发展的社会主义建设者和接班人、全面建设社会主义现代化国家不断做出新贡献。

教师节即将来临,我向你们、向全国广大教师致以节日的祝贺和诚挚的祝福！

习近平

2021年9月8日

习近平总书记给全国高校"黄大年式"教师团队代表的回信在河南大学广大师生中引发热烈反响。9月10日，河南大学"黄大年式"地理学教师团队负责人秦耀辰教授讲述河南大学地理与环境学院"黄大年式"团队的故事，在中国教育电视台播出。他表示，作为河南大学地理学教师团队，更应该脚踏祖国的中原大地，根植黄河文明的文化沃土，面向黄河流域国家重大战略需求，开展科学探索，创新实践，不断培育出国家战略需要的创新人才。

据悉，河南大学地理与环境学院地理学教师团队2018年1月获批教育部首批全国高校"黄大年式"团队。这支队伍由院士领衔，长江学者、国家杰青、"万人计划"领军人才和中科院"百人计划"等杰出人才组成，是一支具有国际化视野、老中青梯队人才相益互补的教师团队，团队先后主持完成国家支撑计划、973计划、星火计划、重点研发项目、国家重点自然科学基金等国家项目100多项；研究成果获得了国家科技进步二等奖、河南省科技进步一等奖、河南省社会科学成果一等奖等10多次；在地理学领域国内外权威期刊发表数千篇论文，专著数百部。

中国工程院院士王家耀和"万人计划"领军人才秦耀辰带领的"河南省时空大数据产业技术研究院"和"数字地理技术国际联合实验室"，显著提升了地理信息学科创新和社会服务能力；"万人计划"领军人才苗长虹和河南省特聘教授乔家君带领的人文－经济地理学方向，优势进一步凸显；长江学者、国家杰青冯兆东和国家杰青傅声雷教授创建"林冠模拟氮沉降和降雨"野外控制试验平台和科技创新平台，集聚了自然地理学方向创建一流的力量。面对新的机遇与挑战，河南大学地理学全国黄大年式教师团队将勇挑重担,砥砺前行,为服务国家和地方经济社会发展,为促进中原崛起,为实现中华民族伟大复兴的中国梦贡献智慧和力量。

文字 / 郑兰艳　刘辰辰
(2021年9月12日,发表于河南大学官微)

 **精选留言**

@水到渠成:百年大计,教育为本!感恩有诸如黄大年式人民教师的殷殷付出。

 文章链接

太可爱！萌翻了！真性情！
程民生到底是啥样的？

6月6日上午，在河南大学2021届本科生毕业典礼上，程民生教授的毕业寄语诙谐幽默、金句频出，向即将踏入社会的学子传达必要的人生真理。以下为程民生教授讲话全文。

各位毕业的青年才俊，各位辛勤的老师：

今天是个喜庆的日子，阳光灿烂，天人感应。现在，我要送君送到南大门外，有句话儿要交代。

我在开学典礼上讲过话，那场合的心情是收获的兴高采烈。毕业送行是什么心情呢？十分复杂，百感交集。如同送女儿出嫁，有各得其所的欣慰，依依不舍的亲情；还有学生出师的如释重负，有儿行千里的母担忧；还有开闸放水的畅快，送部队出征的激昂。总之，悲悲喜喜那都是老师们的事，诸君只管满怀豪情地出发吧！

走出校门，海阔天空，有千千万万的门等你。写字楼门、工厂门、机关门、军营门、国门都是敞开的，一切刚刚开始，一切都有可能。

社会是比较复杂的，必须勇敢面对。如同从温室里移到大田，风吹雨打日晒，躲不过去，谁也替不了你。就业、创业是一个新世界，很有挑战性。当然也很累，累了可以躺平歇会，可不敢一直躺平啊！躺得了初一，躺不到十五！我相信各位同学是不会躺平的，刚刚开闸放出的水，正是新一波的后浪。

社会是比较复杂的，建议简单应对。简单不是单纯，"以不变应万变"就是简单，"有所为有所不为"就是简单，"不忘初心"就是简单，"一根筋"就是简单。"天下本无事，庸人自扰之"，我们当然不是庸人。我喜欢把复杂的事情简单化，结果，许多复杂的事情真的就简单了。长期以来我业余自费琢磨两个问题，一是长寿的秘诀，二是成功的秘诀。我破解了。破解以后，其实很简单。长寿秘诀就是生活规律；成功秘诀就是坚持不懈。成功有时不需要精明，更依赖坚持，稳重坚守就是成功。

大学毕业，您就不是平民了。因为，带上学位帽，您就是士人了，就是知识分子了；因为，在八朝古都、百年老校受过高等教育，您有了人文情怀，或者说应当有人文情怀。什么叫人文情怀？有畏惧心，有羞耻感，有良知，有天下情怀，能够承担社会的责任和痛苦，有独立思考能力。无论作为知识分子还是老板，千万不要泯灭与生俱来的善良，不要丢掉藏在心底的纯真，因为，那是作为人的基因和理由。纯真辟油腻，善良辟什么呢？善良辟邪！

我小的时候喜欢上房，年轻时常常登山，现在能上树。忘不了在泰山顶上俯瞰泰安城，感到那些高楼大厦很渺小，感到那些滚滚红尘很无聊——我超脱了。换个角度看人生，能够得到更新、加油。我的意思是，各位前程远大，见识不凡，玉树临风，理应高瞻远瞩，不会汲汲于眼前的蝇头小利，追求的是大目标。河大铁塔牌的学生有个特点，那就是慢热型，有后劲！让我们微笑着仰望近几年的暴发户，不急不躁不泄气，积蓄力量，伺机发力，我们总是笑到最后的人。

昨天晚上，我梦见了祖籍开封、在开封讲学、收了程颢程颐为学生的张载，他委托我给大家赠送四句话："为天地立心，为生民立命，为往圣继绝学，为万世开太平。"他的宋代口音是不是很难听懂？好吧，我用当代话重复一遍，那就是：探讨自然与社会的基本规律，为民众摸索出一条共同遵行的大道，继承优良的传统文化，为后世开辟永久太平的基业。概括而言，就是探索精神、担当精神、奉献精神、使命精神。很高大上吗？不，这只是读书人的本分而已。

俗话说：师傅领进门，修行靠个人。今天我要加上一句：师傅送出门，母校伴终身！人生路上，母校已经给各位交纳了首付，以后房贷的月供就靠自己了，努力工作、多多挣钱是必须的，实在不行了，回来充充电，充充值。我当然希望看到你们成功、发财，更希望看到你们高兴，哪怕是傻高兴。

同学们，有一种人生叫毕业，有一种情感叫再见，激情的告别，或许就是为了辉煌的再见。同学们，再见！

谢谢！

程民生教授火了！火了！这位"宝藏教授"既走心又真情的毕业寄语迅速火遍全网。见诸媒体后，不足20分钟，迅速成为全国热搜，攀升至热搜第6！！

对于迅速走红的"宝藏教授"程民生，网友们纷纷留言评论。

程民生在接受采访时幽默地说："我所有见到的人都是说，哎讲得好。我都说你都不会换个词了，哈哈哈哈。""这个火呢出乎了我的意料。那就是平常的话嘛，我平常讲课也是这个样子，关键是你说话你得让学生听得进去。怎么听得进去呢？那你得用这一个符合学生的语言。"……

在河大师生们的眼中，程民生教授这次毕业演讲完全是其本色之举、本心之言。在日常教学、科研和生活中，他就是这样幽默、风趣、清澈的人。此刻，让我们一同走近这位风趣睿智的学者吧！

热爱生活，享受学术

程民生曾说："我是干一行爱一行，我干农活我全身心投入；我当文学青年，我全身心投入；搞历史，我仍是全身心投入。我想你现在让我干农活，我仍然会全身心投入，去真诚地对待它，满腔热情地对待它。"

2018年初，在北京某次学术会议上，程民生在发言中重点谈了一个问题——把学术做好。最主要的因素，就是热爱学术，喜欢做学问。

什么是喜欢？程民生认为，就像爱一个姑娘一样，你去爱她，你去迷恋她，你去追求她，你还有累的时候吗？只有达到这个境界，才能达到一个很高的境界。

谈到自己的日常科研工作，程民生说："我不辛苦，我在做我自己喜欢的事情，我就喜欢干这个东西，我感觉很享受。所以我就给我的研究生们发出倡议，热爱生活，享受学术，包括我在2017年学校研究生开学典礼上，我也是反复强调这个，热爱生活，享受学术。"

程民生表示，我们应该像海绵一样汲取知识，充分利用图书馆，保有一种广泛的、如饥似渴的阅读需求。这不是一种生活的点缀，而是一种生命的需要，是一种生活的方式。

满怀热情，教书育人

正如程民生教授在毕业典礼上讲话时那样，他一直秉承着强烈的"人文精神"和"育人情怀"。

2020级新生刚入校时，程民生为帮助本科新生加强专业学习，实现专业理想，作《学什么与怎么学》专题报告。他认为大学期间，同学们应围绕"人文精神""沟通思考""学会做人"三方面加以提升。他强调，作为大学生，要学会沟通和学会做人，为日后走向社会更好地学习工作夯实基础。

课堂内外，程民生对待学生总是给予关心和激励。2020年初，在新冠疫情的影响下，学校不少湖北籍的学子只能居家学习。家在湖北黄冈的历史文化学院2018级硕士研究生戴文嘉，便是程民生的学生。疫情期间，程民生时常关心学生的身体状况，并多次短信、电话联系，给予学业上的指导，令戴文嘉十分感动。

近日，他在接受《民生大参考》栏目采访时表示："我一直觉得年轻人总体方向是对的！他们的所思所想、他们的理想追求是对。当然一部分年轻人、某一个时期的年轻人他们的看法与做法，可能会有点问题，需要引导他们，比如说'躺平'。'躺平'应该不是全体年轻人的共识。"

俯身耕耘，孜孜以求

"50后"的程民生教授已过花甲之年，但仍坚持奋斗在学术研究的第一线，将研读历史文献、阅读和写作视作生活常态。

程民生说："曾经我们院有一个老师问我爱好是什么，他说你不能说喜欢看书，我就想了半天，还得说最大的爱好就是看书，我生命存在的方式就是读书、教书、写书。"

近年来，程民生在宋史研究方面颇有建树，同时兼治中国经济史、中国文化史。钩沉历史，文化育人。几十年来，他的学术研究一直立足开封，围绕宋代经济、文化、物价、气象等领域，不断推出有分量、有影响的学术专著，如《北宋开封气象编年史》《宋代地域经济》等10余部。共发表学术论文100余篇；获得曾宪梓教育基金优秀教师二等奖、2012年度河南省社会科学优秀成果奖一等奖、2012年度河南省教育厅人文社会科学研究成果奖特等奖、开封文化奖章等。

以当代情怀、历史眼光和全国视野，程民生教授率先提出了"开封学"。为诠释宋代历史，程民生拓展出了更加广博的研究领域。2018年4月，程民生出版著作《中华文明中的汴京元素》，这是"开封学"概念提出的一大突出学术贡献。他曾多次开展学术前沿讲座，如《〈清明上河图〉的文化效应》，被《光明日报》刊载；《让祭奠更符合现代文明发展的需要》，被《开封日报》刊载等，引起良好社会反响。

博学、审问、慎思、明辨、笃行，都是为了获得"惟一"而进行的"惟精"功夫。程民生躬耕开封历史土壤，为宋文化研究做出了卓著贡献。

淘漉中华文明中的汴京元素，烛照"开封学"中的奥秘深邃，循着历史的足迹，执着学术的钩沉。程民生的意外走红不仅仅是他网红式的金句频出，更是他几十载治学育人与深厚人文精神的绽放。他身上有深沉的家国情怀，在史学的殿堂中奔涌灵感；他背后是多年的黄卷青灯，伴他苦苦寻觅大宋的遗珍。

程民生教授突然"火"了，但面对纷繁流量的涌入，程教授仍是超乎常人的透彻与淡然。"为天地立心，为生民立命，为往圣继绝学，为万世开太平"，这是程民生所说的"读书人的本分"。人生道阻且长，程民生恪守着这一本分，足履实地，踏歌前行，不断攀越新的高峰。

"所谓大学者，非谓有大楼之谓也，有大师之谓也。"河南大学，百年学府，"双一流"建设高校，建校百余年来，除了"宝藏教授"程民生，河南大学的大师灿若星河，照亮了无数学子前行的道路。

文字 / 赵雪　张紫源

（2021年6月11日，发表于河南大学官微）

 **精选留言**

@龙亭居士：程先生种过地，当过工人，是带着对广大劳动人民的感情和对人生的感悟来从事学术研究的。与程先生有过短暂的交流，他是一位恳切、激昂、直率的长者，是值得我们年轻人学习的老前辈。在此祝愿程先生于治学一道继往开来，写出更多宋学研究的佳作。希望母校河南大学蒸蒸日上，"师傅送出门，母校伴终身"，我们以求学于铁塔风铃之旁而骄傲。

@赵探花：程老师的发言，传达自然和社会规律，"为天地立心"；扣合学生和青年需求，"为生民立命"；钩沉烛照历史的大人之道，"为往圣继绝学"；冀播火种入人心并光大，"为万世开太平"。学士之要，学以致用；先生之风，山高水长。正道堂堂，河大泱泱！

文章链接

（含程民生教授参与拍摄的《老师的书房》短视频，时长5分53秒）

"智绘"山河鉴初心
——走近河南省科学技术杰出贡献奖获得者王家耀院士

4月29日,王家耀荣获2021年度河南省科学技术杰出贡献奖。

他创造过很多个第一:带领团队研发了我国第一幅计算机绘制的地图,开启中国地图新时代;创办了我国第一个计算机地图制图专业和军事地理信息工程专业,引领专业发展,培养急需人才;研发了战略、战役和战术三个层次的军事地理信息系统,突破国外地理信息系统军用封锁……

很多个第一托举起唯一。就在去年,年过八旬的中国工程院院士、河南大学教授、河南省时空大数据产业技术研究院院长王家耀,历经半个多世纪艰苦探索,凭借在计算机地图制图综合上取得的突出成就,荣获2020年度国家科技进步奖二等奖。

在精准定位祖国山山水水的过程中,他也在用心定位自己的人生:一位创新不止的科学家、一名与学生共成长的老师、一个活到老学到老的逐梦"少年"。

创新不止,破解"百年国际难题"

20世纪60年代初,王家耀以优异成绩从解放军测绘学院毕业后留校任教。他最喜欢去的地方是图书馆。那天,一本名为《计算机绘图》的英文版著作让他心头一动:既然计算机能绘制机械图,为什么不能绘制地形图呢?

地图学是描述和表达地理世界空间结构和空间关系的科学,但地图制图长期处于手工制图状态,中外学界多少人渴望改变这种理论先进而技术落后的状况!

年轻的王家耀,也心怀这个梦想。

作为教研组主管科研教学的副组长,王家耀开始着手计算机地图制图教师队伍的培养,选送教员到地方大学学习电子计算机及应用。1979年,他们开始招收全国第一个计算机地图制图专业本科学生。

不过,那个时期的计算机地图制图,还处于将原有纸质地图数字化,而后再用计算机绘图仪重新绘制出相同比例尺地图的阶段。王家耀带着团队提出采用地图数字化方法建设地图数据库的思路,并于20世纪80年代中期开办了地图数据库专业本科班。

现代计算机地图制图技术取代传统手工地图制图技术,是地图学历史上的一个里程碑式的变革。地图数据库的建设和应用,则为地理信息系统的建立提供了技术支撑。

20世纪80年代末,针对国防和军队现代化建设的需求,王家耀团队认为地图数据库不能仅支撑地图制作,他们开始思考建立军事地理信息系统的问题。20世纪90年代初，"建立全军军事地理信息系统论证研究"项目获批立项，几年后，自主可控军事地理信息系统成功研制，并推动创建了军事地理信息工程专业，地图制图学学科也转变为地图制图学与地理信息工程学科。这个学科先后被批准为军队和国家重点学科，王家耀于2005年获得国家级教学成果奖一等奖。

建立地图数据库的作用和意义，还在于利用大比例尺地图数据库生产其他较小比例尺的地图，而这就要求计算机能对大比例尺地图数据进行综合。王家耀一直认为，制图综合是地图制图的核心问题。重要性加上复杂性和创造性特征，使得地图制图综合一直是国际地图学术界公认的难题。

王家耀指导一大批硕士、博士研究生从事该领域理论、方法与技术的创新性研究，构建了我国第一个基于1∶25万数据库的自动编图系统架构，并联合全国5所大学合力攻关，终于破解了这一"百年国际难题"。

"登高望远、脚踏实地、尊重科学、创新唯实，这16个字是我这辈子做事的格言。"王家耀说。

持之以恒坚持创新是对科学家精神的最好诠释。几十年如一日不曾懈怠，是因为他把个人的付出看得很轻很轻，把祖国的需要看得很重很重。

双向奔赴，成就"有温度的教育"

"教师这个职业在我心中是崇高的。"王家耀说。

从教60余年，他对自己的要求始终是"老师不仅仅是教书，更重要的是育人"，以培养政治素质过硬的高层次科技人才为天职。

这些年，他编写教材，授课，指导学生实习和毕业设计，可谓兢兢业业；指导硕士、博士、博士后和"领军人才""拔尖人才"200多名，可谓尽心尽力。桃李满天下,他的学生,很多成为军地领导和学科学术带头人。

培养学生,他也特别看重创新二字。

"研究生的研究方向或论文选题,总的来说在导师从事的学科领域内。但具体论文选题,通常不应该是导师做过或想过的。如果导师做过或想过再让学生去做去想,那就不是探索创新。"王家耀说,这就促使导师在指导学生的过程中不断思考新问题,学习新东西。

"指导学生的过程,也是一边在付出,一边在吸收,这样不断充实、丰富和提高自己,使自己能够一直走在学科发展的前沿,真是其乐无穷!"总说自己是在和学生一起成长,成就斐然的院士谦逊而平和。

王家耀指导的博士生李宁说:"王院士特别操心,对我们尽了全力。只要看到跟学生研究方向有关的前沿资料,他都会随时发给我们。""每个学生的开题报告、毕业论文,他都会打印出来,一字一句、一个标点一个标点地修改。已经毕业的学生如果需要,他也是这样。"

"王院士对我们要求很严,可我们跟他很亲。从研究院到食堂,往返大约需要一个小时,我们经常边走边谈工作,日积月累就有了很多收获。"李宁说,王院士的言传身教,让大家一生受益。

去年,王家耀85岁,学生们做了个视频给老师送去祝福。视频里,他的学生有的头发已经花白,有的皱纹已爬上眼角。面对可亲可敬的老师,他们一个个孩子一般,笑靥如花,调皮可爱。

这视频,王家耀看一次笑一次,深深地为学生们自豪。"我最高兴的不是自己出了什么成果,而是学生的进步、成长和成就,他们代表着国家、社会和人民的未来!"

科研事业是一场接力赛,甘为人梯提携后辈是为人师者的动人情怀。几十年如一日情怀不变,是因为他把个人的奉献看得很轻很轻,把年轻人的成长看得很重很重。

步履不停,"80后"院士再创业

2017年11月,河南大学联合智慧中原地理信息技术(河南省)协同创新中心组建的河南省时空大数据产业技术研究院挂牌运行,王家耀任院长。从此,他工作的主阵地转移到了河南大学。那一年,他81岁。

在这里,他带领团队成功申报河南省时空大数据技术创新中心,合作共建地理信息工程国家重点实验室,建立河南大学黄河研究院等平台;

他带领团队聚焦时空大数据理论、时空大数据平台技术体制和关键技术及应用模式研究,不断推动时空大数据平台的军民应用、新型智慧城市建设、大数据产业发展;

他带领团队致力于"黄河大脑"及其智能感知系统、资源池和时空大数据平台"三要素"的研究,联合近40个相关单位筹建"黄河流域科学数据共享服务平台联盟",为黄河流域生态保护与高质量发展服务;

他还完成了4部"测绘科技经典著作"的订正与公开出版,以及《地图学原理与方法》(第三版)和《空间信息系统原理》(第二版)的内容更新与再版……

"'80后'院士再创业!"河南大学的同事发出由衷赞叹。

"王院士的工作干劲儿,很多年轻人都自愧不如。2020年疫情期间,他完成了1本专著、5篇论文。"河南省时空大数据产业技术研究院副院长、河南大学地理与环境学院教授韩志刚说。

只要不出差,王家耀每天都会准时到办公室上班。这位86岁的老人,给自己规划了今后5年的三大任务:一是撰写《地图哲学——哲学视野下的地图学》《时空大数据——理论、技术、应用》《时空大数据挖掘与知识发现》《院士自传》等著作;二是围绕"黄河大脑"及其"三要素",

培养一批以博士和博士后为主的科技创新人才，为黄河流域生态保护与高质量发展出力；三是建设好几个"平台"的领导班子，老同志"搭台"，年轻人"唱戏"，保证"平台"长期可持续创新发展。

继获得全国优秀科技工作者等荣誉之后，王家耀又荣获河南省科学技术杰出贡献奖，被评为"出彩河南人"2021感动中原年度人物。"我只是一名普普通通的测绘科技工作者、老战士、老教师，国家和军队却给了我那么多荣誉，我常常惭愧做得还很不够。我愿意在有生之年竭尽全力，为国家和军队做点实实在在的事，给后人留下点有用的东西。"王家耀说。

忘记小我报效家国是为人做事的崇高境界。几十年如一日不觉其苦，是因为他把个人名利看得很轻很轻，把实实在在做事看得很重很重。

身处这个创新备受重视的新时代是一种幸福，"80后"院士王家耀，还在抓紧一切时间去做有用的事情……

文字 / 史晓琪
图片 / 蔡讯翔

（2022 年 4 月 30 日，刊发于《河南日报》）

文章链接

传播文化承至善

近日,在河南大学"启程·文旅发展基金"捐赠仪式上,文化产业与旅游管理学院院长程遂营教授捐赠在《百家讲坛》主讲的古都、古城系列节目著作版权收益10万元,作为基金的第一笔启动资金,在场师生共同见证了这一爱心涌动的感人时刻。

"流逝的时光,已然让我疏离为稻粱谋的庸俗,把我的身和心熔铸为这所百年学府的一部分,不能分离……"仪式上,程遂营眼含泪光,深情地回忆自己与学校30余年的深厚情缘。

河南大学党委书记卢克平说:"建校110年来,河南大学根深叶茂,硕果盈枝。程遂营教授一直用情为学校做奉献,和老师们一起筚路蓝缕创办旅游管理专业,一直用心在培养文旅人才。一个人、一个专业、一项事业,无怨无悔。"

程遂营，中国旅游研究院文化旅游研究基地首席专家。因其治学成就与荧屏风采，程遂营成为河大人敬重的历史老师，更是很多人尊崇的大咖学者。

谈百十河大："我热爱这所大学的厚重"

1984至1991年，程遂营分别就读于华中师范大学历史系、哈尔滨师范大学历史系，取得学士、硕士学位。来校任教后，又勤学不倦，于2002年在南京大学历史系获得博士学位。2008至2009年间，赴美国宾夕法尼亚州立大学做访问学者。

学问是学者的荣光。细细数来，他身上的荣誉与担当还真不少。知名学者、《百家讲坛》主讲人，河南大学教授、博士生导师，入选2021年度"中原英才计划"中原文化名家，获聘河南大学杰出人才特区第三人才层次特聘教授等；在《旅游学刊》《人文地理》等刊物发表学术论文50多篇；出版《唐宋开封生态环境研究》《北美休闲研究：学术思想的视角》《中国长假制度：旅游与休闲的视角》等著作10余部；主持国家社科基金重大项目"建设黄河国家文化公园研究"等国家级、省部级项目10余项；其主讲的"旅游学基础"获评国家级一流本科课程等。

期间，国内不少高校都向程遂营抛来橄榄枝，而他为何却对河大情有独钟？30余年光阴已逝，遥想当年，程遂营说："是因为河大的深厚底蕴，是因为河大的学术氛围……我热爱这所大学的厚重。"

工作多年后，程遂营对学校的感情愈加浓郁。谈及这份情感，他娓娓道来，如数家珍。

"初来河大，我就被'明德新民，止于至善'这一校训所吸引。这不仅是极富民族气派的大学校训，也是吾辈追求的最高境界。"

"'嵩岳苍苍，河水泱泱，中原文化悠且长……'我喜欢这首雄浑激昂、催人奋进的校歌。"

"我现在不仅带着博士后、博士生、硕士生，还给本科生上课。同学们勤奋好学、乐善向上，我喜欢和他们在一起。"

对程遂营而言，温润的河大时光或许数十年如一日，对这所学校的感恩与眷恋早已定格成永恒。

谈《百家讲坛》："我痴迷旅游文化探讨"

程遂营站上《百家讲坛》已经八年有余。至今，他在《百家讲坛》先后主讲了"六大古都""黄河上的古都""丝绸之路上的古城""长江边的名城"等系列节目。2022年5月，《长江边的名城》新书发布，成为文化研究和传播的又一重要成果。

早在2004年，《百家讲坛》栏目组就来河南大学"海选"，后来又多次到校遴选主讲人。经多次接触与充分了解，栏目组对河大留下了鲜明的印象，"河南大学卧虎藏龙"。这其中，就有程遂营。

于是，在《百家讲坛》上，程遂营通过得体的手势、儒雅的谈吐、渊博的学识、大量的引经据典，先后四次给全国观众带来愉悦的"古都、古城、名城文化之旅"。

在外界看来，可用"蹿红"来形容程遂营的变化。而成功的背后，是他"煎熬而又享受"的历程。

"《黄河上的古都》共15集,每集40分钟,播出时长共10个小时,但是录制了7个多月。这几个月里,每集我都要形成长达7000多字的初稿,根据央视受众的要求而多次易稿,不同场合进行演练,不间断地跑北京录制……"虽然这一过程漫长而又艰辛,程遂营却感觉很有收获。

"程老师的成功,很大程度上要归功于选题的成功,选题方面找到了受众的兴趣点,节目内容通俗易懂,追求雅俗共赏,符合受众心理、兴趣,利于受众理解、接受。"《百家讲坛》栏目编导魏学来说。

"前些年,办公条件较差。时值夏日,酷热难挡,尽管程老师汗流浃背,但是他心无旁骛地修改文稿,上面的标注密密麻麻。"出版社党总支书记杨光辉对程遂营当年苦读的场景历历在目。

"程老师身上孜孜不倦的勤勉精神、锲而不舍的钻研精神、绰厉奋发的进取精神,一直是我学习的榜样,他对于文化事业的执着情怀更是令我钦佩。"人文社科研究院院长桓占伟说。

"在录制节目的几个月里,好多时候他什么时间睡的,我不知道;他什么时间起的,我也不知道。"程遂营爱人张老师心疼地说。

程遂营的成功,是厚积薄发,是水到渠成。

尽管程遂营因《百家讲坛》系列节目已经赢得了不错的口碑,但他仍有长远考虑,如怎样进一步扩大选题范围,凝练主题;如何在文化传承与大众传媒间寻找到最佳的契合点;如何用新手段传播好中国传统文化,等等。

谈文旅产业:"我甘做文化传承的精神贵族"

近年来,受疫情影响,文旅产业遭受重创,产业发展面临着严峻挑战。对此,程遂营并不悲观。他说,五千年文化上的传承,时代变迁中丰厚的积累，形成了中国人特有的文明积淀与独有的文化品格，因此我们要对自身的文化予以充分肯定，对文化的生命力充满坚定的信念。

"《百家讲坛》系列节目背后，更重要的是文化传承。我们只有讲好了历史，讲好了中国故事，才能使人们对传统文化有所认同，才会有热爱，才会建立自信。对于古都名城来说，亦如此。只有弄明白城市有什么文化资源，搞清楚家底，并合理保护和利用这些珍贵的文化资源，才能建立起城市的文化自觉、文化自信。"程遂营这样阐释。

正是这份对于传统文化的自信与传承，再加上自身丰厚的历史积淀，程遂营为河南大学旅游管理专业的壮大，不辞辛苦，孜孜以求。

1993年，历史文化学院开办旅游管理专业方向，程遂营成为第一个从历史专业转入旅游管理专业的教师。之后，旅游管理专业从系到学院，建立本硕博完善的培养体系，跻身全国一流本科专业行列。一路走来，程遂营深有感触："旅游不仅是我钟爱的专业，更是我的事业，我的生活不可或缺的一部分。"

"坚定文化自信，一是要守正，二是要创新。要做好这两点，是一件很苦的事儿，须有'板凳宁坐十年冷，文章不写半句空'的治学精神。"尽管"外面的世界很精彩"，程遂营心定气闲，不辍耕耘，甘做文化传承的"精神贵族"。

谈为人处世："孔子是我的精神偶像"

每个时代的人都有自己的精神偶像。程遂营坦言："孔子是我的精神偶像。"

回想起自己的成长经历，他出生于小村庄，家境贫寒，却立志高远，成为该村走出的第一位大学生、第一位硕士、第一位博士、第一位出国深造的学者。对此，程遂营很感恩父母："他们虽然读书不多，但是忠厚、善良,有爱心。长期浸染在朴素有德的家风里,'仁义礼智信'逐渐成为我的人生信条。"

当提及这些年获得的诸项殊荣,程遂营认为:"殊荣的最大价值不仅在于对过去的肯定,更是对未来的召唤。"至于成功的原因,他回答说:"'学而不思则罔,思而不学则殆。'是我朝斯夕斯的治学态度与工作方式。"

关于如何为人处世,程遂营说:"'隐'是很关键的环节,要做到'用之则行,舍之则藏'。"当登上《百家讲坛》一夜成名后,程遂营在校园散步,时常会被认出来。"咦?这不是《百家讲坛》上的程遂营老师么?"这时,程遂营会很幽默地笑着说:"不好意思,你好像认错人了。"

"仁者爱人"是孔子思想的精髓,简单来说,就是人与人相处要彼此尊重,平等对话与交流。"程老师尊重我们每位同学的人格和自尊心,尊重我们之间的个性差异,因材施教,循循善诱,我感觉在读研期间进步很大。"河南财经政法大学副教授荣培君对导师程遂营充满了感激之情。

《论语·述而》中对孔子有这样的描述:"子温而厉,威而不猛,恭而安。"这是程遂营希望达到的人生境界。

在记者的多次采访中,程遂营始终温文尔雅、勤谨和缓,如同品读程遂营的新书《长江边的名城》之感:"驾一叶轻舟,在春风秋月里,在声声猿啼中,不经意间已飞渡万水千山。"

文字 / 赵雪

(2022年6月16日,发表于河南日报客户端)

文章链接

百载弦歌：赓续荣光担使命

梦想青春终将嘹亮
——校友马可在烽火硝烟中的青春故事

在中国共产党百年辉煌历程中,有一段属于中国高等教育的时代传奇,有一首属于中国高校青年的烽火壮歌。

今天的党史故事百校讲述活动,为您讲述的是河南大学校友、人民音乐家马可和那一代人的青春故事。

马可(1918—1976年)

也许很多人并不熟悉马可,但一定听过他创作的歌曲《南泥湾》《咱们工人有力量》和歌剧《白毛女》《小二黑结婚》。这个从实验室里走出来的人民音乐家,在40多年的音乐生涯中,一共创作了600余首各类声乐作品,用旋律催生革命激情,用歌声礼赞伟大时代。

在河南大学读书时的马可

1935年,17岁的马可以优异的成绩考入河南大学化学系,他对自己最初的青春规划是成为一名化学家。然而,面对日寇入侵、四郊多垒的社会现实,马可意识到,民族危难之时,音乐的救亡效果也许更加直接。

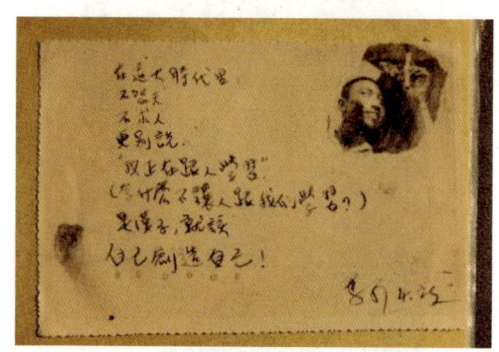

马可日记

于是,他毅然放下手中的试管和烧杯,参加开封万名学生"卧轨请愿"活动,投身革命歌曲创作,并带领河南大学众多爱国学子建立起了一支名为"怒吼"的抗战救亡歌咏队,为中原地区的抗战救亡运动唱响了最嘹亮的歌声。就在那个时候,意气风发的青年学子马可,在河南大学的校园里,遇到了前来开封宣传抗日的音乐家冼星海,并结下了一段影响深远的师生情缘。

河南大学怒吼歌咏队,前排左五为马可

1937年,抗战的烽火迅速燃遍了祖国的大江南北,此时的河南大学与马可都不得不为这场战争做出抉择。始终将中原教育的责任与使命放在首位的河大师生们,做出了一个让当时国内教育界震惊的决定——坚持"敌前办学""运动办学""抗战办学"。

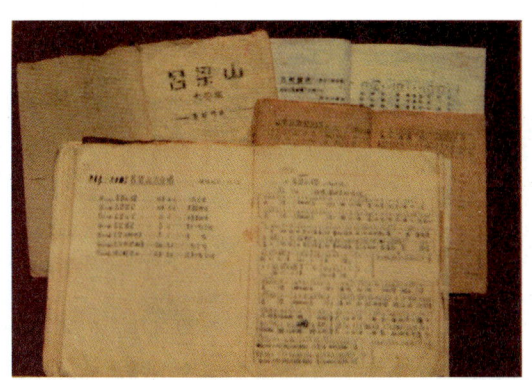

马可创作手稿

母校河南大学担负中原教育的决心,深深地感动并激励着年轻的马可,使得满怀"文艺报国"理想的他放下学业,一路北上奔赴延安,开始了他人生崭新的起点。从鲁艺,到内蒙古,到东北,再到北京,马可与更多的革命挚友一道,用脚步丈量祖国的万水千山,一路战斗,一路高歌,创作出大批反映人民生活、激励民族觉醒、讴歌时代洪流的音乐作品。

一边是连天烽火,一边是弦歌不辍。抗战八年里,在豫南、豫西,乃至千里之外的宝鸡、汉中,手无寸铁的河大师生,不畏生死,五次迁徙,将课堂作为战场,把读书当成战斗,以血肉之躯守护着千年积淀的文化命脉。在西南更远的昆明,同样,在抗战的烽火中,西南联合大学的仁人志士、进步青年,热血殷红,弦诵不绝。他们,以一场旷世"文人长征",创造了中国教育史、革命史上的奇迹。

2013年,在马可诞辰95周年之际,河南大学历时两年精心打造的《人民音乐家——马可作品音乐会》在河南大学百年礼堂进行了首演。百余名师生怀着对马可的敬仰,在马可曾经"怒吼"过的舞台上,用歌声缅怀这位优秀的校友、这位伟大的革命战士。

时至今日,又一个八年。作为河南大学爱国主义教育创新课程,马可作品音乐会复排了7次,先后有700余名师生参与排演,并走进全国20多所高校,面向40余万名学子讲述马可故事,弘扬马可精神。

2013年12月24日,《人民音乐家——马可作品音乐会》在河南大学首演

一代人终将老去,但是总有人正在年轻。血与火的年代,离我们越来越远,但那段烽火岁月中的坚守,还有那些离我们远去的人、留下的精神,我们不应该忘记,也不会忘记,我们还要讲给更多的人听。因

为——能看到多远的过去,就能看到多远的未来。

整理/赵雪 张紫源

(2021年3月29日,发表于河南大学官微)

 精选留言

@E.I.U:河南大学校友马可用脚步丈量祖国的万水千山,一路战斗,一路高歌,为中原地区的抗战救亡运动唱响了最嘹亮的歌声。他用旋律催生革命激情,用歌声礼赞伟大时代。共讲马可故事,弘扬马可精神,铭记烽火岁月中的革命历史,传承革命精神。

@龙的传人:在国家处于最艰难困苦的时期,马可选择和国家与人民同呼吸,共患难,用激情澎湃、催人奋进的音乐鼓舞与激励人民进行抗战,这点精神是最为可贵的,是真正的爱国爱民。

 文章链接

宋纯鹏受邀参加建党百年庆祝活动！他说……

6月28日至7月1日，庆祝中国共产党成立100周年系列活动在北京举行。作为"全国杰出专业技术人才"代表，河南大学校长宋纯鹏带着全校师生对党的深情祝福和美好祝愿，受邀赴北京参加中国共产党成立100周年庆祝活动。7月2日，返回学校重新投入工作的宋纯鹏第一时间接受记者采访，动情讲述此次参加庆祝中国共产党成立100周年系列活动的经历和感受，言辞间饱含向党致敬、为党庆祝、以党为自豪的深情，以及对如何通过党史学习教育凝聚师生精神力量、推动学校更好更快发展的深入思考。

观看文艺演出《伟大征程》

6月28日晚，北京奥林匹克中心区流光溢彩、美轮美奂，喜庆的中国结灯饰、醒目的庆祝活动标识、多彩的盘龙式花柱，表达着对中国共产党百年华诞的喜庆祝福。金光映射中的国家体育场鸟巢，与深蓝色的国家游泳中心水立方遥相呼应。国家体育场内，灯光璀璨。中央舞台的巨型屏幕上，金色党徽在红色幕布的衬托下熠熠生辉，两侧分别书写着"1921"和"2021"金色字样。舞台最高处，100名礼号手身姿挺拔，两侧旋转布景中，战士的群像岿然屹立。英姿勃发的青年手捧红色花束，汇聚在舞台中央。随着激昂深情的歌声响起，绚烂的焰火升腾出"100"的纪年，盛放在国家体育场上空。舞台上，点点星火汇聚成党徽的图案，拉开演出帷幕。

回忆现场观看庆祝中国共产党成立100周年文艺演出《伟大征程》的一幕幕，宋纯鹏记忆犹新。据他介绍，整场演出以大型情景史诗的形式呈现，共分为"浴火前行""风雨无阻""激流勇进""锦绣前程"四个篇章，综合运用多种艺术手段，将一百年来中国共产党带领中国人民进行革命、建设、改革的历史关键节点完整展现出来。

"现场观看演出受到的震撼力是很强烈的，一是通过这种大型情景史诗的形式再次回顾了中国共产党成立100年来波澜壮阔的光辉历程，那种身临其境的体验让人感受更加深刻，更加深感于我们党从创建到不断壮大的不易和伟大。另一方面，这样一种大型演出的成功举办，包括多种现代手段的运用、成千上万演出人员的调度、整场晚会的有序组织，本身就有力说明了我们党的伟大感召力、组织力以及我们亿万中华儿女对党的忠诚信仰！"宋纯鹏表达观看感受，自豪之情溢于言表。

参观党史展览馆

相比于庆祝中国共产党成立100周年文艺演出带给人的"视听"震撼效果,6月29日参观新落成的中国共产党历史展览馆则让宋纯鹏感到在更多细节体验中接受了系统的党史学习教育。

宋纯鹏介绍,中国共产党历史展览馆是以中国共产党党史为主线、全景式展示中国共产党矢志不渝奋斗之路的永久性展馆,也是国内目前单体规模最大、功能最全面、地位最重要的国家级展览馆,将于"七一"后适时对公众开放。其首展为"不忘初心、牢记使命"中国共产党历史展览,从展厅的一楼到三楼,按照中华民族站起来、富起来、强起来的历史脉络,精心设计了"建立中国共产党 夺取新民主主义革命伟大胜利""成立中华人民共和国 进行社会主义革命和建设""实行改革开放 开创和发展中国特色社会主义"和"推进中国特色社会主义进入新时代 全面建成小康社会 开启全面建设社会主义现代化国家新征程"四个部分,通过2600余幅图片、3500多件套文物实物,第一次全方位、全过程、全景式、史诗般展现中国共产党波澜壮阔的百年历程。

"在展览中,看到很多生动、鲜活的史料,比如一些早期党的领导人讲话提纲等珍贵史料、一些共产党人使用过的珍贵文物实物和一些逼真的重大事件复原景观等,真正体现了党的历史是最生动、最有说服力的教科书,让我们进一步感受到了我们党以恒心守初心、以奋斗担使命、以'为有牺牲多壮志,敢教日月换新天'的勇毅豪情,创造了经济社会快速发展和社会长期稳定的伟大奇迹。"

采访中,宋纯鹏提起,自己也曾先后在延安、井冈山等红色革命根据地学习生活,尽管多次经历这样沉浸式的体验,但每一次学习都会让自己深受感动和教育,每一次都会有不一样的启发和体悟。这次有幸参观"不忘初心、牢记使命"中国共产党历史展览,更是让自己的思想和精神再一次受到洗礼,再一次感动于党的历史之不易、革命先辈之不易,再一次将这种感动和感悟化为内心无穷的精神力量!

天安门广场聆听总书记讲话

最让宋纯鹏难忘的是7月1日在天安门广场参加庆祝中国共产党成立100周年大会,现场聆听习近平总书记振奋人心、催人奋进的重要讲话。

"那天凌晨3点我们就整装前往天安门广场集合,有的工作人员甚至是整夜都在那里做着准备。"回忆庆祝大会召开过程的一个个细节,宋纯鹏依然感到心潮澎湃,"大会开始前,中国人民解放军71架战机飞向天安门广场,空中护旗梯队5架直升机分别悬挂中国共产党党旗和写有'伟大的中国共产党万岁''伟大的中国人民万岁''伟大的中华人民共和国万岁''全国各族人民大团结万岁'的条幅迎风向前;直升机、战斗机分别组成'100''71'字样掠过长空,15架歼-20飞机组成3个梯队呼啸而过,教练机拉出10道彩烟,精彩的表演激起一阵阵欢呼声;共青团员和少先队员代表集体致献词,向党致以青春的礼赞,抒发'请党放心、强国有我'的铮铮誓言;全场人员齐唱《国歌》时,每一个人都用情用力,唱出最大声,有的人甚至把嗓子都喊哑了……这一切都让人心中溢满激动自豪之情!"

"当习近平总书记发表重要讲话时,这种激动的心情更是达到了最高点。"宋纯鹏说道,"习近平总书记的重要讲话字字铿锵、警句频出、精彩纷呈,全面回顾了中国共产党百年奋斗的光辉历程,展望了中华民族伟大复兴的光明前景,为中国未来发展绘制了蓝图,指明了方向,具有震撼人心、催人奋进的强大精神力量,让我们对实现中华民族伟大复兴的中国梦，对中国人民更加幸福美好的未来生活充满向往、信心和底气！"

"中国人民也绝不允许任何外来势力欺负、压迫、奴役我们，谁妄想这样干，必将在14亿多中国人民用血肉筑成的钢铁长城面前碰得头破血流！""伟大、光荣、正确的中国共产党万岁！伟大、光荣、英雄的中国人民万岁！"跟随习近平总书记一句句精彩讲话，天安门广场不断爆发出欢呼喝彩声，所有人激动、骄傲、自豪、热爱的感情都包含在了这一声声呐喊里。

"这就是我们中国共产党，具有全球影响力的世界第一大执政党，伟大、光荣、正确的中国共产党，具有无与伦比的精神感召力，具有无可比拟的精神凝聚力，具有无比广阔的发展潜力和前景！"回忆当天的一幕幕场景，宋纯鹏深感难忘，他表示，这些肺腑之言因亲身经历而感受更加强烈。

把信仰和精神转化为更大创造活力

受邀参加中国共产党成立100周年庆祝活动已成为经历和过往，回到现实，如何把参加活动的感悟和收获用于指导工作实际，如何能更好地以党史学习教育为契机，让广大师生真正学进去，有所悟，激发起全校师生更加积极主动干事创业的热情，凝聚起全校推动"双一流"建设更加强大的精神合力，是宋纯鹏认真、深入思考的问题。

习近平总书记在党史学习教育动员大会上指出，在全党开展党史学习教育，是党中央立足党的百年历史新起点，统筹中华民族伟大复兴战略全局和世界百年未有之大变局，为动员全党全国满怀信心投身全面建设社会主义现代化国家而做出的重大决策。

对此，宋纯鹏说，立足于中华民族伟大复兴战略全局和世界百年未有之大变局，我们应该将党的百年历史置于中华民族5000多年文明史中，置于500年世界社会主义进程史中，以更纵深的维度和更广阔的视野，深刻领会我们党在成立100周年这个重大时间节点开展党史学习教育的深刻历史和现实意义。

"作为高校，要通过党史学习教育对我们学校自身发展，包括学校的发展目标和方向、未来规划和布局等都有一个全面性战略性的思考。更重要的是要把从党史学习教育中汲取的精神力量真正转化成为师生办实事、为学校开新局的现实行动，把对党的信仰和热爱转化为更大的创造活力，不断推动学校'双一流'建设取得新的发展成就，真正办好让人民满意的高等教育。"

宋纯鹏继续说道："不要认为这样的话离我们很遥远，党史学习教育也绝不是走过场，开几次会就算是学了，要真正用心用情学，真正感悟，真正受到教育，而且是与我们每名师生都息息相关。这次庆祝大会，习近平总书记首次提出'坚持真理、坚守理想，践行初心、担当使命，不怕牺牲、英勇斗争，对党忠诚、不负人民'的伟大建党精神，指出这是中国共产党的精神之源。如果每个人都能深刻悟透这种精神，每个人都能把这种精神转化为实际行动，哪怕是非常小的一个举动，那么亿万中国人民形成的合力也将会是非常惊人的！对于一所学校来说，也是同样的道理。"

"就像天安门广场上万人齐唱国歌的情形，无论是演职人员、观众或志愿者，也无论他们处在什么位置，扮演什么角色，都尽情忘我投入付出，团结协调，最终才能呈现出来万众一心、奋力拼搏的壮丽画面和那样震撼人心的效果。在现实当中更应该如此，每一个人无论处在什么岗位，通过党史学习教育和庆祝建党百年华诞相关活动，不断激发出干事创业的激情、团结一致奔向目标的勇气，学校的事业和一流大学的宏伟蓝图就能够实现。通过这些造就人人都应有所贡献的最大现实，才能成就百年名校振兴的梦想。"宋纯鹏语重心长地说道。

文字 / 吴继娟

（2021年7月5日，发表于河南大学官微）

 **精选留言**

@茗念："浴火前行""风雨无阻""激流勇进""锦绣前程"，一步步扎实，一路上风雨载歌。百年恰是风华正茂，百年仍需风雨兼程。

@Henuers，"激发出干事创业的激情、团结一致奔向目标的勇气"，相信学校的事业和一流大学的宏伟蓝图就能够实现！行远自迩，笃行不怠——亦为向上的河大人点赞！

@蓝海V：有宋校长这样的科学家做舵手，河大一定会越来越好。

文章链接

好看！好听！炫酷！大型排舞展演来啦！！

2021年是中国共产党成立100周年。站在"两个一百年"的历史交汇点，为庆祝中国共产党成立100周年，5月29日上午，天朗气清、惠风和畅，"庆祝中国共产党成立100周年—百城联动/百首原创/百万同跳"大型排舞展演河南主会场活动在河南大学明伦校区大礼堂广场正式开幕。

河南省啦啦操健身操舞协会秘书长、河南省排舞协会主任、国际级裁判李亚楠，河南大象融媒集团党委委员、副总经理、河南广播传媒集团董事长张建生，以及校领导卢克平、许绍康、杨中华、孙功奇、杨朝阳，校总会计师韩守富，活动组委会成员和部分学院师生代表等参加开幕式。

李亚楠宣读全国排舞广场舞推广中心贺函。她表示，在全国庆祝建党百年、全党开展党史学习教育的大背景下，国家体育总局体操运动管理中心结合"不忘初心、牢记使命"的重要论述，坚定"发展体育运动，增强人民体质"的体育使命，依托群众体育基础，凝练体育文化特色，组织开展本次大型排舞展演活动。她指出，排舞通过近几年的发展，已成为全国各地幼儿园、中小学大课间的健身锻炼项目，高校排舞选修课、排舞社团更是遍地开花，有效促进了广大青少年学生健康体质水平的提高，校园排舞已成为体教融合发展中一种良好的实践模式。她相信，在全国排舞广场舞推广中心及河南省中心的努力下，在河南大学的大力支持下，在全省骨干老师的努力下，校园排舞一定会有更快更好的发展。

校党委书记卢克平致辞。他表示："没有全民健康，就没有全面小康。"习近平总书记亲自谋划和推动全民健身事业，把全民健身作为全面建成小康社会的重要组成部分，更好发挥全民健身在实现中华民族伟大复兴中国梦中的积极作用。国家体育总局体操运动管理中心组织开展大型排舞展演活动，是积极落实健康中国战略、喜迎建党100周年的重要抓手和有力举措，对构建全民健身大格局，增强人民幸福感、获得感、安全感具有重要意义。河南大学创建于1912年，是河南省历史最为悠久的高等院校，也是国家"双一流"建设高校。本次大型排舞展演活动河南主会场设在河南大学，必将有力促进学校公共体育艺术事业的发展，进一步丰富校园文化生活，鼓舞师生以饱满的热情、昂扬的姿态迎接党的百年华诞，在"双一流"建设的道路上阔步前行。

活动现场，当国家体育总局规定曲目《没有共产党就没有新中国》、河南大学原创曲目《颂党扬辉光》等先后在大礼堂前广场、东操场的上空响起时，学校数千名青年学生身着统一服装，伴随铿锵的音乐节拍，边唱边舞。他们脸上洋溢着灿烂的笑容，动作整齐划一，娴熟地展示着排舞动作，彰显了学子们的蓬勃朝气，展示出广大师生喜迎建党百年的昂扬风貌。

通过舞蹈《没有共产党就没有新中国》，重温朴实的歌词和滚烫的旋律，坚定了始终跟党走的信念；通过舞蹈《颂党扬辉光》，贴切而巧

妙地融入《河南大学校歌》《唱支山歌给党听》等歌曲元素，使演出主题突出，特色更加彰显。开幕式导入演出，通过红歌传唱、党徽传递、精神传承，反复唱响改编版《唱支山歌给党听》，共同抒发以老中青三代为代表的全体河大人心中的爱党情怀，致敬伟大的中国共产党。改编版《唱支山歌给党听》中单声部的传统旋律—二声部的轮唱—三拍子的律动变化—大段器乐化的呈现—转调的齐唱，通过老年党员、中年党员、青年党员、全体党员和青年学子传递式的歌唱，艺术地呈现了伟大的中国共产党使命担当薪火相传，寓意着党在百年征途中，从星星之火到燎原之势，不断壮大，不断发展，不断注入新鲜血液。整场开幕式演出和展演震撼人心，赢得在场观众阵阵热烈掌声。

大型展演排舞活动感想

作为一名有着33年党龄的老党员，有幸在中国共产党成立100周年的光辉时刻，参加这样一场重要的开幕式演出，我感到光荣和自豪。我们老中青三代党员传唱红色歌曲《唱支山歌给党听》，传递金灿灿的党徽，寓意着我们伟大的中国共产党通过一代代共产党人的艰苦努力和精

神传承,秉持为中国人民谋幸福,为中华民族谋复兴的初心使命,带领中国人民在革命、建设、改革、复兴的历史征程上艰苦奋斗,不断迈进,创造了一个又一个人间奇迹。希望今天的青年学子,珍惜来之不易的美好生活,努力学习,增长才干,做中国共产党奋斗精神的传承人,做社会主义的合格建设者和接班人。

——老党员代表、音乐学院退休教师朱敬修

在全校师生共同庆祝中国共产党成立100周年之际,我很荣幸作为中年党员代表参与到本场开幕式的演出中。当我从朱老师的手中接过党徽的时候,我真切地感受到了革命精神的传递与传承。当我和现场100名党员重温入党誓词的时候,字字铿锵有力,句句掷地有声,《唱支山歌给党听》的悠扬旋律与气势豪迈的铮铮誓言形成了宏大的交响,回荡在大礼堂广场的上空,那就是我们全体河大人对伟大的中国共产党最激动、最诚挚的赞颂和祝福。

——中年党员代表、音乐学院教师王新

这场大型排舞展演开幕式的导入节目,设计新颖,寓意深刻。当我从中年党员代表的手中接过党徽、佩戴党徽的时候,心情无比激动。精神的传承、力量的延续,让我更为明白我们这代人的时代责任。身为一名青年党员,通过这段时间参与排舞的练习和演出,以及学院党委组织开展的党史学习教育,我更加坚定了入党的初心和奋斗的决心,自觉承担从先辈手中接过的历史使命,传承红色基因,不忘初心、牢记使命,只争朝夕、不负韶华,以实际行动擦亮胸前的党徽!

——青年党员代表、音乐学院2019级研究生杨丽蓉

据悉,此次大型排舞展演活动由国家体育总局体操运动管理中心主办,河南大学承办,河南大学党委宣传部、河南大学工会统筹。自接到上级文件后,我校高度重视,认真筹划,并详细制定《关于开展河南省"庆祝中国共产党成立100周年—百城联动/百首原创/百万同跳"大型排舞展演活动的方案》,下设活动组委会,并在任务分工、疫情防控、条件保障、展演排练等诸方面精心部署,将党史学习教育、体育课程思政与体育精神弘扬融入排舞展演中,以实际行动和优异成绩庆祝建党100周年。

文字/赵雪 郑兰艳

图片/赵雪 何俊澈 逯群 赵柳娴 王明豫

(2021年5月30日,发表于河南大学官微)

 **精选留言**

@E.I.U：与百城联动，跳百首原创，汇百万祝福，喜迎中国共产党成立100周年！在河南大学主会场上，数千名青年学子舞动青春，跳出了当代青年奋发进取的精神面貌，跳出了对中国共产党永葆青春活力的美好祝愿。作为新时代青年，我们要传承红色精神，坚定理想信念，有理想，有担当，有作为，在祖国最需要的地方绽放青春之花。以饱满的热情、昂扬的姿态迎接党的百年华诞！

@香径花落：不忘初心、牢记使命！新的一百年，河大学子以青春的姿态展示吾辈自强不息之风采！

 文章链接
（含开幕式短片、排舞展演《没有共产党就没有新中国》《颂党扬辉光》，总时长8分15秒）

我的青春在延安

"打断骨头连着筋,扒了皮肉还有心,只要还有一口气,爬也爬到延安城。"20世纪三四十年代,陕西延安,这个远在西北一隅的小镇,物资匮乏,条件艰苦,但并不妨碍它成为温暖、明朗和蓬勃向上的圣地,成为万千爱国青年梦寐以求的理想所在。

这其中,河南大学的热血师生伴着连天烽火,冲破重重险阻,千里迢迢奔赴延安,戎马沙场。他们如同黑夜中的星光,连成无边的星空,散发着广袤而深远的光芒，留下了温暖而又坚定的爱与力量。

"我的眼泪流了一脸盆"

"延安，延安啊，什么时候我能够看见那庄严雄伟的古城！"这是马可在日记中多次记述的梦想。

近代著名作曲家、音乐理论家、人民音乐家……马可有多个头衔，但他有着一个最为固定而温暖的身份——河南大学校友。

1935年，百折不挠的河南大学迎来了怀揣救国梦想的八方学子。其中，有一个面目清癯的青年，来自江苏徐州，他有个洋气的名字——马可。

这一年，马可17岁。

17岁的马可，从镌刻着"明德新民，止于至善"的门楣下走过，大礼堂映入他的眼帘，他就这样融进刚过弱冠之年的河南大学。

当时马可的青春规划是做"大众化学家"，他想通过自己的发明和创造，实现科学救国的梦想。

四郊多垒，国仇难忘。1936年秋，在钻研化学的同时，马可惊觉，民族危难之时，音乐的救亡效果也许更加直接。在日记中，马可毅然决然地做出割舍，"此时，大众的精神需要艺术来武装"。

他参加开封万名学生"卧轨请愿"活动，以歌唱、演剧等方式为武器，积极投身革命歌曲的创作，号召大众从沉睡中觉醒，投入抗战。

他开始埋头自学写作，并将习作辑录成集，名《牙牙集》，自喻"婴儿牙牙学语"之意。

抗日战争全面爆发后，正在老家度暑假的马可马上赶回学校，组织发起了怒吼歌咏队，追随著名音乐家冼星海参加了各种救亡歌咏集会，创作出《保卫洛阳》《守黄河》《吕梁山大合唱》《游击战歌》等200多首极富战斗性的救亡作品，在群众中影响很大，被冼星海称赞为"极力趋向大众化、民族化的新形式"。

就这样，马可和同学、战友一起，以青春为背景，以音乐做武器，一路抗战，一路高歌，以坚实的脚步丈量着祖国的万水千山。

1939年12月，冼星海给马可写信，希望他能去延安鲁迅艺术学院（以下简称鲁艺）充实理论修养。同年底，梦想变成了现实，马可义无反顾地踏上了去延安的路。

1940年1月，马可携夫人杨蔚从山西辗转延安，进入鲁艺音工团工作，继续向冼星海学习作曲。7月，他被派往由著名诗人柯仲平领导的边区"民众剧团"任音乐教员，在那里向民间艺人学习民间音乐。他亲自印刻《民间音乐研究》创刊号，在创刊号上发表文章《陕北土地革命时期的农民歌咏》。

1942年延安文艺座谈会后，鲁艺师生率先掀起新秧歌运动，马可是其中的积极推动者之一。随后，马可创作了歌曲《南泥湾》、秧歌剧《夫妻识字》、大型民族歌剧《白毛女》等。

"创作《白毛女》时，我的眼泪流了一脸盆。"《白毛女》创作过程中，马可想到自己，想到祖国的命运，他一边写一边流着眼泪。"我对你们的希望已通过我一生的道路而表达。"这是马可写给子女的遗言。这不是一种理论性的教育，马可"为人民而歌"的一生是自己走出来的，是从无数的试验中走出来的，是从几百首作品创作中走出来的。

"永远做党的好女儿"

1931年9月18日夜，沈阳民众被爆炸声惊醒，炮火纷飞，硝烟弥漫，空前的民族灾难降临到了中国人民头上。

被炮声震醒的广大市民彻夜未眠，纷纷询问这究竟是怎么一回事。时任中共满洲省委常委、宣传部部长赵毅敏感觉到了自己所承担的艰巨使命。怎样才能第一时间向全社会发出声音,告诉民众到底发生了什么?民众们应该怎么干……

紧急关头,昏暗的灯光下,赵毅敏连夜写作宣言。9月19日上午,枪声未停,中共满洲省委举行省委常委紧急会议,会后发表了由赵毅敏起草修改的《中共满洲省委为日本帝国主义武装占领满洲宣言》(以下简称《宣言》),成为世界反法西斯战争史上的第一篇宣言。

当天,《宣言》分中、韩、日三种文字秘密油印,由党员和进步学生散发到沈阳的街头巷尾,张贴在墙上、门上、电线杆上……

赵毅敏,1917年至1922年在河南留学欧美预备学校(河南大学前身)学习。"学校的爱国主义教育使我受惠终生。"五年刻苦勤勉的学习生活,对赵毅敏革命意志的培养有着决定性意义。

1919年五四运动中,赵毅敏和同学们走上开封大街,游行示威,张贴标语,呼喊口号:"中华,中华,发达!发达!超欧美,兴东亚!千秋万代,大中华!大中华!"赵毅敏等人的爱国壮举,使奉命前来监视的军警也感动得不再干预他们的行动。

1938年,赵毅敏进入延安,先后任鲁艺副院长、延安大学副校长、冀察热辽联合大学校长、延安《解放日报》秘书长等职务。赵毅敏工作耐心细致,在当时困难的条件下,他热情帮助初到延安的冼星海解决了生活上的许多困难,又在政治上给予他充分信任,介绍冼星海加入中国共产党。心情舒畅的冼星海,在短时间内就创作出了优秀民族音乐史诗《黄河大合唱》。

战火蔓延,从北到南,从东到西。1934年秋至1937年夏,邓拓在河南大学度过了三年时光。其间,邓拓发表《论封建社会"长期停滞"的问题》《再论中国封建制度的"停滞"问题》《论中国经济发展史中的奴隶制问题》等数十篇文章,就中国社会性质问题同托派分子等展开论战。1937年,邓拓用文言文撰写的《中国救荒史》由商务印书馆列入中国历史研究名著丛书出版。这部25万字的著作,是国内首部从社会经济学角度研究中国历代灾荒实况和救治理论政策的专著,在中国学术史上占有独特地位。这一系列社会科学论文和著作,均用马克思主义的观点和方法,对当时中国社会各种问题和各种错误思潮进行批判,为宣传马克思主义做出了重大贡献。

1936年10月,在中共领导下,中华民族解放先锋队(以下简称民先队)在开封成立。邓拓被推举为民先队开封支队总队长,领导进步学生开展爱国斗争,使当地抗日救亡运动达到了一个新的高潮。

其间,邓拓积极参加进步活动,经常深入各学校,参加青年学生的读书会、座谈会,为大家讲解时事,分析全国救亡运动的形势,启发和鼓舞同学们积极参加抗日救亡运动。邓拓以其渊博的知识、强烈的感染力,很快赢得了青年学生的尊敬,在开封青年学生中享有极高威信。

到延安后,作为一名忠诚的马克思主义者,邓拓紧握战斗的笔,热情洋溢地宣传马克思主义,并始终坚持以马克思主义的原则和立场来观察和研究中国的实际问题。1944年5月,邓拓具体负责编辑出版了有五个分册的《毛泽东选集》,这是我国出版界问世最早的一部《毛泽东选集》。

"几回回梦里回延安,双手搂定宝塔山。"就这样,延安犹如一块巨大的磁石,强烈地吸引河南大学众多热血青年奔涌而来——

尹达(原名刘燿),1925年入中州大学(今河南大学)预科,1928年升河南中山大学(今河南大学)本科学习。在兄长赵毅敏(原名刘焜)的影响下,尹达奔赴延安,参加革命。到延安后,他先在短训班学习,不久进入马列学院第一班,与邓拓、李先念等人同班学习。在延安时,尹达以马克思主义观点撰写《中国原始社会》一书。他尝试把考古学与历史学的研究结合,服务于理论斗争的道路,被认为是"结合考古实物资料运用马克思主义来研究中国古代史的第一人"。

"杰出的外交家"王国权(1930年考入河南大学预科),1931年与河南大学同学在开封组织了"西北研究会",受进步思想的影响,参加了党的外围组织"社联""左联"和"反帝大同盟"。1936年从日本回国后,转道赴延安,1937年在延安抗大四大队及军事队学习,后任晋察冀一分区地委副书记、书记兼军分区政委等职务。

"怀革命赤子之心的现代著名作家"王实味,1923年考入河南留学欧美预备学校(河南大学前身)学习。学校以培养留学生为主,非常重视英语教学,王实味天资聪颖,刻苦勤奋,英语水平提高很快,为其日后从事文学翻译和革命工作打下了良好基础。1935年,王实味回到河南开封,任教于省立女子中学。他向学生推荐鲁迅的作品,积极参加抗日救亡活动,还创作了题为《要落的太阳》的独幕剧,在开封各校演出,获得了很好的反响。1937年,王实味在开封重新加入中国共产党,同年10月经河南大学教授范文澜介绍,奔赴延安,任教于鲁艺。在延安期间,王实味向往光明,追求完美,通过杂文方式鞭挞社会灰暗,力求变革旧社会。

"如椽巨笔写历史"的周而复,1932年考入河南大学中文系,渴望"研究中国古典文学,为祖国文艺事业略尽绵薄之力"。抗战时期,周而复奔赴延安,以更大的热情战斗在抗日斗争第一线,这为其日后创作大量反映抗日战争的优秀作品提供了鲜活的实践素材。

此外,还有戴伯行、彭云、张志专、金紫光、曲乃生、杨英杰、曾克等胸怀理想信念的爱国青年知识分子,奔赴延安,投身革命,积极参加抗日救亡。

"我们漫步在滹沱河畔,漫天风沙代替了清风明月,习惯了的战斗生活,倒增添了几分豪情……"这是邓拓和妻子丁一岚忠贞不渝的爱情佳话。临终,在给丁一岚和女儿的遗书中,邓拓满怀深情地说:"盼望你们永远做党的好女儿,做毛主席的好学生,高举马列主义、毛泽东思想的伟大红旗,为社会主义和共产主义的伟大事业奋斗到底!"

"与群众完全连在了一起"

1937年初,民先队以多种形式到街道、乡村、工厂进行抗日宣传,推动了抗日救亡运动的发展。

抗战全面爆发前后,河大师生组建开封市基督教青年会话剧团、大众剧团和怒吼歌咏队,在大礼堂演出救亡话剧和抗日歌曲。1937年9月,由洪深、金山、冼星海等组织的上海救亡演剧二队和马彦祥、贺绿汀等人组织的上海救亡演剧一队及五队的戏剧家们来到大礼堂,和河大师生一起演出多次,把开封的抗日救亡运动推向了高潮。

与河南大学关系密切的光明话剧团,以文艺宣传的形式唤醒国人,在豫东豫西先后演出了《张家店》《九一八以来》等十多个剧目,"与群众完全连在了一起,欢呼、啼哭的声音不断在台下发出",取得了很好的宣传效果。

1937年11月,中共河南省委以河南大学进步教授嵇文甫、范文澜的名义,开办了河南大学抗敌工作训练班(以下简称抗训班),培训救亡运动骨干。举办第一期抗训班后,范文澜率领70余人沿平汉铁路一路步行南下,将抗日救亡运动推向全省。1938年6月,他辞去河南大学教授,毅然投笔从戎,参加新四军游击队,被誉为"文武双全的民族英雄"。1939年9月,范文澜受命转移到延安。在延安,范文澜有机会读到更多马列著作,思想发生了一次重要飞跃。在延安工作期间,他受中共中央和毛泽东的委托,组织人员编写了中国史学史上具有划时代意义的《中国通史简编》(包含《中国近代史》)。

郭晓棠,1927年考入省立中山大学(1927至1930年,河南大学更名为省立中山大学),1931年9月担任河南大学师生代表组成的反日救国委员会主席。1941年7月,根据中央指示,河南省委及部分区级以上干部撤退至延安。郭晓棠向中央汇报了河南工作情况，并呈交了其代表省委撰写的《河南工作报告》《河南巩固党工作的经验总结》和自传体材料《自述〈我是怎样走到革命道路上来的和我对革命有些什么贡献〉》等文件，成为当时革命者中的佼佼者。

随着抗日运动的不断深入，各地宣传抗日救亡的刊物也大量涌现，其中风行一时的《风雨》周刊，河南大学在其创刊时起了重要作用。曾参与《风雨》编辑工作的王阑西在回忆录中写道："1937年8月，一群热心抗日的朋友在开封聚集，他们先后认识了范文澜、嵇文甫、姚雪垠等河大教师。大家召开了一次河南文化界抗日救亡座谈会，决定创办名叫《风雨》的周刊。"1937年10月3日，《风雨》周刊刊登了来豫音乐家冼星海的一封信。在信中，冼星海写道："当我在车旁的一角来望着你们张口高歌的时候，我不能忘记你们每一个人的面孔，每一个人的努力，为民众解放而歌唱的心声，我感到我两眼有了热泪，心比平常更跳动。"

河南大学当年的这些师生、剧团不仅用燎原的星火唤醒了劳苦大众，也深深影响了当地追求进步的青年学子，跋山涉水奔赴延安。

杨士斌1936年参加民先队，1937年到抗训班学习，1938年随部队到延安入抗日军政大学学习，毕业后分配到晋察冀军区教导团五连当政治指导员。七七事变后，在国破家亡的生死关头，穆廉抛弃了学业，在抗训班学习，后又参加光明话剧团，从此投身革命，走上抗日战场，后奔赴延安，在延安抗大、延安中国女子大学学习，等等。

"我还是那个少年"

"昨日的成长都是印记，所有的成绩都值得被铭记……"

今年清明节前夕，美丽的河大园内，红紫芳菲、草木葱茏。在河南大学与河南电视台联合策划的"河南清明奇妙游之河南大学"活动中，河南大学离退休合唱团，一个均龄近70岁的老年合唱团，在学校庄重典雅的"国保建筑"——留学欧美预备学校校门前，跳起时尚动感的舞蹈，唱响"少年感"十足的《少年》，燃翻全场，网友们纷纷表示"美好到想哭"。

拨开历史的烟云，109年前，也就是在这个旧址处，河南大学创办，见证了千年科举制度的终结，开启了新式高等教育。建校百余年来，河南大学源源不断地往延安输送革命人才，与延安建立了割舍不断的深情厚谊。新中国成立后，从延安走出来的老革命，来到河南大学后，殚精竭虑地反哺着学校的建设与发展：李林，曾担任河南大学党委书记兼校长；赵文山，曾担任河南大学党委副书记等职务……他们前半生投身抗战事业，后半生则把延安精神践行于教育事业，成为延安精神的见证者、传承者和实践者。

一代人有一代人的际遇，抗战时期的那一代人，赶上了一个糟糕的年代。但正因为无法选择，在民族大义之前，他们做出更无畏更勇敢的以身许国之抉择，如同缪弘《血的灌溉》之结尾："自由的大地是该用血来灌溉的。你，我，谁都不曾忘记。"

"高校立身之本在于立德树人。"党的十八大以来，习近平总书记高度重视高等教育事业发展，多次强调立德树人这个根本任务，指出只有培养出一流人才的高校，才能够成为世界一流大学。

这不禁让我们思绪万千，记忆飘回到八十多年前的今天。彼时为赓续中原文化教育血脉的河南大学，正开始她的敌前办学八年历程，师生跋涉上千公里，辗转七地办学，颠沛流离，历尽艰辛，但始终以顽强精神办学不辍。1940年，医学院还得到表彰，被评为全国医学院第三名。此外，河南大学虽在困境之中，办学规模仍有发展，如增设园艺系和高级护士学校，以及扩大农艺系为农学系（内设农艺及植物病虫害两组）等，难能可贵的是，在任何情况下，每年都坚持招生，谱写了一部感天动地的烽火育才记。

时光流逝，情怀未泯。抗日战争胜利73周年之际，河南大学百余人怀着深切的感恩和对历史的缅怀，重走抗战办学路，前往各办学旧址，举行河南大学抗战办学遗址纪念碑揭碑仪式。

"延安精神培育了一代代中国共产党人，是我们党的宝贵精神财富。要坚持不懈用延安精神教育广大党员、干部，用以滋养初心，淬炼灵魂，从中汲取信仰的力量，查找党性的差距，校准前进的方向。"习近平总书记的重要讲话激励着我们不断前行。

2019年7月，河南大学30余名师生前往延安等地，走访了毛主席亲自命名的延安大学，参观了习近平总书记曾经历7年知青岁月的梁家河及延安的多处革命旧址等。

将校史融入党史，深挖百年河大红色校史教育，讲述学校里的马克思主义传播者嵇文甫、马可、邓拓、李大钊等的故事，强化家国情怀和责任担当意识；全校50个二级党组织建好健全"我为群众办实事"台账，共涉及580余项具体事项，并逐项解决落实，广受群众赞誉……党史学习教育开展以来，河南大学创新载体方式，从身边的变化、鲜活的事例讲起，用故事感染人，用细节打动人，让信仰信念根植于魂，"四个自信"内化于心，推动一流学科建设开新局。

"在日寇铁蹄的进犯之下，命运多舛的河南大学，在3000个日日夜夜烽火连天里、2000里风风雨雨战争硝烟中，秉承'百折不挠、自强不息'之精神，始终与国家同呼吸，与民族共命运，以弦歌不辍、依仁蹈义的方式担起了民族大任，谱写了一曲曲可歌可泣的抗争史诗。站在新的历史起点，河大将承继延安精神、抗战办学精神，以史为鉴，以史励志，勇于担当，主动作为，奋进新时代培根铸魂、启智润心的新征程。"河南大学校长宋纯鹏说。

延安是党的革命征程的"落脚点"，也是党前赴后继的"出发点"。2021年，中国共产党迎来百年华诞。"延安是中国革命圣地，是中国共产党人的精神家园。"河南大学党委书记卢克平说，"河南大学将以庆祝建党100周年为契机，把弘扬延安精神有效融入党史学习教育，以实际行动传承延安精神，以信仰之光照亮前行之路，用如磐初心凝聚奋斗伟力，奋力谱写新时代红色育人新篇章。"

"我还是从前那个少年，初心从未有改变。百年只不过是考验，美好生活目标不断实现……"合唱团激情走心的歌声久久萦绕在耳旁，回荡在河大师生们的灵魂深处。

百年恰是风华正茂。目前，河南大学这位"世纪少年"正处在"双一流"建设的关键阶段。在围绕培养什么人、怎样培养人、为谁培养人这一根本问题上，学校党委将全面持续加强对教育工作的领导，坚持立德树人。

文字／王明钦　赵雪

（2021年7月13日，刊发于《河南日报》）

精选留言

@Lucille：延安，作为中国革命的圣地，历经了一系列影响和改变中国历史进程的重大事件，例如抗日战争、解放战争等。以河南大学校友马可先生为代表，河大师生始终以不变的初心应对历史的考验。这种深切的情感难以用言语来表达，这是一篇"起不了标题"的推送！

@Min--------W：我是河南本地人，在河大生活一段时间后，我为自己作为河南大学学子而深感荣幸，我的青春在奋斗中彰显了时代青年人的使命担当，在先辈的鼓舞下，我辈当胸怀天下，敢为人先！

文章链接

汲取党史学习养分　着力培养时代新人

中国共产党的革命历史、奋斗历史，体现着中国共产党人的初心和使命，是一笔巨大的精神财富，为高校培育时代新人注入了"营养剂"。

立大志——坚定青年学子的理想信念

当前，我们要深入学习贯彻习近平总书记重要指示精神，让"学党史、强信念、跟党走"成为广大青年学子的行动自觉。教育引导他们志存高远，把个人追求同国家发展、民族复兴结合起来。要把党百年发展历程中凝练出的精神财富传给下一代接班人,让红色精神成为青年学子的精神食粮,让红色文化成为青年学子热爱的文化形式,教育引导青年一代继承革命先烈遗志,领悟中国共产党的初心和使命,树立为祖国为人民永久奋斗、赤诚奉献的坚定理想,在以习近平同志为核心的党中央领导下,奋发有为,开拓进取,推动中国特色社会主义事业不断向前发展,在实现中华民族伟大复兴征程中贡献自己的青春和力量。

当代青年学子生逢盛世,肩负重任,不仅要在学业上精进,追求真理,勇攀科研高峰,更要从百年党史中汲取精神力量,具有"兼济天下"的胸襟和气魄,心怀"国之大者",把握大势,树立大志,主动服务国家,奉献社会。要自觉想国家之所想,急国家之所急,应国家之所需,在服务国家人民的伟大实践中实现个人理想抱负。

明大德——锤炼青年学子的道德品质

儒家经典著作《大学》开宗明义地说:"大学之道,在明明德,在亲民,在止于至善。"意思是说,大学的宗旨,在于彰显光明的品德;在于反省提高自己的道德并推己及人,使人人都能改过自新、弃恶从善;在于让整个社会都能达到完美的道德之境并长久地保持下去。河南大学的校训"明德新民,止于至善"即源于此。

高校要通过开展党史学习教育,锤炼广大青年学子的品德,教育引导他们自觉树立和践行社会主义核心价值观,热爱祖国和人民,将"富强、民主、文明、和谐"作为个人价值追求;自觉用中华优秀传统文化、革命文化、社会主义先进文化培根铸魂,启智润心;加强道德修养,明辨是非曲直,增强自我定力,矢志追求更有高度、更有境界、更有品位的人生。面对当今纷繁复杂的世界大变局,青年学子更要从百年党史中获得启发,汲取力量,明辨是非,恪守正道,以国家、民族利益为重,坚持崇德向善，把正确的道德认知、自觉的道德养成、积极的道德实践紧密结合起来，努力成为德智体美劳全面发展的社会主义建设者和接班人。

青年学子明大德，就是时刻践行对国家、对民族的崇高历史使命，就是"苟利国家生死以，岂因祸福避趋之"的责无旁贷，就是"五岭逶迤腾细浪，乌蒙磅礴走泥丸"的举重若轻，就是"砍头不要紧，只要主义真"的胸襟胆魄，就是"寄意寒星荃不察，我以我血荐轩辕"的满腔热血。

成大才——增长青年学子的本领才干

千锤百炼才能造就英才。我们党所取得的伟大成就充分展现了共产党人不怕牺牲、艰苦奋斗、改革创新的宝贵精神。新时代的青年学子不能辜负党和人民寄予的厚望，要从党史学习教育中吸收茁壮成长的养分，明确奋斗的目标和方向，把党史知识与成长成才紧密结合起来，以更加昂扬的精神状态和一往无前的奋斗姿态扬起新征程的风帆，在社会实践中提升能力素养，增长本领才干。

广大青年学子要珍惜身处校园的宝贵时光，增强学习的紧迫感、主动性，努力学习马克思主义立场观点方法，努力掌握科学文化知识和专业技能，在系统学习、全面学习中掌握事物的发展规律，使自身的思维视野、思想观念、认识水平能跟上时代步伐；要勇于创新，深刻理解把握时代潮流和国家需要，敢为人先，敢于突破，以聪明才智贡献国家，以开拓进取服务社会；要厚植家国情怀，将理想信念转化为坚定的意志和自觉的行动，把爱国情、强国志、报国行自觉融入坚持和发展中国特色社会主义事业、建设社会主义现代化强国、实现中华民族伟大复兴的奋斗之中，努力成为祖国建设的栋梁之材。

担大任——铸就青年学子的担当精神

回顾我党走过的百年征程，勇于担当、敢于担当是中国共产党的优良传统。新时代新使命昭示着共产党员必须具有强烈的责任感和勇于担当的胆识与魄力。责任担当不是口号，而是实实在在的行动，是兢兢业业、务实重干的实践精神。

一代人有一代人的使命，一代人有一代人的担当。在这片伟大的土地上，随处可见青年一代为党和国家的事业不懈奋斗的身影。在疫情防控斗争中，不畏艰险、冲锋在前，彰显了青春的蓬勃力量；在脱贫攻坚战场上，倾情投入、奉献自我，谱写了新时代的青春之歌；在基层工作岗位上，志存高远、脚踏实地，把个人的理想追求融入党和国家的事业之中。

面对百年未有之大变局，广大青年学子要传承和弘扬共产党人勇于担当、敢于担当的优良传统，以"逢山开路、遇水架桥"的胆识，以"功成不必在我，功成必定有我"的气魄，在攀登知识高峰中追求卓越，在肩负时代重任时行胜于言，在"真刀真枪"的实干中成就一番事业。

文字 / 卢克平

（2021年6月28日，刊发于《中国教育报》）

文章链接

"这项荣誉将激励我终生"

时光远逝，2014年荣获第五届"全国杰出专业技术人才"称号的经历，定格成一帧特别的记忆存在于时间长河中，现在回想起来，在当时的时间节点获得这个奖励，是十分有意义的，将激励我终生。回忆自己一路走来的经历，不禁思绪万千，深感于将个人际遇与时代发展同频共振所带来的成长、收获与蜕变。

民以食为天。粮食安全始终是国之大计，关乎国家安全，尤其是中原地区，更是承载着国家期盼和民众福祉。然而，众所周知，农业发展一直受制于环境的胁迫影响,尤其是干旱、盐碱、风沙等因素,阻碍了农业发展进程,导致粮食短缺甚至饥荒。这便是我长期感兴趣的领域——研究如何让植物适应不良的环境条件,尤其是面向中原地区,通过生命科学手段为解决农业面临的基础科学问题做出应有贡献。这份信念、这份理想深深植根于我的内心,成为支撑我坚持不懈的动力源泉,引领我朝着心中的目标不断前行。

1986年,我刚到河南大学工作时,这里没有一间实验室,没有像样的实验仪器。河南大学生物学科从零起步,一切都从最基础的开始做起。如何在缺乏基本实验设备和资金的情况下启动科学研究,成为困扰我们的问题。我们先从建学科和搭平台入手,从硕士点到博士点,从省级实验室到国家重点实验室,走过了一条艰辛道路。在这个过程中发展了一系列先进研究技术,研究植物通过表面气孔调节水分散失,提高植物的抗旱性。现在看来,经过多年艰辛努力,形成了以气孔生理和细胞生物学为对象,分析气孔运动信号转导过程的研究方向,这是一种合适的策略。当时,我们积累了少许经费,搭建了基本的实验平台,先后发展细胞生理学和电生理学技术,几乎与国际上其他实验室同时,发展了对温度敏感的远红外热成像系统,建立起有效的分子遗传学筛选体系,获得了许多控制植物水分利用的遗传材料,在提高植物水分利用效率领域取得了一系列研究成果,并于2012年获得国家自然科学奖二等奖。

一路披荆斩棘,一路慷慨长歌。回想来路,总是令人回味无穷。就科学竞争来看,我们走了一条"事倍功半"的道路,就好像做一盘木须肉,有的从半成品烹制,省时省力,而我们需要从搭鸡窝、下鸡蛋开始,付出了常人不曾经历的道路和艰辛,却也为所在地区的基础人才培养奠定了基础,提供了可能。与此同时,在我个人的一路成长过程中,心中一直充满感恩。正是因为国家为各类人才搭建了广阔舞台,建立了完善的人才制度,才使得拥有满腔抱负的各式人才紧跟时代步伐,紧抓发展机遇，找准自身定位，将个人事业追求融入时代发展大势，将个人成长根脉深扎祖国山川大地，从而为国家和地区发展贡献自己的知识和能力，在紧跟时代的节奏中实现自身人生价值。

念兹在兹，必有回响。2014年我获得"全国杰出专业技术人才"称号，是历经千淘万漉的厚积，是阶段性成果的回馈，也是对自己始终坚守的那份初心的响应。对于急需人才支持的中西部地区来说，这个奖励无疑是一个极大的肯定，它激励了更多领域更多专业的人才为区域经济社会发展贡献智慧，为国家发展、民族振兴贡献力量，也激励了我在中原大地这片热土继续坚守，尽己所能做一番事业，一如自己内心最初激动的那份理想和决心！

文字 / 宋纯鹏

（2021年6月21日，刊发于《中国组织人事报》）

 精选留言

@Lucille：历史是最好的教科书，"史者，所以明夫治天下之道也"，百年党史，也就是最好的教科书，广大学子应当把握时代命脉，努力学习并在生活的实践中实现自己的梦想。河南大学校长宋纯鹏先生以自身的科研经历教育我们：无论遇到什么困难，都要坚守自己的初心。学习

党史知识，弘扬红色精神！

@爱莲说：生命科学学院从1987年开始招生，一切从零开始，发展到今天，经历的太多太多，离不开宋校长领路。感谢宋校长的辛勤付出和贡献，为宋校长点赞！

@欧阳丰：一百年的春风，一百年的雨露，祝福母校桃李芬芳！鹏程万里！感恩母校！

 文章链接

知行合一，书写新时代青春华章
——河南大学在党史学习教育中践行铸魂育人时代使命

"回顾河大与国家和民族命运紧密相连的办学历程，我们把育人育才、兴学强国的初心使命记得更牢，把爱国报国、奋斗奉献的旗帜举得更高。"2021年暑期，河南大学党委书记卢克平在《党的生活》杂志发表的《以党史学习教育"三结合"开创一流大学建设新局面》一文中如此写道。

这是河南大学深入学习贯彻习近平总书记"七一"重要讲话精神的成果结晶，也是河南大学开展党史学习教育的初心写照。

党的十九届六中全会召开以后，河南大学结合学校实际，围绕加强领导班子建设、做好文明校园创建、投入新一轮"双一流"建设等方面，研究制定以学习贯彻全会精神为重点、巩固党史学习教育成果的务实举措，引导广大党员干部和师生学党史、悟思想、办实事、开新局，高质量谱写学校担当铸魂育人时代使命的崭新篇章。

打好立德树人"组合拳"

"回望百年历史，最能体现中国共产党精神底色的三个关键词是理想、奋斗、牺牲。"新学期伊始，河南大学校长宋纯鹏为广大学生上"开学第一课"，以党的伟大精神鼓励青年学子立大志、立远志、立恒志，在担当实干中书写新时代青春华章。

2021年以来，河南大学党员干部、理论专家和青年学生三支队伍同向发力，线上线下相结合，为全校师生进行了党史学习教育理论宣讲，同时走出校园，开设"企业讲坛""乡间课堂"等，让党的创新理论传遍中原大地。

"着装严肃，却表情可爱、动作俏皮。"在河南大学推出的建党百年主题MV《少年》中，一位参演老教授因身份和形象的反差"萌态"火遍全网。"纯真能辟油腻，善良能辟邪！"河南大学"宝藏教授"程民生在给毕业生寄语时金句频出，迅速走红，让广大网民直呼"真性情"。媒体融合背景下，"融媒体+育人"已然成为河南大学网络思政育人的经典模式，通过融媒体、融队伍、融平台，育人高度、厚度、温度和黏度不断提升。

"南湖的船啊——党的摇篮！历史将从你这里揭开新篇……"河南大学庆祝中国共产党成立100周年交响音乐会"人民万岁"在大礼堂上演，200多名演职人员用15首经典红歌回顾党的百年历程。除音乐会外，河南大学还采用文艺晚会、学术讲座、专题座谈、图片展等多种形式，充分发挥多学科优势，赋予文体活动更深远的意义，将爱党爱国的种子深埋在师生心灵深处。

2021年暑期，河南暴雨牵动亿万国人的心。河南大学临床医学院2019级本科生、"00后"男孩柴世龙在齐腰深的洪水中，肩扛一大袋生蒜艰难前行，他投身救灾和恢复重建工作的身影展现了青年志愿者的担当与力量。面对疫情，河南大学两所附属医院闻令而动，数支医疗队奔赴郑州、开封等地，为人民群众架起生命安全线。倾情诠释"众志成城"，将爱国情、强国志和报国行自觉融入新时代追梦征程，这是河南大学师生的信念追求，也是河南大学师生的行动"密码"。

河南大学不断拓宽"党史+"模式，将思政课堂、第二课堂、网络平台等共同作为重要阵地，同向发力，全程育人，打好立德树人"组合拳"，推动党史学习不断深入，推动育人不断提质增效。

用好红色资源"传家宝"

2021年夏天，河南大学师生一行近30人分别来到河南驻马店、信阳、南阳，参观确山竹沟革命纪念馆、鄂豫皖革命纪念馆、彭雪枫纪念馆等红色教育基地，重走河南大学在信阳、南阳的抗战办学路，在厚重的历史史料中重温党的革命历史,在近距离参观考察中感悟革命先烈的精神和气概,体会今日幸福生活来之不易。

"沿着前辈们的足迹,我们仿佛看到了抗日烽火的雄壮,看到了敌前办学的艰难,看到了读书就是战斗。我们必将以河大的先辈们为榜样、无私奉献、锐意进取、不负伟大时代!"重温河南大学抗战办学历史,师生们心潮澎湃、备受鼓舞,誓把满腔热情转化为努力学习工作的动力。

作为一所有着百余年办学历史的古老学府,河南大学红色资源十分丰富。这里曾诞生河南高校第一个中共党支部,涌现出嵇文甫、王毅斋、邓拓、马可等先进人物,抗日救国、爱国民主、积极传播马克思主义的红色基因深深流淌在河大人的精神血脉中。这些都成为河南大学师生党史学习教育的鲜活教材,激励师生们从中汲取丰厚营养及砥砺奋斗精神,激发更加强烈的爱国爱党爱校热情。

河南大学明伦校区6号楼旁的李大钊先生头像铜雕前,从未"缺席"过的鲜花在以无声的语言向世人证明着:河南大学师生从未忘记过那段历史!

1925年8月初,中国共产主义运动的先驱、伟大的马克思主义者、杰出的无产阶级革命家、中国共产党主要创始人之一李大钊先生,在当时的中州大学(今河南大学)6号楼三楼小礼堂,向开封各校学生代表做了《大英帝国主义侵略中国史》演讲,提出了"尊重民权,打倒军阀,打倒帝国主义"三大口号,勉励人们积极投身国民革命运动。其演讲内容由当时的中州大学学生马员生记录并发表在开封第一师范学校进步青年社团的《雷火》周刊上。

"以青春之我,创建青春之家庭,青春之国家,青春之民族,青春之人类,青春之地球,青春之宇宙,资以乐其无涯之生!"穿越时光的隧道,站在李大钊先生头像铜雕前,河南大学师生深情朗诵李大钊先生的《青春》一文,朝气和勇气洋溢在他们的脸上,这或许便是先生心目中"青春"的样子。

挖掘红色资源,发扬红色传统,传承红色基因,是学校落实立德树人根本任务的题中应有之义。将红色基因与百年人文积淀高度融合,将大学精神浸润到师生人格塑造、品格涵养和素质提升过程,这便是河南大学的"传家宝"。

在报国奉献中"开新局"

如何在中原大地走出一条一流大学的成功之路?这是河南大学领导班子经常思考和讨论的话题。他们的答案是"知行合一,报国奉献"。河南大学研讨完善"十四五"事业发展规划和"双一流"建设方案,把"路线图"变"施工图","时间表"变"计程表",不断将党史学习教育成果转化为推动学校事业发展的强大动力。

近日,以王家耀院士为第一完成人的"智能化地图综合与多尺度级联更新关键技术及应用"项目荣获国家2020年度科学技术进步二等奖,实现了河南大学在国家"三大奖"上的新突破。该项目创造性提出并发展了智能化地图综合与多尺度级联更新关键技术,有力提升了我国国家空间数据基础设施建设水平,增强了我国地理信息产业的国际竞争力,为解决世界科技难题提供了中国答卷。

"从事基础研究并非'不食人间烟火',它解决的其实是社会未来10年甚至30年可能遇到的重要问题。"谈起刊登在国际著名期刊 Science 上的团队最新研究成果,河南大学副校长王学路教授如是说。揭示光信号调控豆科植物共生固氮机制,在全球范围内首次证明光信号是豆科植物与根瘤菌共生结瘤的必须因子,为设计弱光或暗处也可以共生固氮的新型植物提供了独特思路和手段,这是围绕国家和黄淮海地区现代农业发展重大战略需求进行的前沿探索。

与中国历史研究院共建黄河文化研究院，是河南大学深入贯彻落实黄河流域生态保护和高质量发展国家战略又一创新举措。黄河文化研究院与教育部人文社科重点研究基地河南大学黄河文明与可持续发展研究中心等，共同深度参与黄河流域生态保护和高质量发展战略研究和服务，通过黄河学高层论坛、《黄河文明与可持续发展》学术辑刊，与希腊爱琴大学合作，以标志性特色学术成果，为全面提升黄河文化的国内外影响力增势赋能。

让内地群众可以在家门口吃上新鲜的海鲜产品，是河南大学生命科学学院师生的奋斗目标之一。他们创建兰考张庄立体生态农业体系新模式，把美国红鱼、黑鲷等高营养价值的海鱼引进黄河滩区进行淡化养殖，将生态循环养殖和沿海地区优质品种的引进相结合，解决水产界多个技术难题，让海鱼在黄河滩安家，助力乡村振兴。

一回回奋力攀登，一次次铸就辉煌，一个个蓝图和梦想化为现实。河南大学着眼国家战略需求、河南高质量发展需求，整合优质资源，重塑学科体系，建设"湖河湾"实验室体系、"5重5工3基地"平台、"六中心"人文社会科学振兴体系，启动"111"人才强校计划，解决"卡脖子"的河大十大科学问题，构筑"三区两院"一流大学的物理空间等，以"十年磨一剑"的静气、"一览众山小"的胆魄，砥砺前行、攻坚克难，在报国奉献中凝聚起坚定历史自信、创造历史伟业的磅礴力量，不断开创学校事业发展新局面。

文字／王胜昔　吴继娟　马洁

（2022年01月06日，刊发于《光明日报》）

文章链接

有一种精神值得追寻

——冬奥会《奥林匹克颂》背后的故事

2022年2月4日晚,第二十四届冬季奥林匹克运动会开幕式在北京国家体育场举行。

2分27秒,没有伴奏,马兰花合唱团的44个"红脸蛋"用希腊语献唱《奥林匹克颂》,声音如同泉水般清澈,瞬间从北京飞向全世界。

很难想象,马兰花合唱团来自河北省阜平县城南庄镇马兰村。

观众席上,78岁的邓小岚早已热泪盈眶。她是杰出的革命家、学者、新闻工作者邓拓的长女,合唱团孩子们的音乐老师。

电视屏幕前,河南大学校长宋纯鹏很是触动:"空灵的声音、纯净的眼神,孩子们犹如立春之日绽放在国际舞台上的'马兰花',从内到外散发着强大的文化自信和民族自信。"他不仅为这群虎头虎脑的孩子竖起大拇指点赞,更感怀于合唱团与河南大学的不解之缘。

"大千枭獍绝,一士死何妨"

1934年秋,22岁的邓拓来到河南大学法学院经济系学习。

入校后,邓拓笔耕不辍,著述丰富,共发表一本专著和近十篇论文。他用文言文写作的历史研究著作《中国救荒史》一书脱稿,成为研究中国救荒问题的"扛鼎之作"。

邓拓还被推举为中华民族解放先锋队开封支队总支队长,带领进步学生开展各种爱国抗日活动,将河南大学的抗日救亡运动推向新的高潮。

1937年6月,邓拓刚刚在7号楼参加完毕业考试,就在大楼北门被蓝衣社特务秘密抓走。经多方营救,不到一个月,邓拓被保释出狱。此后,邓拓投笔从戎,毅然奔赴晋察冀抗战根据地,开启了新的革命战斗。

2012年9月24日,河南大学百年校庆之际,邓小岚、邓小虹和邓壮等邓拓的儿女们来校,参加邓拓纪念碑揭幕仪式。

"去矣勿彷徨,人生几战场。廿年浮沧海,正气寄玄黄。征侣应无恙,新猷尚可长。大千猿獍绝,一士死何妨。"邓小岚摩挲着纪念碑上的《狱中诗》,向在场师生深情讲述如烟往事。师生们深受教育与感染,决心沿着校友邓拓的光辉足迹,接续前行。

"永远做党的好女儿"

"马兰的孩子走向世界啦!"北京冬奥会开幕式观众席上,邓小岚难抑激动之情,最想把这个消息说给父亲邓拓听。

马兰村,位于阜平县深山区,不仅有像花一样的名字,还有荣光的红色历史。它曾是人民日报的前身之一《晋察冀日报》的旧址所在地,也是第一部《毛泽东选集》的诞生地。

1937年9月,邓拓进入五台山抗日根据地,先后任晋察冀日报社社长兼总编辑、新华社晋察冀分社社长等职。他率领新闻队伍,转战太行山,坚定不移地在新闻战线上奋斗、抗争。

1939年春,报社第一次到马兰村。乡亲们用木杠、绳子,抬的抬,拽的拽,将沉重的机器运到村里。

为了躲避敌人的围追堵截,邓拓一边打游击一边办报纸,坚持每天出报,犹如一颗颗射向日本侵略者的"子弹",创下了中国新闻史上的奇迹。

1943年底,日寇对晋察冀边区进行疯狂扫荡,逼问乡亲们报社人员和印刷机的下落,19名乡亲为掩护报社同志惨遭杀害,史称"马兰惨案"。鱼水情深。也是那年,阜平遭遇特大洪灾,报社全体人员节省出口粮和衣物,支援受灾群众。

作为一名忠诚的马克思主义者,邓拓紧握战斗的笔,热情洋溢地宣传马克思主义。1944年5月,邓拓具体负责编辑出版了有五个分册的《毛泽东选集》,这是我国出版界问世最早的一部《毛泽东选集》。

战争年代,邓拓和妻子丁一岚书信传情,被称为是"新闻战线上的一对比翼鸟"。

1943年的寒冬,在日寇扫荡的阴影下,邓小岚出生在马兰村旁的山林之中。因为工作需要,邓拓夫妇曾把女儿寄养在当地村民家中。直至1946年,邓小岚才回到亲生父母身边。

成长过程中,邓小岚多次请父亲讲他以前出版《晋察冀日报》的艰险过程,但父亲总是一笑了之。他说:"那些工作只是我的分内之事,比起办报过程中牺牲的同志,那点事情实在不值得一提。"

临终,在给丁一岚和女儿的遗书中,邓拓满怀深情地说:"盼望你们永远做党的好女儿,做毛主席的好学生,高举马列主义、毛泽东思想的伟大红旗,为社会主义和共产主义的伟大事业奋斗到底!"

"马兰村就是我的家"

多年来,在邓小岚案头,一直珍藏着两枚印章:一枚是父亲邓拓的"马南邨人",一枚是父母送给她的"马兰后人"。其中,"马南邨"正是"马兰村"的谐音,亦是邓拓对当年在马兰村生活和战斗的怀念。

北京到马兰村的路途并不遥远,但很不便捷。多年来,邓小岚多次往返,去探寻父亲邓拓的足迹,内心触动一次比一次深,她说:"马兰村就是我的家。我一直有两个梦想,一个是用音乐给孩子们带来快乐和希望,另一个是希望乡亲们能过上好日子。"

两代人接力,同一份坚守。

2003年是"马兰惨案"60周年。2004年6月,邓小岚带着原《晋察冀日报》部分老同志集资的一万多元,为"马兰惨案"中牺牲的19位乡亲修一座纪念碑。纪念碑前,邓小岚想领着马兰村的孩子们唱首歌,他们怯生生地摇头,只有几个孩子会唱国歌,却都跑调。

这次经历深深地刺痛了邓小岚。

"没有歌声的童年是苍白的。"邓小岚很着急。已逾花甲之年的她不顾年迈,开始不停奔波于北京、马兰村之间,翻盖校舍、筹措乐器、排练歌曲等。

功夫不负有心人。2006年,马兰小乐队成立。2008年10月,邓小岚带领马兰小乐队在北京中山公园举办了一场小型音乐会,观众就是当年在马兰村战斗过的晋察冀日报社的老同志们。看到马兰村后人表演的精彩节目,老人们深感欣慰。

跨越70余光阴后,邓小岚带着父亲邓拓曾经生活战斗过的地方的孩子们,一次次走出了深山,足迹延伸到北京、浙江等地,也登上了中央电视台、北京电视台等更大的舞台。

"通过马兰小乐队之旅,我第一次离开大山,第一次坐火车,第一次看到天安门……太多的人生'第一次',在我心里悄悄地种下了一颗向往外面世界的种子。听邓老师说,她的父亲邓拓先生毕业于河南大学,我就报考了河南大学。"马兰小乐队第一批成员、河南大学计算机与信息工程学院2020届本科毕业生李振涛对邓小岚充满了感激之情。

"要去冬奥啦!"2022年1月3日,前往北京集训的大巴车上,孩子们兴奋不已,一路歌声悠扬。尽管冒着零下近10℃的严寒,邓小岚内心却充满着如沐阳光般的温暖。

阜平地处太行山深处。贫困，如一根藤蔓，绊住了乡亲们奔向幸福的双脚。

国家是最可靠的"大树"。2012年12月底，随着新时代脱贫攻坚的动员令从阜平发出，马兰的脱贫致富梦一步步变成现实。修路种树，挖掘红色文化和文旅潜力……在邓小岚和社会各界的不懈努力下，马兰村发生了翻天覆地的变化。

2019年10月，马兰村正式脱贫摘帽。绿水青山换新颜，邓小岚的"梦"再升级。

"一路走来，邓老师很不容易。开幕式排练中，邓老师始终陪伴着孩子们，每次至少12个小时。她还带我们去了她精心打造的'音乐城堡''月亮舞台'。如今，马兰音乐节已举办了四届，她说还要接着办下去。邓老师很好地传承了河大'百折不挠、自强不息'的奋斗精神。"马兰花合唱团指挥老师、河南大学音乐学院2018届硕士毕业生马孟楠想给邓小岚一个大大的拥抱。

"建校109年来，河南大学积淀了丰厚的红色基因，涌现了邓拓等许多可歌可泣的革命先烈，留下了无数荡气回肠的感人故事。他们大无畏的革命精神将光照千秋，永存于河大师生的心中。"河南大学党委书记卢克平说。

文字/王明钦　赵雪

（2022年2月17日，发表于光明日报客户端）

精选留言

@茗念：你是革命薪火的传承者，立志要做党的好女儿；你是孩子们眼中的邓老师，是北京冬奥会上《奥林匹克圣歌》天籁童声的筑梦人！在充满歌声的大山里，你让孩子们放飞梦想和希望，完成了自己的使命。你热爱着马兰村这片土地,你始终秉承"马兰后人"的使命,在"第二故乡"耕耘桑梓、育人前程!深痛悼念邓小岚女士,向伟大的人类灵魂工程师致敬!

@山高水长:河大情绵绵在心间……

@海勇:阜平正是我的家乡,很多年前我们那里老百姓就晓得邓老师,她把音乐带到那个美丽的马兰小山村,也把家乡的娃娃们带到了世界大舞台。我们永远怀念邓老师!

 文章链接

百十正青春：
踔厉奋发谱新篇

省委书记楼阳生来河南大学调研!

楼阳生到河南大学看望慰问教师并主持召开座谈会
锚定"双一流"　奋勇攀高峰

2021年9月9日,在第三十七个教师节来临之际,省委书记楼阳生来到河南大学,调研"双一流"建设工作,看望慰问教学科研一线教师代表,向全省广大教师和教育工作者致以节日的祝贺和诚挚的慰问。

河南大学明伦校区里建筑古朴典雅,环境宁静优美。在文物馆,楼阳生看望慰问教师代表,送上鲜花和节日祝福。文物馆里收藏了历史文化学院建院以来收集的4000多件文物藏品、史学资料、研究成果等。楼阳生边走边看,询问了解学院学科体系、课题研究、创新团队建设等情况。他指出,河南作为华夏文明的发源地,研究夏文化、探寻中华文明起源既是使命责任，又有独特优势。要把夏文化研究作为重大专项课题，把考古发掘和文献资料结合起来，深入研究、集中攻关，努力取得新进展新突破。在校史馆，一张张图片、一件件实物展现了河南大学一百多年的建校办学历史。楼阳生不时驻足观看，对"百折不挠、自强不息"的河大精神给予高度评价。

在河南大学金明校区，楼阳生走进特种功能材料教育部重点实验室，与实验室负责人江雷院士连线，了解学科优势、科研创新、成果转化等情况。得知实验室正以新材料、新技术构建光电信息产业核心技术体系，楼阳生表示省委、省政府将全力支持，勉励科研人员尽快攻克关键核心技术，为新一代信息技术跨越式发展做出贡献。在作物逆境适应与改良国家重点实验室，楼阳生听取技术平台运行、分子设计育种、科研成果应用等情况汇报，希望大家在创新的沃土上持续深耕，结出累累硕果。

随后，楼阳生主持召开座谈会，听取河南大学发展和"双一流"建设工作情况汇报。就我省"双一流"建设和高等教育发展，楼阳生强调了六点意见。

一要把牢方向、为党育人。全面贯彻党的教育方针，落实好立德树人根本任务，解决好"培养什么人、怎样培养人、为谁培养人"这个根本问题，着眼"两个大局"，心怀"国之大者"，坚持全员育人、全程育人、全方位育人，培养大批中国特色社会主义事业合格建设者和可靠接班人。

二要勇攀高峰、争创一流。牢记习近平总书记"奋勇争先、更加出彩"的殷殷嘱托，省委工作会议明确了"两个确保"奋斗目标，把"实施创新驱动、科教兴省、人才强省战略"列为"十大战略"之首。建设国家创新高地，高校使命光荣、责任重大、机遇难得。要着眼国家战略需求、河南高质量发展需求，以"十年磨一剑"的静气、"一览众山小"的胆魄，在"卡脖子"技术、原创性技术、迭代性技术、颠覆性技术等方面全力攻坚，勇于摘取"皇冠上的明珠"。要把人才团队培养引进作为重中之重，坚持引育并重、以用为本，以一流课题、一流平台，汇聚一流人才、一流团队，多出一流成果。省委、省政府将大力支持郑州大学、河南大学"双一流"建设，量身定制发展方案，打造河南高等教育"双航母"，努力在中原大地起高峰。

三要主动对接、服务发展。以骨干企业、头部企业、领军企业为重点，围绕产业链部署创新链，加快建立产业研究院、重点实验室，实现规上工业企业研发活动全覆盖。要坚持"以我为主、为我所用"，加强科研对外开放合作，依托现有科研成果、创新平台、产业体系，对接国内外优势资源，实现产学研贯通、上下游一体，让更多科研成果成为产品产业，为高质量发展增势赋能。

四要突出特色、塑造优势。大学之大，在于学科之强、成果之丰、人才之优。学科优势是高校竞争力的重要标志。要立足当下、着眼长远，集中优质资源，打造优势学科，实施非均衡发展，推动更多优势学科进入先进行列，以重点突破带动整体提升。

五要深化改革、激发活力。把握高等教育发展规律，在教学科研、人才培养、成果评价等方面进行重塑性、重构性改革，持续完善现代大学治理体系，打造一流学术生态、创新生态，让广大教师、科研人员心无旁骛抓教学，专心致志搞科研。

六要加强领导、强化保障。毫不动摇坚持和加强党对高校的全面领导，落实党委领导下的校长负责制，抓好基础建设、根本建设、长远建设，构建高质量党建工作体系，推动内涵式发展、高质量发展。

穆为民、霍金花参加调研。

校党委召开会议贯彻落实省委书记楼阳生来校调研讲话精神

2021年9月9日，在第三十七个教师节来临之际，省委书记楼阳生来到河南大学，调研"双一流"建设工作，看望慰问教学科研一线教师代表，听取学校发展和"双一流"建设工作情况汇报，并发表重要讲话。当天下午6时，学校在金明校区行政楼249会议室召开专门会议，贯彻落实楼阳生书记讲话精神。全体在校校领导和全体中层正职干部参加会议。

校党委书记卢克平介绍了楼阳生书记来校调研有关情况，带领大家认真学习领会楼阳生书记重要讲话精神。卢克平表示，楼阳生书记在教师节来临之际来到河南大学，看望慰问教学科研一线教师代表，听取学校发展和"双一流"建设工作情况汇报，发表鼓舞人心的讲话，为全校师生送来了节日的"大礼包"。这体现了省委、省政府对河南大学的关心厚爱，对全省高等教育事业发展的高度重视，让我们深感振奋、备受鼓舞。全校各单位要认真学习领会楼阳生书记讲话精神，把贯彻落实讲话精神同抓好各项具体工作结合起来。一是要尽快启动"13710"工作制度。面对新形势新任务，要坚持目标导向、需求导向、结果导向，深入研究，切实改进，进一步提高抓落实、保落实的质量和效率。二是要全力做好"双一流"建设工作。各职能部门、学院和学科负责人要勇于担当，抓好落实，对岗位负责，对事业负责，高质高效编制完善建设方案，以高度的责任感和紧迫感投入到河南大学"双一流"建设事业中。三是要加快推进郑州校区工程建设进度。郑州校区建设使用工作专班要贯彻落实好工作例会制度，加快推进工程进度，联合调动各有关部门，齐心协力把郑州校区关乎民生工程的各项工作做实做细，确保节点目标实现。四是继续做好中层领导干部届中调整工作。要着眼事业发展全局高度和长远角度,为全面提升办学治校水平提供干部储备和人才保障。目前,届中调整工作已接近尾声,希望大家做好岗位交接等相关工作,调整好状态,团结一致,凝心聚力,锚定目标,以新面貌展现新作为,取得新成绩。

来源／河南省教育厅　大河网　河南大学新闻网

（2021年9月10日,发表于河南大学官微）

 **精选留言**

@茗念:三尺讲台,三寸舌,三寸笔,三千桃李;十年树木,十载风,十载雨,十万栋梁。真挚祝愿广大教师与教育工作者节日愉快,身体健康,工作顺心,阖家幸福!诚挚亲切的慰问,鼓舞人心的讲话。楼阳生书记的调研,为河大师生送上了节日的"礼物",充分展现了省委、省政府对全省高等教育事业发展的关注与关爱。赓续百年初心,担当育人使命!砥砺奋进,在新一轮"双一流"建设的道路上,河大人将坚持把牢方向,为党育人,勇攀高峰,争创一流!

文章链接

这次会议信息量很大……

2021年9月22日，省科技创新委员会召开第一次会议，深入贯彻习近平总书记关于科技创新的重要论述，研究构建一流创新生态、省实验室体系建设、"双一流"建设等工作。省委书记楼阳生主持并讲话，省长王凯出席。

会议研究通过了《关于加快构建一流创新生态建设国家创新高地的意见》《关于进一步支持河南大学世界一流学科大学建设的若干意见》《关于实施高等学校"双一流"创建工程的意见》《关于提升高等学校科技创新能力的实施意见》《实施创新驱动、科教兴省、人才强省战略工作方案》《河南省科创资金保障办法》等。

会议强调，创新生态构建事关科技创新根本、事关现代化建设全局，必须作为基础性全局性战略性任务，以战略眼光、前瞻思维，加强顶层设计，突出工作重点，明确路线图、任务书、时间表、责任人，以久久为功的韧劲、只争朝夕的拼劲，加快形成一流创新链条、创新平台、创新制度、创新文化，努力建设国家创新高地。要紧抓国家战略机遇，紧跟时代发展步伐，把握创新活动规律，大力招引高层次人才团队，优化配置创新要素，加强创新体系建设，围绕优势领域攥紧拳头、巩固提升，瞄准前沿领域集中力量、取得突破，以一流课题引育一流团队，以一流人才产出一流成果。要加大金融支持，优化金融生态，以优质创新项目集聚天使、风投、创投资源，以高效金融服务为创新主体提供多样化、差异化服务。

会议研究了河南省实验室体系建设有关事宜。会议指出，要深刻认识重构省实验室体系的战略性、变革性、全局性意义，以国家重点实验室重组为契机，倒逼原有实验室整合、重塑、改造、提升，不断提高基础研究能力、原始创新能力、服务发展能力，努力进入前沿、走在前列。要聚焦国家重大战略，强化"抢滩"意识，在生物育种、信息技术、黄河生态保护、极端材料、动物免疫等领域，锻长板扬优势，谋划推动争创国家实验室、国家重点实验室，高标准建设省实验室，为实现科技自立自强体现河南担当，做出河南贡献。

会议研究了推进"双一流"建设及高校科技创新相关事宜。会议指出，河南作为人口大省、经济大省，无论是建设国家创新高地、推动高质量发展，还是满足人民群众对优质教育资源日益增长的需求，都要求我们必须把高等教育搞上去。

一要明确目标方向，坚持量身定做、精准施策，持续优化调整高校布局、学科学院、专业设置，加快推进郑州大学、河南大学"双一流"建设，打造河南高等教育"双航母"，不断提升全国位次，注重培育"第二梯队"，推动更多高校、学科跻身"双一流"行列。

二要持续深化改革，落实党委领导下的校长负责制，健全现代大学治理体系，完善人才、教学、科研等评价激励和管理机制，让广大教师、科研人员专心致志搞科研，沉在一线抓教学。

三要加大支持力度，加强省级资源整合，在项目、资金、政策等方面给予重点倾斜支持。高校要用好支持资金，把资金花到刀刃上，落实到项目上，体现在成果上。

四要贯通产学研用，立足高校区域布局、学科专业优势、科研团队实力，全方位、深层次参与产业研究院、企业实验室等建设，深化规上工业企业研发活动全覆盖，推动高校发展、企业转型、产业升级融合贯通。

五要集聚高端人才，坚持引育并举、以用为本，广开识人选人渠道，瞄准前沿尖端领域，加大对领军人才、高端人才、潜力人才的引进培育力度，为建设国家创新高地夯实根基。

六要勇攀科技高峰，以"十年磨一剑"的静气、"一览众山小"的胆气，提升高校原始创新和关键核心技术攻关能力，努力在国家科学技术奖励上取得新突破。

七要提升人口素质，以产教融合为方向，整合职业教育资源，构建高水平职业教育体系，加快建设技能河南，打造一支适应现代化河南建设需要的知识型、技能型、创新型高素质劳动大军。

会议还听取了科技创新工作十项任务推进和落实情况汇报，研究通过了《河南省科技创新委员会工作规则》《河南省科技创新委员会办公室工作细则》。

孔昌生、穆为民、陈舜、周霁、武国定、霍金花、费东斌、刘炯天等出席会议。

来源 / 河南广电新闻中心

（2021年9月23日，发表于河南大学官微）

 **精选留言**

@cyd：蹄疾步稳久久为功建设国家创新高地！战略眼光、前瞻思维，加强顶层设计。以一流课题引育一流团队，以一流人才产出一流成果。以久久为功的韧劲、只争朝夕的拼劲，加快形成一流创新链条、创新平台、创新制度、创新文化，努力建设国家创新高地。猗欤吾校永无疆！

 文章链接

河南大学郑州校区启用仪式隆重举行

校党委书记卢克平主持仪式

校长宋纯鹏致辞

110周年校庆倒计时

2021年9月25日,河南大学迎来109岁华诞。在这个特别而喜庆的日子里,河南大学郑州校区内礼花璀璨、喜气洋洋,河南大学郑州校区启用仪式在这里隆重举行。

仪式主会场内高朋满座。省人大常委会副主任徐济超,郑州市人民政府市长侯红,省教育厅党组书记宋争辉,省发改委一级巡视员郭玮,省财政厅副厅长李铭,郑州市人民政府秘书长薛永卿,郑东新区管委会常务副主任赵凯,河南大学老领导王文金、孙培新、张秉义、关爱和、娄源功,著名文化学者、河南大学文学院博士生导师王立群教授,校友代表深圳东方港湾投资管理股份有限公司董事长但斌、金盛热力集团公司董事长魏军委,学校全体在校校领导,各单位主要负责同志,教师代表和学生代表等参加仪式。仪式由校党委书记卢克平主持。

校长宋纯鹏致辞,向参加仪式的领导和嘉宾表示热烈欢迎,向长期以来关心支持河南大学建设发展的各界朋友表示衷心感谢,对付出艰辛努力的校区建设者表示崇高敬意,对首批入驻的全体师生表示热烈祝贺。宋纯鹏用"四个篇章",即"河大之思——郑州校区构筑""河大之魂——建筑和精神延续""河大之幸——一流大学梦想""河大之感恩——机遇和挑战",将河南大学郑州校区的构筑谋划、建筑设计、面临的机遇和挑战、未来的发展谋划等情况娓娓道来。宋纯鹏表示，河南大学郑州校区的启用，标志着学校已经融入蓬勃向上的郑州大都市圈。立足这片充满生机与活力的沃土，河南大学将按照"中国特色、世界一流、中原风格"发展道路，坚持立德树人，不断推进综合性研究型世界一流大学建设。一个朝气蓬勃、不断发展的河南大学，必将为现代化河南和全国创新高地建设提供重要支撑，必将为中国高等教育事业高质量发展做出积极探索，积累成功经验。

校友代表但斌发言，表达了再次回到母校，见证郑州校区启用的重要历史时刻的喜悦与激动心情，并代表历届校友，对学校领导师长的关怀和支持表示衷心感谢。"为什么我的眼里常含泪水，因为我对这土地爱得深沉。"但斌的话语中饱含对母校河大的热爱和感恩，他表示，自己能在毕业31年后为母校的发展尽绵薄之力，并见证其蝶变时刻，感到无比荣光。同时祝愿母校河大再谱新篇、再创辉煌，希望代代河大学子奋勇向前、不负韶华、不负时代。

郑州校区入驻单位代表耿明斋发言，用三句话表达了他对郑州校区建设发展的有关思考。一是要牢牢把握"双航母"战略机遇，让郑州校区助推河大腾上新高度；二是要绑定国家中心城市建设需要，重点布局与郑州产业发展方向高度契合的学科与专业；三是作为人文社会科学学科群的一员，要依托深厚的学科底蕴、优良的决策咨询传统，遵照习近平总书记的指示，紧跟省委省政府步伐。以更广阔的视野，搭建更开放的智库平台，汇聚八方英才，做好思想库和智囊团。

仪式上，工作人员宣读了校庆一号、二号公告；正式发布110周年校庆标志及吉祥物，由学生代表进行展示；学校连续四任校长王文金、关爱和、娄源功、宋纯鹏共同为校庆倒计时牌揭幕。

徐济超宣布郑州校区正式启用，徐济超、侯红、宋争辉、郭玮、李铭、王立群、魏军委、卢克平、宋纯鹏共同启动卷轴开关。

110周年校庆标志发布

110周年校庆吉祥物发布

随着卷轴打开,"实现百年名校振兴,建设世界一流大学"这一句承载着河大人梦想与期盼的金句缓缓舒展开来。新家园承载新梦想,新梦想点燃新希望。蓝图已经绘就,奋斗正当其时!漫天的金色礼花飞舞,映衬着师生们灿烂的笑脸,昭示着师生们同样一种心情与呼唤:河大人必将团结一心,锐意进取,在建设世界一流大学、实现百年名校振兴的道路上阔步前行,共同谱写河南大学崭新的历史篇章!

据悉,河南大学郑州校区秋季学期共入住本硕博2600余人,涉及4个单位,分别为国际教育学院、人工智能学院、时空大数据研究院、新型城镇化与中原经济区发展研究中心。其中，新生740余人，10月10日到11日报到。首先启用的教学楼为九章学堂和友兰学堂，两栋教学楼分别以河大校友赵九章和冯友兰命名。

　　该校区位于郑东新区龙子湖高校园区的东北部，2012年项目开建，整个地块呈三角形，由明理路东侧和西侧两部分组成，校区北临连霍高速公路和规划中的城市主干道新龙路，南侧、西侧被贾鲁河环绕，东侧为四港联动大道。2019年4月23日，河南大学郑州校区南大门正式投入使用，作为新校区的形象之门、礼仪之门，其与明伦校区南大门在外形上一脉相承，以1∶1.5的比例实现复制。校区在设计中将各个书院式教学组团与综合楼一起，在空间形态上形成了"中"字型布局，寓意河南大学是地处"中州"的大学。

文字／吴继娟　宋璞

图片／赵雪　吴继娟　逯群　何俊澈　肖扬　崔译丹　张紫源

（2021年9月26日，发表于河南大学官微）

精选留言

　　@cyd：2021年9月25日，河南大学迎来109岁生日，同样河南大学郑州校区启用仪式在这里隆重举行。"实现百年名校振兴　建设世界一流大学"这一句承载着河大人梦想与期盼的金句从来不是一句空话。新家园承载新梦想，新梦想点燃新希望。蓝图已经绘就，奋斗正当其时！河大人必将团结一心，锐意进取，在建设世界一流大学、实现百年名校振兴的道路上阔步前行，共同谱写河南大学崭新的历史篇章！猗欤吾校永无疆！

　　@抱米花：宋校长说，为了郑州校区的启用，我们克服了难以想象的困难。是啊，河南大学郑州校区真的来之不易，从项目确立到如今一期完工并启用已经十余年之久,这十余年,河大人为了这一天付出了多少热血,克服了多少困难?这些我们都不得而知,唯一可以确定的是,他们都是为了百年河大的振兴,为了河南高等教育的振兴!正是因为有这些人在,河大才能在这一百多年里,即便遭遇日军屠杀,即便数次拆分,依然百折不挠,依然自强不息。从国立河南大学再到如今的重返国家队,河大的精神永远没有变,河大人永远没有变。猗欤吾校永无疆!

@敏清:虽然已和母校分别十一年,但是心系母校发展。人在外,心同在!郑州校区的启用,我们曾经那些太多太多难以言说的困难和坚持,都随着启用仪式而变成激动人心的期盼,我们期盼母校的明天更美好,我们和母校一起谱写更辉煌的新篇章。

 文章链接

切实抓好粮食安全这个"国之大者"

种子是我国粮食安全的关键。只有用自己的手攥紧中国种子，才能端稳中国饭碗，才能实现粮食安全。种源要做到自主可控，种业科技就要自立自强。这是一件具有战略意义的大事。要弘扬袁隆平等老一辈科技工作者的精神，十年磨一剑，久久为功，把这件大事抓好。

民以食为天，粮食安全是"国之大者"。河南是农业大省、粮食生产大省。作为科技、人才和智力的集聚地，发挥高校特色和优势，做强种子"芯片"，助力国家粮食安全，是河南大学的责任，更是河南大学的担当。

春稼秋穑，继往开来。1927年，河南大学成立农学学科，首开河南省农业高等教育的先河。2017年，河南大学生物学科入选世界"双一流"建设学科；2019年10月25日，科学技术部批准建设省部共建作物逆境适应与改良国家重点实验室；2020年12月26日，河南大学恢复重建农学院，展现出学校对推进新时代农业高质量发展的使命和担当。历经百余年接续奋斗，在服务国家重大战略需求和生物学科发展内生驱动下，2021年7月13日，河南大学三亚研究院揭牌成立，并成为海南省崖州湾种子实验室理事单位。

揭牌仪式上，河南大学党委书记卢克平说："三亚研究院落地建设，是河南大学服务海南自贸港建设的重大举措。学校将牢记南繁硅谷使命，肩负责任，力争把三亚研究院打造成为产学研'深度融合的典范''新型校地合作、科教融合的典范''海南—河南育种创新联动的典范'等3大典范。"

"三亚研究院的建设，增强了河南大学服务国家粮食安全和种业安全的能力，拓展了学校与国内外科研机构在生物、农业等多方面的合作与交流，特别是搭建了河南农业大省与海南南繁大省的桥梁，加快了产学研的深度融合和农业全链条的升级。研究院主要科研团队，在植物根系养分水分高效利用领域取得系列成果，荣获'2021年河南省自然科学一等奖'；在大豆生物固氮领域，揭示了光信号调控根瘤发育的机制，相关成果于2021年10月1日发表在国际顶级期刊 Science；全基因组渐渗 Population-level 节节麦种质资源有效挖掘和利用、分子设计育种等方面取得重要进展。今后，我们将依托海南—河南两地的国家级平台，加快研究成果在生物育种的转化，为我国种业和现代农业发展做出河大贡献。"河南大学副校长、三亚研究院院长王学路深感重任在肩、大有可为。

"作为'玉米逆境适应与改良'团队的一员，我必将把玉米抗旱高产的论文写在南繁育种试验田，为国家南繁硅谷建设贡献绵薄之力。"在场学生之一、2021级生物学博士研究生王国瑞激动地说。

"全校师生将牢记嘱托、感恩奋进，乘势而上、务实重干，把河南大学三亚研究院建成'南繁现代科研创新育种基地、高层次人才聚集基地、高质量科研成果产出基地、高科技成果转化基地、高水平研究生培养基地、高端国际学术交流与合作基地'等6大基地，为国家粮食安全做贡献，以优异成绩迎接党的二十大胜利召开和建校110周年华诞。"河南大学校长宋纯鹏表示。

文字/赵雪

（2022年4月20日，发表于人民日报客户端）

文章链接

赓续创新血脉　奋进只争朝夕

创新在河南有多"热"？

把创新摆在发展的逻辑起点、现代化建设的核心位置，把创新驱动、科教兴省、人才强省战略放在"十大战略"之首，科技创新已成河南加快发展中的高频热词，正在源源不断释放强大能量。

创新在河大有多"重"？

一百多年来，河南大学名师大家辈出，学术成果丰硕，创新基因早已融入河大血脉，成为百年名校的重要支撑和厚重底色。在河南发展的历史进程中，河南大学支撑、服务、推动、担当的身影从不曾缺席。

创新强，则高校兴。

一项项重大成果，见证着河南大学的奋进足迹，书写着河南大学的社会贡献。

在河南高等教育打造"双航母"、河南大学郑州校区启用、"双一流"迎来第二轮建设周期这个最好的历史时期，按照省委要求、学校前瞻30年战略规划，河南大学鼓励创新、尊重学术、潜心研究的氛围愈发浓厚，加速奔跑的足音更加有力。

人才兴校　汇聚蓬勃创新力量

人才是创新的第一资源。以创新之举聚创新人才，全力建设国家创新高地，已成全省上下热盼共识。打造一流创新生态，汇聚一流创新人才，已成河南大学具体行动。

面对国内外人才特别是高端人才激烈竞争局面，河南大学抢抓机遇，精准施策，全面推动人才结构转型和质量提升，实施了卓越人才引领工程、优秀青年人才引育工程、依托科研平台学术队伍拓展工程等四大人才工程。推出了"战略科学家—领军人才—学术骨干—青年英才—专职科研人员"立体人才政策体系，并采取固定和柔性引进、长聘和短聘相结合等多种方式，同等对待引进人才和校内人才，真正实现人才的近悦远来。在人才规模不断扩大的同时，聚集了包括美国院士、欧洲院士、长江学者、国家杰出青年、万人领军、外籍专家等高端人才80余人，校青年英才以上高层次人才近500人，培育了一批高水平科技创新团队。

环境好，则人才聚、事业兴；环境不好，则人才散、事业衰。

河南大学从创新文化建设入手，把促进人的发展作为人才工作的目标，把人才的满意度作为衡量人才工作的重要标准。尊重科研规律，营造鼓励创新、宽容失败的学术环境；建立"不为尊者讳"的批评文化，倡导做人和做事有机融合，让每一个创新种子在河大生根发芽。

围绕如何引进和培育人才，让各类人才潜心钻研、尽展其能，河南大学进行了很多有益探索。

以才引才。以优秀人才影响力和广泛的学术联系为基础，利用其师承关系、学缘关系和地域关系形成的特殊情感，以人引才，以才聚才。学校先后选拔了5批青年人才培育对象，其中重要条件是要有海内外知名学术单位优秀学者为合作导师。

以学科聚才。学校秉承学科发展吸引人、人才引进促发展的思路，围绕一流学科、优势特色学科、新兴学科，利用高端学术会议、著名学术期刊、学术组织等，密切学术联系，提升学科声誉，强化学科优势和社会服务，凝聚追求卓越学术梦想、跻身世界一流学科的共识，汇聚了一批拥有共同学术追求的人才。

平台成就人才。一流平台才能涵养和成就一流的学者。学校不断聚焦河南建设国家创新高地的需求，充分利用郑州校区、深圳研究院和三亚研究院的区位和政策优势，打造高层次人才汇聚高地，加强"湖河湾实验室体系""5重5工3基地""六中心"建设，深度融入河南省黄河实验室、神农种业实验室建设，推进筹建先进生物制造（中州）、智慧能源与材料（龙子湖）、量子等河南实验室建设，争取更多科研平台进入新一轮国家重点实验室体系。通过这些高端平台，河南大学在吸引人才的同时成就人才。仅省部共建作物逆境适应和改良国家重点实验室，就凝聚了100多名海内外优秀青年人才。

人才引领创新发展，产生了一批原创性成果。河南大学两年内实现了 Cell、Nature、Science 全覆盖，2019年、2020年连续获得国家奖，"光诱导的信号调控大豆共生结瘤机制"成果入选2021年度"中国高等学校十大科技进展"；近5年，河南大学国家社科基金立项数量位居国内高校第16位，2021年国家自然科学基金项目数量排名提高近40个位次；自然指数居全国51位，2个教师团队分别入选教育部第一批、第二批"全国高校黄大年式教师团队"。

面向前沿　原始创新步履不停

想国家之所想，急国家之所急，应国家之所需，"十三五"期间，河南大学面向世界科技前沿和国家重大战略需求，大力开展基础研究，全力打造原始创新高地。

2021年5月27日，宋纯鹏团队在 Nature Plants 上发表研究成果，解析代表性节节麦的基因组图谱，从全基因组层面剖析了节节麦相对于小麦的遗传变异，利用人工八倍体的桥梁建立了节节麦种群向小麦D亚组的快速渐渗技术体系，为实现小麦 D 基因组的原始创新和从头驯化奠定了重要的理论和材料基础。

2021年10月1日，国际顶尖期刊 Science 长文刊登河南大学王学路团队的最新研究成果，证明光信号是豆科植物与根瘤菌共生结瘤的必须因子，揭示了光信号如何调控豆科植物与根瘤菌共生结瘤，进而共生固氮。该项成果是由我省科研团队主导并发表在 Science 上的第一篇研究论文，该成果入选2021年度"中国高等学校十大科技进展"，是该评选自1998年设立以来河南省高校首次入选，标志着我省在面向世界科技前沿，开展原始创新方面的重大突破。

聚焦逆境生物学，建成作物逆境表型组学、电生理学、代谢组学、生物成像、结构生物学等世界一流平台，以及现代农业试验基地，系统研究作物对干旱、盐碱等逆境胁迫的响应与适应机制，挖掘作物抗逆基因资源，解决了抗逆性与高产相互矛盾的基础理论问题。

在材料科学领域，通过科学设计和优化量子点材料与器件，破解了量子点发光二极管（QLED）高亮度下低效率、高效率下低亮度的关键难题，首次研制出兼具高亮度高效率的红、绿、蓝三基色 QLED 器件，为加速推进 QLED 在高效高亮显示和照明领域的应用提供了核心技术支撑。

在人文社科领域，河南大学也走在前列：与中国历史研究院筹建黄河文化研究院，与河南省委宣传部共建马克思主义学院、新闻与传播学院，与开封市共建宋文化研究院、焦裕禄精神研究院，促进内部和外部学术资源有机结合，释放了学科创新活力。

此外，黄河文明省部共建协同创新中心进行多学科融合协同研究黄河文明的发祥、发展和转型，推进黄河学学科化，创新黄河文明知识体系，打造形成了具有中国特色、中国风格、中国气派的黄河学知识体系、学科体系和学术体系。

心怀家国　服务国家重大战略

高校是国家原始创新的核心力量，在服务国家重大战略需求方面发挥着重要作用。2021年，河南大学科研创新硕果满枝。

2021年11月3日，2020年度国家科学技术奖励大会在北京人民大会堂举行。河南大学王家耀院士为第一完成人、秦奋教授为主要完成人的"智能化地图综合与多尺度级联更新关键技术及应用"项目，荣获国家科学技术进步二等奖。这是继宋纯鹏教授课题组完成的"植物应答干旱胁迫的气孔调节机制"项目荣获2012年度国家自然科学二等奖、张治军教授主持的"高性能节能抗磨纳米润滑油脂关键技术与产业化"项目荣获2019年度国家科学技术发明二等奖之后，河南大学在科技进步类型国家奖方面的重大突破，实现了河南大学国家三大奖全覆盖。

2021年，王强教授牵头的国家重点研发计划项目"微藻底盘细胞的理性设计与系统改造"成功获批，这是继张立新教授团队2020年"植物高光效回路的设计与系统优化"项目之后，河南大学在合成生物学重点专项领域的再次突破。该团队立足"碳中和"和"高质量发展"的国家重大战略需求，重点研究微藻光合作用与生物合成领域相关基础科学问题，创建面向生物制造的绿色细胞工厂并实现工程化示范。在上述基础上，构建微藻环境污染物生物减排与生物质综合利用的循环经济技术体系，在通过生物炼制获得高值产品的同时，解决污染物排放带来的环境问题，并在兰考张庄建立了"水—藻—鱼"水产生态循环养殖新模式，推动了合成生物学在生产技术领域的革新发展。朱连奇教授主持的国家重点研发计划政府间国际科技创新合作重点专项"土壤侵蚀的动态监测和预警关键技术"，实现了河南大学在国家重点研发计划该类别专项项目申报立项的突破。

围绕黄河流域生态保护和高质量发展重大国家战略的贯彻落实，组织高水平科研团队，针对实施中黄河流域陆地生态系统多功能性、黄河地区河南段生态系统过程模拟与服务、植食性昆虫对入侵和本土植物菌根真菌互惠作用等重大科学问题开展研究，取得丰硕成果，2021年在该领域获得3项国家自然科学基金重点项目支持。

其中，王家耀院士团队深入开展黄河地区河南段水土流失区、下游滩区、沿岸平原区的生态系统过程长时间序列监测与分析，揭示生态系统演化机理，研究生态风险评估与预警方法，探索生态系统演化过程，有效推进区域生态系统过程、机制和生态保护实施效应研究。

李国勇教授团队结合样带调查、遥感技术和模型模拟手段，在黄河流域开展不同空间尺度上生态系统多功能性、非生物环境和生物多样性之间关系的综合研究，量化生物多样性和非生物因子在生态系统多功能性变化中的相对贡献，揭示了黄河流域生态系统多功能性时空格局及其驱动机制，构建面向黄河流域的生态系统多功能性模型，为全球变化情景下生态系统适应性管理提供科学依据。

丁建清教授团队以河南沿黄地区发生危害严重的5种菊科入侵植物和本土近缘种为对象，研究结果对于创新入侵植物种群调控理论具有重要价值，为治理沿黄地区入侵植物、保护区域生态环境提供实际指导。

2021年，学校获批国家自然科学基金124项，其中重点类项目8项，总立项数量、重点项目数量和获批经费均创历史记录。学校在国内自然科学基金项目数排名中提升近40个位次。

创新驱动　支撑现代化河南建设

面向经济主战场，躬身入局，为现代化河南建设贡献力量，河南大学不断开拓新领域。

"十三五"期间，围绕国家和区域经济社会发展重大需求，河南大学发挥生物、化学、材料等学科的科研优势，引导科研工作面向行业、企业、事业，突出以"用"为出发点和落脚点，融合创新链和产业链。与华为技术有限公司、河南平煤神马东大化学有限公司、河南省安装集团有限责任公司、战略支援部队信息工程大学等20多家单位签订战略合作协议，联合开展科技攻关，取得了一批应用研究成果——签约横向科研项目的经费累计达2.62亿元，实现成果转化产值70.20亿元，授权专利466项，转化重大科技成果15项。

同时，学校全面完善知识产权管理体系，针对现有有效发明专利，开展专业化评估，建立健全分级分类管理工作机制，促进专利质量提升。在优势特色学科和相关领域开展专利导航、国内国际专利查新检索，培育和布局了一批高价值专利。2021年，申请计算机软件著作权登记211件，申请作物新品种8件，申请各类专利325件，其中发明专利263件、PCT国际专利6件，授权专利194件，专利申请和授权量较上一年度均有所提高，3项发明专利获得上海国际发明创新展览会金奖。

加强开放联合，推进协同创新。学校作为成员单位加入科技部农村中心与河南省科技厅共同主导的"园区带动县域"创新发展新模式暨"100+N"开放协同创新体系，共建长期稳定的科学研究、科技示范和成果转化综合基地，提升生物学、农学等学科服务区域经济社会发展问题的能力。与中国农科院郑州果树所、新乡灌溉所以及开封市农科院、新乡市农科院、周口市农科院等相关科研院所建立合作关系，推动协同创新。

2021年10月16日，首批河南省中试基地揭牌仪式在郑州举行。凭借多年来在纳米材料领域的研究积累和优势，河南大学纳米材料中试基地成功入选首批8家基地之一。

纳米材料中试基地始建于2003年，由河南大学与济源市政府联合共建，拥有小试试验平台、中试试验平台和工程验证试验平台及材料性能测试和评价实验平台，可同时完成纳米材料"小试—中试—技术验证"全部技术研发过程，形成了较完善的"基础研究—工程技术开发—规模化制备—产业化发展"集成创新体系。

以纳米材料中试基地为技术依托，河南大学与济源市政府共建千亿级济源纳米材料产业园，打造国内高水平、多品种纳米材料产学研用基地，并逐步形成产业聚集高地。2021年，第一期4万吨/年特种功能纳米二氧化硅生产线已建成投产，实现销售收入近5000万元，标志着特种功能纳米二氧化硅真正实现了产业化转化与跨越式发展。预计10年后，年产值将达到1000亿元。

河南大学与济源市政府多年携手深耕结硕果，已成我省校地合作的典范。

作为食用菌种植大省、资源大省，我省已连续18年食用菌产量全国第一，但是，产量大、效益低的局面也一直困扰着这个产业的发展。河南大学整合我省食用菌产业资源，成立了河南省食用菌精深加工产业技术创新战略联盟，连续承担国家市场监督管理总局的保健食品专项课题和河南省重大公益专项课题。康文艺团队通过研发创新，解决了食用菌产业发展中的难题和瓶颈，促进产业升级，加速其从初级农产品到具有治疗性的功能性产品的转变，大大提高了附加值，为河南食用菌产业发展找到"下一个出口"。

抗体药物开发技术国家地方联合工程实验室发明抗体药物迪尔辛，有望将急性心肌梗死的黄金救治期延长一倍以上，已经成功转让并融资4000万元进行新药研发。新冠肺炎疫情暴发后，又研发出两代基于纳米硒法的新冠病毒抗体检测试剂盒，达到临床应用标准，成功转让并通过欧盟 CE 认证。河南大学抗体药物开发技术国家地方联合工程实验室也因为新冠病毒防控做出积极的贡献，获2020年全国抗击新冠肺炎疫情先进集体。

成绩属于过去，未来任重道远。站在新的起点，河南大学正做出新谋划，聚焦新目标，展现新作为。学校把科技创新作为事业发展的核心，做好顶层设计，加强科研规划。深入贯彻落实《"双一流"建设高校整体建设方案》《一流学科建设方案》《实现河南大学百年名校振兴建设世界一流大学方案（2021—2025年）》总体部署，立足学校"双一流"建设实际，紧密结合国家战略和地区经济社会发展需求，更加注重基础研究、应用研究的相互融通，更加注重创新链、产业链的深度融合，实现"基础研究—技术攻关—技术应用—成果产业化"有机衔接，构建全生命周期的创新链条、创新生态、产业生态。推动学校"双一流"建设事业高质量发展。

构建一流创新生态，建设国家创新高地，实现科技自立自强是时代的要求，也是河南大学的历史责任。河南大学将继续坚持"中国特色、世界一流、中原风格"的发展定位，以服务国家重大战略需求和现代化河南建设需要为导向，实施"4大1强"科研发展战略，建大平台、育大团队、上大项目、出大成果，全面强化科研创新体系支撑，着力提升科学研究水平、人才培养质量和社会服务能力，努力建成特色鲜明的综合性研究型世界一流大学，在河南加快建设国家创新高地的进程中多做更有分量的"河大"贡献。

文字 / 史晓琪　胡彬彬

（2022年04月29日，发表于河南日报客户端）

文章链接

九大BGM！ 200 000 000+ 次点击！有你

2021年，中国青年报发布了中国大学官微百强榜单，河南大学官方微信位列全国39名！

一分耕耘，一分收获。河南大学官方微博、官方微信、官方QQ、官方抖音、官方B站、微信视频号等官方新媒体接续努力，取得累累硕果。河南大学官方新媒体平台现有关注人数近100万，2021年累计推出各类优质内容近1万篇，年度总阅读量突破2亿次，年度短视频播放总量突破2000万次。

河南大学融媒体所获荣誉（部分）

河南大学融媒体建设试点负责人王明钦教授为师生上课

河南大学融媒体中心队伍

河南大学持续推进融媒体建设，主动谋划、积极探索，推出了一系列"有时代热度、有人文温度、有思想深度"的融媒体作品，不断巩固壮大主流舆论，获得海量关注与广泛赞誉，为助推新时代中原更加出彩与学校"双一流"建设汇聚起磅礴力量。2020年入选"河南省教育融媒体建设试点单位"；2021年获批"全省高校'融媒体+育人'工作试点单位"。

携手同行，砥砺奋进，分享一路的星光，见证一程的霓虹。这一年，在省委省政府的关心与支持下，河南大学各方面建设取得长足进步；这一年喜报频传，"双一流"建设不断取得新突破、新成绩；这一年见证感动，无数温暖绽放在我们身旁；这一年看过春生夏长，秋收冬藏。在百年氤氲的书香里品味韵味绵长，绿蚁新醅酒，红泥小火炉，让我们聆听河大2021年九大限定 BGM，回顾这一年的难忘，封藏这一程的珍惜。

一、你的答案

《重大利好！！河南大学荣获国家科学技术进步二等奖！》

《Exploration！热烈祝贺！》

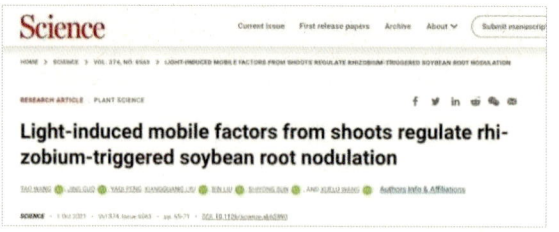

《河大首篇 Science！！王学路团队取得突破性进展！》

《入榜！！》

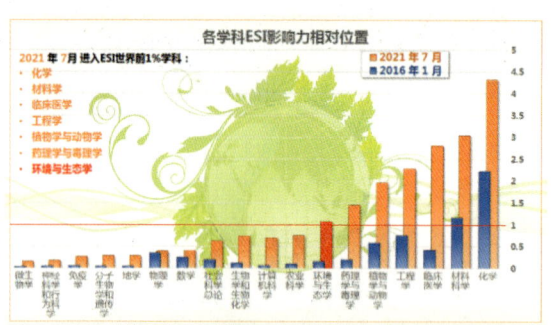

《河大哪 7 个学科进入 ESI 世界前 1%？》

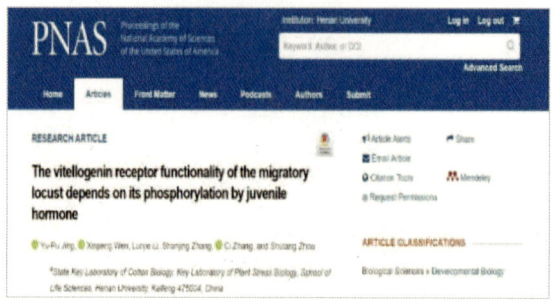

《新突破！河大在国际顶尖期刊 PNAS 发表重要研究成果》

《突破瓶颈！河南大学在探索小麦遗传改良研究中取得重要成果！！》

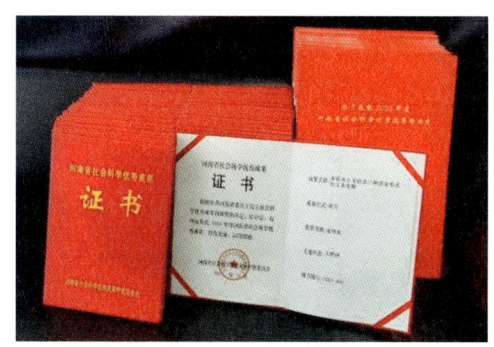

《2+1+36！看"喜讯"，吃饺子，越吃越香！》

《一匹学科"黑马"！！》

《河南大学三亚研究院揭牌成立啦!》

《老铁们,河南大学农学院恢复重建啦!》

二、唱支山歌给党听

《党史故事百校讲述 | 梦想青春终将嘹亮,听河南大学讲述校友马可在烽火硝烟中的青春故事》

《首棒!"网红"树下,河大师生唱起了哪首歌?》

《周总理接见的河大学子是谁?》

《好看!好听!炫酷!大型排舞展演来啦!!》

三、热爱105℃的你

《想河大！河大想……》

《今天！C位是Ta！》

《窗》

《颜值爆表！来开N个"河大盲盒"！！》

《满眼都是你!》

《河大下雪啦!没看够?……》

《河大&郑大的黑天鹅"事件"!》

四、守护着我的光

《咱们一起扛！！》

《"扛蒜男孩"柴世龙！》

《火速出征！还有一封信！！》

百一十正青春：踔厉奋发谱新篇

《英雄们，回家了！！》

《"青"尽全力的我们！》

五、世界这么大,还是遇见你

《大孩子与小孩子!》

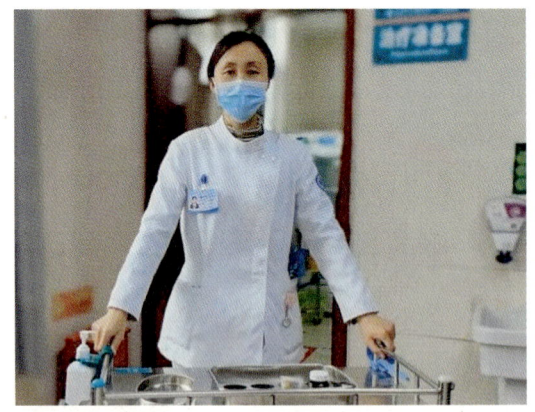

《"要不是你及时出手,我老伴就危险了……"》

《100分!!》

《河大被人民日报"点名"！！后续来了》

六、夜空中最亮的星

《快看！河大人的朋友圈被"他们"刷屏了》

《心心念念！终于等到"你"》

《大片！大片！》

《稳了！这一次！》

七、你笑起来真好看

《河南大学"宝藏教授"毕业典礼致辞金句频出！这样的教授给我来一打！》

总播放量：2.75 亿　　总点赞量：884.59 万

《太可爱！萌翻了！真性情！程民生到底是啥样的？》

《种子能开出什么样的花朵？取决于……》

《中国教育电视台报道河大"黄大年式"团队！》

《她,一口气拿了4个大奖,总数居河南第一!!》

八、河南大学校歌

《学物理也能拿数学世界级奖!每逢实验失败就跑步……河大女生太励志了!!》

《yyds!这个新疆小姐姐好厉害》

《壮哉壮哉！壮壮，好样的！》

《不"躺平"！河宝儿上央视啦！》

《这一波很硬核！》

九、爱在百年

《110周年校庆首号公告！！！》　　《纠结："白月光"or"朱砂痣"？》

《热爱110℃的河大》

《读你》

《河大生日快乐！109岁×365天，爱"你"呦》

　　明伦校区、金明校区、郑州校区，一校三区，开启新的征程。Henuers的征途是星辰大海，2022，我们再启新程！共同迎接110周年校庆！持续推进"双一流"建设！我们的梦想与激情，收获了累累硕果。不忘初心，方得始终。2022，让我们再启新程！踔厉奋发，笃行不怠。不忘来路，勇毅前行！以新媒之力，讲好河大故事，传播河大声音，弘扬河大文化，传承河大精神。感谢陪伴！一起向未来！！

文图/赵雪　张紫源　苗靖雨　薛惠杰　潘家钰　张潇予
蒙冬梅　张一琳　刘昱　张文轩　朱扬
（2022年1月3日，发表于河南大学官微）

 **精选留言**

@茗念：一程程山水，一年年陪伴！告别2021，总能想起这一年的点滴时光，有"双一流"建设取得新突破的高光时刻，也有铁塔师生齐心共赴防汛抗疫前线的感人瞬间……渐渐地，回顾这一年，有泪水、有欢歌，但更多的是期许！2022即将迎来百十年校庆。2022，"铁塔牌"的河大人唯有取得更多新突破、新成就以献礼！"纯真能辟油腻，善良能辟邪"，秉持着初心，未来愿我们一起努力、接续奋斗！

@十一少：2022年，新征程！新开始！河大加油！河宝们加油！共迎110周年校庆！创"双一流"河大！

文章链接

N 个理由！来河南大学吧！

百余年前，一座书香学府根植中原文化沃土。百余年后，一所巍巍高校弦歌不辍，它就是河南大学。这是一所由沧桑岁月雕刻过的学校，这是一所由浓郁书香氤氲着的学校。明德新民，止于至善。N 个理由告诉你——河南大学，值得你来！

名校名城　得天独厚

河南大学，作为中原第一所现代大学，历经百年沧桑，拥有厚重的文化底蕴。

河南大学创立于1912年，始名河南留学欧美预备学校，始建于中国科举考试终结地——河南贡院旧址，1903、1904年最后两场全国会试在这里举行，上千年的科举制度在这里画上句号。1912年，以林伯襄为代表的一批河南仁人先贤创办了河南留学欧美预备学校，成为当时中国的三大留学培训基地之一。

后历经中州大学、国立第五中山大学、省立河南大学等阶段，1942年改为国立河南大学，成为拥有文、理、工、农、医、法等6大学院的综合性大学，是当时学术实力雄厚、享誉国内外的国立大学之一。

新中国成立后，经院系调整，河南大学农学院、医学院、行政学院分别独立设置为河南农学院、河南医学院、河南行政学院，水利、财经等院系也先后调入武汉大学、中南财经政法大学等高校，校本部更名为河南师范学院。后又经开封师范学院、河南师范大学等阶段，1984年恢复河南大学校名。

2008年10月，河南省人民政府和教育部签订共建协议，河南大学正式进入省部共建高校行列。

2016年9月，学校入选国家"111计划"。

2017年9月，学校入选首批国家"双一流"建设高校。

2022年2月，学校再次入选国家"双一流"建设高校。

历史文化名城，中华优秀文化艺术传承基地——河大，值得你来！

学科齐全　课程丰富

河南大学具有悠久的办学历史、优良的办学传统和鲜明的办学特色，是一所以文理工医为主，多学科协调发展的综合性大学，学科涵盖文学、历史学、哲学、经济学、法学、教育学、理学、工学、管理学、医学、农学、艺术学和交叉学科等13个学科门类，现有36个学院（教研部）、99个本科专业、48个硕士学位授权一级学科、21个博士学位授权一级学科、19个博士后科研流动站。

卓越人才培养体系，学院学科设置完备，多样化的专业选择——河大，值得你来！

一流平台　一流培养

学校拥有棉花生物学国家重点实验室、省部共建作物逆境适应与改良国家重点实验室、纳米杂化材料应用技术国家地方联合工程研究中心、高效显示与照明技术国家地方联合工程研究中心、抗体药物开发技术国家地方联合工程实验室、国家食用菌加工技术研发专业中心等6个国家重点科研平台，黄河文明省部共建协同创新中心、黄河文明与可持续发展研究中心等2个国家重点社科研究平台，特种功能材料教育部重点实验室等4个教育部重点科研平台。还建有国家教育部体育艺术师资培训培养基地、国家体育总局社会科学研究基地、国家大学生文化素质教育基地、国家中华优秀文化艺术传承基地等国家级教育、研究、培训基地。

一代代学人接力耕耘，形成了严谨的学术风格，积淀了深厚的学术底蕴——河大，值得你来！

雄厚师资　卓越发展

学校现有教职工4600多人，教师中有专兼职院士、学部委员22人，长江学者、国家杰青、"万人计划"等领军人才59人。全日制在校生近5万人。

学校现有82个本科专业进入一流本科专业建设"双万计划"；实施了深化本科教育改革、全面提高人才培养质量的多项改革措施和专项计划，支持学生全面发展。

大师灿若星辰，学子纷至沓来，求学求知氛围浓郁——河大，值得你来！

杰出校友　一脉相承

建校百余年来，河南大学严守"明德新民，止于至善"的校训，在一代代学人的精心铸造下，逐渐形成了"团结、勤奋、严谨、朴实"的优良校风和前瞻开放、面向世界、坚持真理、追求进步，百折不挠、自强不息，兼容并包、海纳百川，不事浮华、严谨朴实的河大精神，在推动社会发展、科技进步、经济建设和教育振兴的过程中实现着自身的价值。

在以范文澜、冯友兰、董作宾、冯景兰、罗章龙、郭绍虞、罗廷光、萧一山、樊映川、毛礼锐、姜亮夫、嵇文甫、任访秋、党鸿辛等一大批专家学者、院士为代表的名师执教下，河南大学已培养了近60万名各类人才。不少校友如侯镜如、袁宝华、王国权、赵毅敏、尹达、邓拓、白寿彝、杨廷宝、高济宇、姚雪垠、周而复、吴强、马可、赵九章、梁光烈等都成为蜚声中外的社会名家。

110载风云砥砺，全球校友群星璀璨，桃李芬芳誉满天下——河大，值得你来！

暖心校园　生活无忧

河南大学重视对优秀学生的奖励和对家庭经济困难学生的资助。学校建立精准资助工作机制，创新资助育人途径方式，提升各项资助服务质量，逐步完善以国家助学贷款为主体，奖助学金、勤工助学、学费减免、"绿色通道"、困难补助和社会捐助等多层次、立体化学生资助工作体系，每年发放各类资助资金上亿元，资助学生3.6万人次，实现应助尽助，确保每一位家庭经济困难学生顺利完成学业。

建立健全学生资助体系，让每一个家庭经济困难的学生，都能成为有用之才——河大，值得你来！

国际接轨　多元交流

学校是世界大学联合会和亚太大学联合会成员单位，先后与37个国家和地区的192所高校建立了友好合作关系，每年有大量本科生出国学习或交流。

你是否渴望——在世界领先的实验室开展科学研究？现场聆听诺奖得主的讲座？河大，值得你来！

广阔前景　未来可期

学校建立了完善的就业服务体系，形成了稳定的用人单位群，其中大中型企事业单位超过3000家；每年校园招聘会千场以上，提供就业岗位3万个以上。

就业工作机会众多，未来前景众口皆碑，人才辈出育人不倦——河大，值得你来！

四景宜人　诗意校园

河南大学坐落在八朝古都开封，实行多校区办学，目前有明伦校区（开封市）、金明校区（开封市）和龙子湖校区（郑州市）三个校区，总占地面积5500余亩。其中明伦校区近代建筑群是国家重点文物保护单位，北临千年铁塔，东依明清古城墙，多次入围"中国最美大学"。

古色古香的典雅建筑，串联起古典与现代，如同开启一场时空之旅——河大，值得你来！

校园生活　缤纷多彩

学校有百余个学生社团,每年开展活动500余场,参与学生约45 000人次,无论你有怎样的爱好,都能在这里找到志同道合的伙伴。近三年,本科生在国内外各类竞赛中,累计获得国家级、省部级各类奖项近4000项,获奖两万余人次。

何为大学的丰富多彩,结交志同道合的好友,参与丰富的社团活动——河大,值得你来!

河大之形,"美"也;河大之质,"实"也;河大之魂,"坚"也。遇见河大＝遇见美好,期待和你在最美的年华相遇!

整理 / 赵雪　张紫源

(2021年7月2日,发表于河南大学官微)

 精选留言

@柯里昂的小橙子:饱经沧桑,厚重温润,河南大学从历史中来;开拓进取,紧跟时代,河南大学有着创新的精彩。百年河大,百年树人,她用人才哺育人才,用思想碰撞思想,唯有渊博,唯有学术,唯有晨钟暮鼓,唯有铁塔钟声,是她迎接新的孩子们的热情期望!河大期待与你的相遇!

@UndergraduateLi:来河大吧,让我们一起描绘出百年名校的复兴画卷!

 文章链接